制造业转型升级与中国式现代化

张 红 张竞文 王明友 著

北 京

冶 金 工 业 出 版 社

2025

内 容 简 介

本书共 5 章。第一章对中国式现代化的理念、贡献等内容进行阐述，强调必须坚定不移地走中国式现代化道路；第二章从概念辨析、理论基础、发展趋势与特点、影响因素等方面阐述了制造业转型升级发展的相关理论；第三章对制造业转型升级与中国式现代化辩证关系进行分析，表明制造业转型升级是推进中国式现代化的突破口；第四章通过分析制造业转型升级的历史沿革、面临的机遇与挑战，以及未来发展的着力点探寻我国制造业转型升级之路；第五章阐明了制造业转型升级的具体路径，实现以制造业转型升级驱动中国式现代化进程。

本书可供研究制造业转型升级与中国式现代化的学者或对这一领域感兴趣的读者阅读参考。

图书在版编目（CIP）数据

制造业转型升级与中国式现代化 ／ 张红，张竞文，
王明友著．-- 北京：冶金工业出版社，2025. 2.
ISBN 978-7-5240-0021-1

Ⅰ．F426. 4

中国国家版本馆 CIP 数据核字第 20245XL205 号

制造业转型升级与中国式现代化

出版发行	冶金工业出版社	电　话	(010)64027926
地　址	北京市东城区嵩祝院北巷 39 号	邮　编	100009
网　址	www.mip1953.com	电子信箱	service@ mip1953.com

责任编辑　王　双　美术编辑　吕欣童　版式设计　郑小利
责任校对　葛新霞　责任印制　窦　唯
北京印刷集团有限责任公司印刷
2025 年 2 月第 1 版，2025 年 2 月第 1 次印刷
710mm×1000mm　1/16；10. 5 印张；204 千字；159 页
定价 78. 00 元

投稿电话　(010)64027932　投稿信箱　tougao@cnmip. com. cn
营销中心电话　(010)64044283
冶金工业出版社天猫旗舰店　yjgycbs. tmall. com
(本书如有印装质量问题，本社营销中心负责退换)

前　　言

　　实现现代化，使中华民族昂首屹立于世界民族之林，一直是几代中国人梦寐以求的伟大理想。党的二十大报告指出："从现在起，中国共产党的中心任务就是团结带领全国各族人民全面建成社会主义现代化强国、实现第二个百年奋斗目标，以中国式现代化全面推进中华民族伟大复兴。"以中国式现代化全面推进中华民族伟大复兴这一重大理论创新是对实践提出的中国之问、世界之问、人民之问、时代之问的有力应答，它以中国智慧创造出人类文明新形态，成为科学社会主义的最新理论成果，为强国建设、民族复兴的康庄大道指明了战略方向，提供了行动指南。新时代新征程，实现中国式现代化必须建设以实体经济为主体、制造业为重心的高质量现代化产业体系，推进新型工业化发展。构建高端制造业体系，实现中国制造业转型升级，从制造大国向制造强国转变，可以为中国式现代化提供强大的物质技术基础，也成为推进中国式现代化的重要突破口和关键任务。

　　本书以党的二十大精神为指引，突出现代化理论的中国化、时代化，在全面系统分析阐述中国式现代化基本理论体系及其突出贡献的基础上，在制造业转型升级对推进中国式现代化决定性作用愈加凸显的前提下，把中国式现代化发展与制造业转型升级紧密结合起来，准确把握我国新型工业化发展实际状况，对制造业转型升级的理论基础、现实困境和具体路径等内容进行研究与分析。同时通过提出制造业转型升级驱动中国式现代化进程的有效途径，为提高新质生产力发展水平，实现中国制造业高质量发展，构筑中国式现代化强大物质技术基础提供理论依据和实践参考。

　　本书由张红、张竞文、王明友共同完成，其中张红撰写第一章、

第四章、第五章，张竞文撰写第二章，王明友撰写第三章。本书在撰写过程中借鉴、参考和吸收了国内外相关著述的研究成果，在此谨向这些专家学者致以真挚的感谢。

　　由于作者水平有限，书中不足之处，敬请广大读者批评指正。

张　红　张竞文　王明友

2024 年 8 月

目　　录

第一章　中国式现代化

2022年10月，党的二十大报告提出党的中心任务就是"团结带领全国各族人民全面建成社会主义现代化强国、实现第二个百年奋斗目标，以中国式现代化全面推进中华民族伟大复兴"。[1]深刻阐述了中国式现代化对于实现中华民族伟大复兴的重要推动力。党的二十大报告概括提出的中国式现代化理论讲明了中国式现代化的主要特征、本质要求、战略安排和总体目标等，是党的二十大的一个重大理论创新，是科学社会主义的最新重大成果。实践证明，中国式现代化既不是其他国家社会主义实践的再版，也不是西方国家现代化发展的翻版，而是具有中国特色、符合中国实际的现代化，对于推进中华民族伟大复兴有重要意义，对于其他国家实现现代化与人类文明发展进步也有重要的借鉴意义。

第一节　中国式现代化的理论体系

1979年3月21日，邓小平会见英中文化协会执行委员会代表团，在谈到中国的宏观经济问题时，提出了"中国式的四个现代化"的全新概念，随后在中央政治局会议上，邓小平正式提出"中国式的现代化"概念，从而开启了理论和实践上对中国式现代化的探索。直到党的十八大以来，以习近平同志为核心的党中央面对实现中华民族伟大复兴的战略全局，提出要建设富强、民主、文明、和谐、美丽的社会主义现代化强国，进一步丰富和发展了中国式现代化的相关理论。

一、中国式现代化的概念

在最新的第七版《辞海》当中将"现代化"一词解释为"不发达社会发展为发达社会的过程和目标"。现代化作为一个过程，其最首要的标志之一就是用先进科学技术发展生产力；而现代化作为一个目标，先进的科学技术、生产力水平和消费水平都是衡量标准之一。"现代化"这一概念自形成以后，学术界也没能提出明确的现代化标准、模式、定义，各个国家可以根据自己国家的实际情况走自己的现代化建设道路，实现现代化建设的目标。

（一）现代化建设规律

纵观世界各国现代化历史发展规律可以发现，现代化建设有两个规律：第一，世界上没有一模一样现代化发展道路和发展方式。从西方资本主义国家现代化发展的历史进程可以发现，即使是发达的资本主义国家，如英国、美国、德国、法国四个国家，它们的现代化道路也各不相同。第二，不存在照抄照搬的现代化建设道路。在苏联解体以后，亚非拉等地区的部分发展中国家或主动或被动地选择走西方所谓"自由民主"的现代化道路。但是这些国家并没有按照预期实现自身的发展走向更加富强的阶段，与之相反，这些走上西方现代化之路的国家出现了贫富差距的两极分化，社会内部动荡分裂，国家发展严重倒退，人民长期生活在痛苦之中。事实证明，现代化并没有固定的、统一的、标准的模板，照抄照搬西方的现代化模式这条路是走不通，也是走不好、走不久的。而诸如日本、韩国、新加坡等亚洲国家，它们现代化建设的成功也并非完全照抄照搬西方模式，而是结合本国具体国情形成了独特的现代化建设道路与模式。

（二）中国的现代化发展历程

第一个阶段是在1840年鸦片战争以后，中国最初的探索并不能称为现代化的探索，而是为了挽救民族危机、维护王朝统治而进行的自强运动，主要表现为希望通过洋务运动对西方器物和军事科技的探索和学习进而实现工业化，赶上世界发展历史进程。

第二个阶段是在1949年中华人民共和国成立以后，中国共产党带领中国人民进行社会主义革命和建设，提出社会主义工业化建设，走中国工业化道路，在中国初步建立起比较完整的工业体系。1954年9月，一届全国人大一次会议的政府工作报告中，周恩来代表党中央首次提出"四个现代化"的构想。1964年，在三届全国人大一次会议上所做的政府工作报告中，周恩来正式宣布"把我国建设成为一个具有现代农业、现代工业、现代国防和现代科学技术的社会主义强国"[2]，并提出了建设"四个现代化"的战略步骤。

第三个阶段是1978年十一届三中全会以后，邓小平提出结合中国具体国情推进社会主义现代化，并且用"小康"来阐释"中国式的现代化"，"我们的四个现代化的概念，不是像你们那样的现代化的概念，而是'小康之家'"，"就算达到那样的水平，同西方来比，也还是落后的"，到那时"中国只是一个小康的国家"[3]，并提出分三步走基本实现现代化的发展战略。

第四个阶段是党的十八大以后，中国共产党带领全国人民统筹推进"五位一体"总体布局，协调推进"四个全面"战略布局，深入实施科教兴国战略、人才强国战略、创新驱动发展战略和乡村振兴战略等一系列重大战略，提出并推进了中国式现代化，为实现中华民族伟大复兴提供了坚实的物质基础和主动的精神力量。

（三）中国式现代化的内涵

基于实现中华民族伟大复兴这一伟大梦想的实际需要，习近平总书记在学习贯彻党的二十大精神研讨班开班式上强调："中国式现代化，深深植根于中华优秀传统文化，体现科学社会主义的先进本质，借鉴吸收一切人类优秀文明成果，代表人类文明进步的发展方向，展现了不同于西方现代化模式的新图景，是一种全新的人类文明形态。"[4]其中，"全新"一词就充分表明了中国式现代化是不同于以往任何国家的现代化建设道路，是独具中国特色、中国风格和中国气派的。党的二十大报告中将中国式现代化的主要特征形象地概括为"人口规模巨大的现代化、全体人民共同富裕的现代化、物质文明和精神文明相协调的现代化、人与自然和谐共生的现代化、走和平发展道路的现代化"[1]。这充分地体现了以人民为中心的价值观、重视文化建设的文明观、天人合一的自然观、以和为贵的和平观，是在充分考察中国发展的实际情况及充分融合中华优秀传统文化基础上而提出的，是马克思主义同中国具体实际相结合、同中华优秀传统文化相结合的重要体现。

中国式现代化打破了"现代化就是西方化"的神话。西方资本主义国家现代化的开端大抵都有着类似的经历与特点，16世纪，西方国家开始依靠殖民掠夺和对劳动者的压迫剥削完成了原始资本的积累，随后依靠着原始积累所带来的巨大经济、军事等多方面的优势在全球范围内通过不平等贸易进一步推进自身发展。对于"现代化就是西方化"的观点，中国用实践向世界证明这个观点是错误的。尽管现代化始于西方，但现代化道路绝非西方"专利"。西方发达国家几百年的工业化历程，中国仅用几十年就走完了并且创造了经济快速发展和社会长期稳定的"中国奇迹"，为实现中华民族伟大复兴的梦想奠定了扎实的基础，中国用自身取得的成就告诉世界，中国式现代化这条道路走得通、走得稳、走得好，西方现代化道路并不是实现现代化的唯一路径，不走西方的现代化道路也可以实现现代化，现代化并非只有通过掠夺、扩张、争夺资源才能够实现，独立自主、和平发展、公平正义也可以是现代化。因此虽然现代化发端于西方国家，但是现代化不是西方化。

中国式现代化向世界证明实现现代化要结合本国具体国情。纵观各国现代化的发展史我们看到，现代化不是单选题，世界上不存在实现现代化的唯一模式，不存在放之四海而皆准的现代化标准，历史条件的多样性决定了各国现代化道路的多样性。英美现代化模式强调市场力量主导，倡导私有制加市场竞争，主要是在个体企业家和自由市场经济的基础上实现的；德国现代化主要依靠政府力量和政治精英来组织信贷、协调和规划发展，实施重商主义，帮助企业发展壮大，从而实现了德国模式的现代化。北欧模式的现代化道路则是在各国工人运动和国际共产主义运动的影响下实现的。同时必须看到的是西方现代化的实现是建立垄断性经济体系、攫取金钱和资源、控制市场和利润的过程。现代化发展到今天，世界各国人民追求美好生活的平等权利，注定了西方现代化的独尊性必将被打破，也注定了西方主导的时代必然走向终结。中国式现代化扎根中国大地，依据独特的国情和文化传统，坚定不移独立自主推进适合自己特点的现代化。中国式现代化道路，是中国共产党不断把马克思主义基本原理同中国具体实际相结合、同中华优秀传统文化相结合，带领中国人民立足中国实际，在中华大地上经过艰苦奋斗探索出来的。中国式现代化是中国共产党和全体中国人民对中国特色社会主义道路的必然选择。中国式现代化向世界证明，各个国家都必须结合本国具体国情走出一条符合国家自身特点和发展需要的现代化道路。

中国式现代化彻底粉碎了"历史终结论"的谬论。美国政治学者福山认为，政治上实现西方式的民主、经济上实行资本主义自由市场经济就是历史发展的最终结果，之后的历史发展不过是量的叠加不会再出现新的变化。这一理论形而上学地考察了人类社会历史的发展，并且处处显现着西方人的历史傲慢。而随着时代的发展变化，西方国家现代化道路的弊端日益显现，透露出其帝国主义的特点和本质。中国式现代化则给世界各国家各民族描绘了摆脱西方模式影响实现现代化的另一幅图景，拓宽了发展中国家走向现代化的道路选择，提供了一种更符合全人类持续发展、幸福生活的可能性。中国式现代化不仅仅重视提升中国的经济实力，而且还注重精神文化建设，努力造就物质文明和精神文明相协调的发展状态；中国式现代化的成果不是某一个阶级或者某一个团体独享，而是要惠及广大人民群众，实现共同富裕的发展局面；中国式现代化不是走国强必霸的西方道路，而是走一条合作共赢、和平发展的道路；中国式现代化也不是以牺牲生态环境为代价的现代化道路，不是走先污染后治理的歪路，而是走人与自然相协调的现代化道路。中国人民对现代化道路的探索，为广大发展中国家独立自主迈向现代化提供了全新的选择、树立了全新的典范、打造了全新的参照。

二、中国式现代化的主要特征

现代化是世界上各个国家发展的共同趋势，在这个过程中，各个国家在科技、经济、社会、文化等多方面不断实现着转型发展。中国式现代化也是如此，中国共产党领导人民历经千辛万苦、付出巨大代价探索出来的符合中国国情的现代化建设道路。习近平总书记强调："我们必须倍加珍惜、始终坚持、不断拓展和深化。"[4]需要看到的是，中国式现代化既有各国现代化发展所内含的普遍性规律和共同特征，具体体现在发展变革、思想引领和对外开放等几个方面，但是中国式现代化又有其独具中国风格和中国特色的重要特征。

党的二十大报告指出中国式现代化有五个主要特征，即中国式现代化是人口规模巨大的现代化；中国式现代化是全体人民共同富裕的现代化；中国式现代化是物质文明和精神文明相协调的现代化；中国式现代化是人与自然和谐共生的现代化；中国式现代化是走和平发展道路的现代化。从这五大特征中可以发现，中国共产党"为中国人民谋幸福、为中华民族谋复兴"的初心使命，发现社会主义建设规律，进一步探索人类社会发展规律。

（一）人口规模巨大的现代化

人口规模巨大是中国式现代化区别于其他国家现代化的显著特征。我国目前有14亿多人，人口规模巨大，而这样一个人口规模巨大的国家要想整体实现现代化是一件十分困难的事情，其规模是前所未有的，即使是20世纪的美国也仅仅是实现了上亿人口的现代化。要看到，人口规模巨大是中国的基本国情，而人口问题始终是我国发展过程中面临的全局性、长期性、战略性的问题，但也是中国式现代化建设的重要战略资源。正确分析我国人口规模巨大的问题，充分释放人口规模巨大的资源红利，是实现中国式现代化的题中应有之义。

人口规模巨大是中国式现代化必须依据的基本国情。从人口数量方面来看，根据2021年5月11日国家统计局发布的第七次全国人口普查的数据显示，中国人口数量达到1443497378人。这样推动超过14亿人的巨量经济体整体性迈入现代化的中国式现代化在人类实现现代化进程中是前所未有、史无前例的。习近平总书记曾指出："在我国这样一个十四亿人口的国家实现社会主义现代化，这是多么伟大、多么不易！"[5]。从人口结构方面来看，我国人口老龄化严重，新生儿出生率逐渐降低，单身群体、丁克群体比重不断增大，在这种情况下，如何避免人口失衡造成的养老负担加大、劳动力减少等现象影响我国发展成为亟待解决的重要问题之一。但也要看到，我国在人口方面所具备的重要优势。随着医疗水平的提高和教育事业的发展，我国国民的身体素质和受教育程度都在不断提升，我国正逐渐从人力资源大国迈向人力资源强国。综合来看，人口数量大、人才资源多及人力结构失衡成为了我国人口发展的特点与趋势，也成为了中国式现代化的重要依据与主要特征。

此外，人口规模巨大是实现中国式现代化的重要支撑。正确把握人口规模巨大的基本国情，将其转化为实现中国式现代化的巨大发展优势，凝聚中华民族的磅礴伟力和集体智慧，抵御风险、共创辉煌。人民群众是历史的创造者，是中国式现代化的建设主体。实践证明，无论是脱贫攻坚还是飞天揽月，一个个彰显中国速度、中国力量的中国奇迹都是亿万人民群众贡献自己的智力、依靠自己的双手创造的，是充分发挥自身主人翁作用的结果。一件件"黑天鹅""灰犀牛"风险事件的解决、一次次风险考验的解决也都是亿万人民群众凝聚共同力量的结果，这也是中国人口规模巨大的优势所在。党的二十大报告指出："全面建设社会主义现代化国家，必须充分发挥亿万人民的创造伟力。"[1]将培养高素质人才同高质量发展相结合，将人力资源充分转化为人才资源，为中国式现代化注入智力、活力、创造力。

（二）全体人民共同富裕的现代化

与一些在现代化过程中贫富差距逐步拉大的国家不同，中国式现代化不仅是人口规模巨大的现代化，也是全体人民共同富裕的现代化，共同富裕是中国式现代化的发展指向之一，充分彰显了全体人民共同富裕与中国式现代化的高度融合性，实现中国式现代化必然会推动全体人民共同富裕，而扎实推进全体人民共同富裕也必然会丰富和拓展中国式现代化。

共同富裕是中国式现代化的独特特征。观察西方资本主义国家现代化进程可以发现，随着西方现代化的发展，生产资料越来越多地涌入资产阶级及少数的特权阶级手中，这也是马克思、恩格斯所分析出的资本主义社会发展的客观规律，现代化建设的方式、水平及成果被资本所操控，资本的野蛮生长和无度膨胀催生出政治动荡、社会混乱、贫富差距两极分化等现象。中国共产党自诞生之日起就把为中国人民谋幸福、为中华民族谋复兴作为自己的初心使命，始终把全心全意为人民服作为根本宗旨，中国共产党带领广大人民群众推进中国式现代化坚持以人民为中心的发展思想，从促进人的全面发展出发，将中国式现代化和全体人民共同富裕有机结合起来，彰显出了中国式现代化的人民立场。中国式现代化以马克思主义为根本指引，以中国特色社会主义根本制度、基本制度和重要制度为支撑，具有建设实现全体人民共同富裕的中国式现代化的先进思想引领和强大制度优势，是中国式现代化的重要特征，也为世界上尚未实现现代化其他国家和其他社会主义国家现代化提供现实意义上的借鉴。

实现全体人民共同富裕与中国式现代化相促进。首先，推进中国式现代化、全面建设社会主义现代化国家的首要任务是实现全体人民共同富裕的必然路径。党的二十大报告指出："高质量发展是全面建设社会主义现代化国家的首要任务。"[1]高质量发展是解决目前我国社会主要矛盾的必然要求，是实现全体人民共同富裕的必然路径，也是实现中国式现代化的首要任务。其次，要以更加公平正义的分配制度改革推进共同富裕实现中国式现代化发展。党的二十大报告指出，"分配制度是促进共同富裕的基础性制度"[1]，处理好初次分配、再次分配、三次分配之间的关系，构建协调配套的基础性制度。习近平总书记指出："适应人民群众需求变化，努力办好各项民生事业，让老百姓的日子越过越好，是社会主义生产的根本目的。"[5]

（三）物质文明和精神文明相协调的现代化

先进的生产力水平和发达的科学技术都是现代化非常显著的表现之一，但是物质层面现代化并不是真正意义上的现代化，现代化是人类社会从传统走向现代的整体地、系统地变迁，社会各文明（物质文明、精神文明、政治文明等）也要随之相互协调发展，这也是现代化顺利发展的根本保证。中国式现代化具有中国特色社会主义性质的现代化，是文明高度发达的现代化，是物质文明与精神文明相协调的现代化。党的二十大报告指出："物质富足、精神富有是社会主义现代化的根本要求。物质贫困不是社会主义，精神贫乏也不是社会主义。"[1]

物质文明和精神文明相协调是中国式现代化的特殊优势。社会主义克服资本主义自身发展所固有的劳动异化与人的异化问题、物质文明重于精神文明的弊端，促进人的自由全面发展，使劳动回归劳动本身、人回归人本，实现物质文明与精神文明的相互协调。中国有句古话"仓廪实而知礼节，衣食足而知荣辱"，马克思也曾说，"物质生活的生产方式制约着整个社会生活、政治生活和精神生活的过程"[6]，阐明了物质丰富是精神丰富的基础和前提，物质文明对精神文明起到基础性作用，为精神文明提供必要的物质前提和条件；但这并不是说精神文明不重要，恩格斯也曾说，"物质生存方式虽然是始因，但是这并不排斥思想领域也反过来对这些物质生存方式起作用"[7]，阐明了精神文明对物质文明的反作用，揭示了物质与意识、物质文明和精神文明之间的辩证关系，只有推进两者相互适应与协调，才能真正实现共同发展。

（四）人与自然和谐共生的现代化

中国式现代化是人与自然和谐共生的现代化，良好的生态环境是最普惠的民生福祉。纵观西方现代化进程尤其是工业化进程，不少国家都走上了以破坏生态环境为代价的现代化道路，最终人民身体和生活受到严重影响。中国式现代化强调人与自然和谐共生的相互关系，站在人与自然和谐共生新的高度谋划发展，丰富和拓展了现代化的内涵和外延，构建了人与自然和谐共生的现代化建设新格局。

英国工业革命以来，伦敦作为英国工业发展的中心以"雾都"闻名于世界。伴随着经济和科技的飞速发展，煤炭使用量的逐渐加大，城市污染急剧加重，1952年，伦敦受反气旋影响被浓烟笼罩，交通瘫痪、出行受阻，整个城市都陷入了混乱。人民心慌气短的现象增加，支气管炎、冠心病、心衰人数不断增加，健康受到严重损害。1939年，日本氮肥公司将含有大量汞的工厂废水排入水俣湾，被鱼食用转化为有毒的甲基汞。人在食用这种鱼以后，出现了口齿不清、面部痴呆、全身麻木、耳聋眼瞎，最后精神失常、躬身狂叫而死。在美国、比利时等国都出现过类似事件，现代化发展最终带来的不是人民生活水平的提升，而是生态环境的破坏与人类健康的损害。

中国式现代化摒弃过去现代化发展必然损害生态环境的老路，坚持在人与自然的和谐共生中发展现代化。习近平总书记提出："我们既要绿水青山，也要金山银山。宁要绿水青山，不要金山银山，而且绿水青山就是金山银山。"[8]生动形象地表达出了生态环境与经济发展之间重要的辩证关系，生态环境是经济可持续发展的基础，没有良好的生态环境，经济发展得再好也会犹如空中楼阁、镜花水月，其发展成果最终也会付之东流。坚持在发展中保护，在保护中发展，坚定不移走生态优先的绿色发展道路，以习近平生态文明思想引领生态文明建设，不断开创现代化建设的绿色、可持续发展之路。除此之外，中国式现代化坚持保护好生态环境这个最普惠的民生福祉。习近平总书记指出："人的命脉在田，田的命脉在水，水的命脉在山，山的命脉在土，土的命脉在林和草，这个生命共同体是人类生存发展的物质基础。"[5]党的十八大以来，我国社会的主要矛盾发生了变化，人民的需要从"日益增长的物质文化需要"变成了"日益增长的美好生活需要"，涵盖了教育、医疗、住房、就业、环境等多个方面。尤其是在生态环境这方面，我们党坚持精准治污、科学治污、依法治污，持续深入打好蓝天、碧水、净土保卫战，积极推动"双碳"行动，协调推动人民群众绿色低碳发展方式与生活方式的形成，为人民群众创造绿色生产生活环境。

历史和现实都向我们证明，生态兴则文明兴，生态衰则文明衰，以生态环境为代价换来的经济发展是昙花一现、海市蜃楼的。我们必须尊重自然、顺应自然、保护自然，坚定不移走绿色发展之路，实现人与自然和谐共生推动中国式现代化实现。

（五）走和平发展道路的现代化

习近平总书记强调："和平发展道路对中国有利、对世界有利，我们想不出有任何理由不坚持这条被实践证明是走得通的道路。"[9]在中国共产党的领导下，我们仅仅用几十年的时间就走完了发达国家几百年的工业化历程，并且创造了世界所罕见的经济快速发展奇迹和社会长期稳定奇迹，向世界证明了中国的和平发展道路。

中国式现代化是走和平发展道路的现代化，这是由我国的历史传统所决定的。中华民族自古以来就是一个爱好和平的民族，在中华优秀传统文化中有着"以和为贵""兼爱非攻""兼济天下""海纳百川""和而不同"的思想，一直在潜移默化之中影响着中华民族和中国人民。汉代，张骞出使西域，开拓了丝绸之路，打开了东西方和平文明的交流之路。明代，郑和7次下西洋，到访30多个国家和地区，但是却从没有恃强凌弱、肆意掠夺，还留下了许多佳话。

鸦片战争以后，中国逐步沦为半殖民地半封建社会，在这一危难时刻，素来爱好和平的中华民族也不得不拿起手中的武器抵抗帝国主义的入侵。中国共产党成立以后，带领中国人民展开艰苦卓绝的斗争，推翻了帝国主义、封建主义、官僚资本主义的压迫，建立了中华人民共和国，带领中国人民站了起来。新中国成立以后，我国坚持独立自主的和平外交政策，为维护世界和平、促进共同发展开辟了光明前景，对世界历史进程产生了深远的影响。

中国坚持走和平发展道路，取得了巨大成就，党的二十大报告提到："中国坚持对话协商，推动建设一个持久和平的世界；坚持共建共享，推动建设一个普遍安全的世界；坚持合作共赢，推动建设一个共同繁荣的世界；坚持交流互鉴，推动建设一个开放包容的世界；坚持绿色低碳，推动建设一个清洁美丽的世界。"[1]这是中国共产党带领中国人民一手一脚拼搏奋斗出来的，也是走和平发展道路的丰硕成果。

中国式现代化坚持走和平发展道路，这是我国发展的内在要求。习近平总书记提出构建人类命运共同体，推动构建相互尊重、公平正义、合作共赢的新型国际关系，高质量共建"一带一路"，积极参与全球治理体系变革，同世界各国一起共同发展、合作共赢，以现代化建设新成就为世界带来更多机遇、作出更大贡献。只有各国都坚持走和平发展道路，各国才能够共同发展。面对一些国家的有心造谣和无端指责，习近平总书记曾多次公开表明：中国将永远是世界和平的建设者、全球发展的贡献者、国际秩序的维护者，中国走和平发展道路的决心和信念将不会因内外环境的发展变化而有所动摇。无论国际形势变化成何种情形，无论自身发展到何种程度，中国式现代化必然是走和平发展道路的现代化。

三、中国式现代化的本质要求

党的二十大报告明确了中国式现代化的本质要求："坚持中国共产党领导，坚持中国特色社会主义，实现高质量发展，发展全过程人民民主，丰富人民精神世界，实现全体人民共同富裕，促进人与自然和谐共生，推动构建人类命运共同体，创造人类文明新形态。"[1]中国式现代化本质要求的提出充分基于中国的实际情况，体现了社会主义建设规律和人类社会发展规律，展现了中国共产党人的天下情怀，明确了全面建成社会主义现代化强国的奋斗方向，必须坚定地以中国式现代化全面推进中华民族伟大复兴。

（一）坚持中国共产党领导

以中国式现代化全面推进中华民族伟大复兴，关键在党。坚持中国共产党的领导，是中国式现代化最突出的优势，是推进中国式现代化必须坚持的最高原则。

中国共产党的领导是实现中国式现代化的根本保证。中国共产党始终是实现中华民族伟大复兴的领导力量，也是国家发展和进步的领导力量。新民主主义革命时期，中国共产党带领广大中国人民推翻了帝国主义、封建主义和官僚资本主义的压迫，建立了中华人民共和国，完成了开天辟地的救国大业，为中国式现代化的形成、中华民族伟大复兴的实现创造了根本社会条件。社会主义革命和建设时期，党领导人民实现了新民主主义社会向社会主义社会的过渡，建立了社会主义基本制度，完成了改天换地的兴国大业，为中国式现代化的形成、中华民族伟大复兴的实现奠定了物质和制度基础。改革开放和社会主义现代化建设新时期，中国共产党领导中国人民进行改革开放，提出"现代化建设"的目标，形成、发展并坚持了中国特色社会主义道路，完成了翻天覆地的富国大业，为中国式现代化的形成与发展、中华民族伟大复兴的实现提供了物质条件和实践基础。中国特色社会主义进入新时代，以习近平同志为核心的党中央科学回答了"新时代坚持和发展什么样的中国特色社会主义、怎样坚持和发展中国特色社会主义""建设什么样的社会主义现代化强国、怎样建设社会主义现代化强国"等问题，带领中国人民攻克了许多长期没有解决的难题，办成了许多事关长远的大事要事，团结带领人民推动完成惊天动地的强国大业，提出了全面建成社会主义现代化强国的战略安排，丰富和拓展了中国式现代化，提出要以中国式现代化全面推进中华民族伟大复兴。

中国共产党的领导决定了中国式现代化的性质。中国共产党自诞生之日起就不代表任何利益集团、权势团体和特权阶级的利益，且没有任何自己特殊的利益，始终坚持把全心全意为人民服务作为党的根本宗旨，把为中国人民谋幸福、为中华民族谋复兴作为自己的初心使命。而在中国共产党领导下的中国式现代化是人口规模巨大的现代化，是共同富裕的现代化，是具有中国特色的、社会主义的、人民的现代化。党的十八大以来，以习近平同志为核心的党中央站在坚持和发展新时代中国特色社会主义的战略高度，统筹推进"五位一体"总体布局，协调推进"四个全面"战略布局，坚持贯彻落实创新、协调、绿色、开放、共享的新发展理念，促进了人与自然相和谐，推动了物质文明与精神文明相协调。中国共产党领导人民走和平发展的道路，中国的发展绝不是通过掠夺其他国家生存、发展的机会而实现发展的，相反中国致力于做世界和平的建设者、全球发展的贡献者、国际秩序的维护者，这就决定了中国式现代化是一条和平发展的现代化之路。简而言之，中国共产党的领导决定了中国式现代化是具有中国特色的、社会主义的现代化发展之路，要坚定不移地坚持党的领导，走好中国式现代化道路。

中国共产党的领导为推进中国式现代化提供了思想引领和精神动力。中国共产党是中国特色社会主义事业的创造者、建设者和推动者，是中国特色社会主义事业的坚强领导核心，更是中国式现代化的坚强领导核心。中国特色社会主义进入新时代，创立了习近平新时代中国特色社会主义思想，回答了世界之问、时代之问、人民之问，凝聚了中国文化和中国实践的时代精髓，是当代中国马克思主义、21世纪的马克思主义，为实现中国式现代化提供了重要思想指引。此外，中国共产党在带领中国人民开展革命、改革和建设的伟大实践中，形成并发展了以伟大建党精神为源头的中国共产党人精神谱系，极大地丰富了精神世界，深深地融入中国人民的骨血之中，激励中国人民实现中华民族伟大复兴的伟大实践，为推动中国式现代化的实现提供源源不断的精神动力。

（二）坚持中国特色社会主义

坚持中国特色社会主义是推进中国式现代化的最本质要求。习近平总书记指出，中国发生了翻天覆地的变化，其根本原因在于我们找到了一条符合中国国情、顺应时代潮流、得到人民群众拥护支持的正确道路，这就是中国特色社会主

义。中国特色社会主义道路植根中国大地、深得人民拥护，具有强大生命力和巨
大优越性。我们要全面建设社会主义现代化国家、实现中华民族伟大复兴，必须
始终高举中国特色社会主义伟大旗帜，坚定不移坚持和发展中国特色社会主义，
走中国特色社会主义道路。

中国特色社会主义承载着几代中国共产党人的理想和探索，凝聚着全国各族
人民的奋斗和实践。事实证明，只有中国特色社会主义才能发展中国、建设中
国，这是历史的结论、人民的选择。方向决定道路，道路决定命运。中国式现代
化建设的过程中党和国家事业取得的历史性成就、发生的历史性变革，彰显了中
国特色社会主义的强大生机活力，为实现中华民族伟大复兴提供了更为完善的制
度保证、更为坚实的物质基础、更为主动的精神力量。推进中国式现代化必须坚
持中国特色社会主义，无论何时都不能忘了"社会主义"这个定语、偏离"社
会主义"这个大方向。在全面建成社会主义现代化强国的征程中，必须立足中国
国情，更好地把握国内外形势发展变化，毫不动摇地坚持和发展中国特色社会主
义，与时俱进地发展和贯彻党的理论、路线、方针、政策，推动党和国家各项事
业迈向前进，推动实现中华民族伟大复兴。

（三）实现高质量发展

当前，中国的发展已经从高速发展转为中高速发展，发展的重点已经从发展
的速度转为了发展的质量。党的二十大报告中强调了高质量发展的重要性，指出
"未来五年是全面建设社会主义现代化国家开局起步的关键时期，主要目标任务
是：经济高质量发展取得新突破，科技自立自强能力显著提升，构建新发展格局
和建设现代化经济体系取得重大进展"[1]，要构建高水平社会主义市场经济体
系、建设现代化产业体系、全面推进乡村振兴、促进区域协调发展、推进高水平
对外开放五个方面的重点工作。放眼世界发展形势和时代变化趋势，我们可以看
到现代信息技术的发展速度越来越快、发展水平越来越高。实现高质量发展是跟
上时代发展潮流和世界变化趋势的必然要求，也是适应我国主要矛盾变化的内在
需要，是促进我国经济社会持续健康发展的必由之路，更是实现中华民族伟大复
兴的重要战略选择。

高质量发展为推进中国式现代化营造更好宏观经济环境。宏观经济环境稳定
与否直接关系着整个社会环境的稳定与否，我国持续推进供给侧结构性改革，从
供给侧发力优化宏观经济结构，进而保持宏观经济的稳定性，坚持底线思维，着
力用高质量发展防范化解各种各类重大、非重大风险，其中系统性风险更是重中
之重，实现防风险和稳增长相统一。经济高质量发展为中国式现代化创造了稳定
的社会环境和扎实的物质基础。

创新推动高质量发展为中国式现代化建设创造活力。党的十八大以来，以习
近平同志为核心的党中央提出，创新是第一驱动力，把创新的重要性提高到了前

所未有的高度。党的二十大报告提到："坚持创新在我国现代化建设全局中的核心地位。"[1]只有创新才能真正提升中国式现代化发展的质量。面对急剧变化的世情、深刻变化的国情，全党要深刻认识到创新对于中国发展的重要性，创新成为引领发展的第一动力，科技创新与制度创新、管理创新、商业模式创新、业态创新和文化创新相结合，推动发展方式向依靠持续的知识积累、技术进步和劳动力素质提升转变，促进经济向形态更高级、分工更精细、结构更合理。其中，科技创新是提高社会生产力和综合国力的战略支撑，必须摆在国家发展全局的核心位置。

（四）发展全过程人民民主

2019年，习近平总书记在考察上海虹桥街道基层立法联系点时首次提出"全过程人民民主"的概念，并且指出"人民民主是一种全过程的民主"。2021年11月，党的十九届六中全会通过的《中共中央关于党的百年奋斗重大成就和历史经验的决议》提出"十个明确"对习近平新时代中国特色社会主义思想核心内涵进行系统概括，"发展全过程人民民主"就是其中之一。党的二十大报告中更是提到"全过程人民民主是社会主义民主政治的本质属性，是最广泛、最真实、最管用的民主"[1]。

全过程人民民主是完整的制度程序与完整的实践参与的统一。首先，中国共产党领导广大中国人民坚持和发展有利于人民民主的各项制度，不断推进社会主义民主政治的发展。我国实施人民代表大会制度这一根本政治制度，充分反映民意、集中民智；实行中国共产党领导的多党合作和政治协商制度、民族区域自治制度、基层群众自治制度等基本政治制度，用制度保障人民民主参与的权利和程序。人民代表大会制度、中国共产党领导的多党合作和政治协商制度、民族区域自治制度、基层群众自治制度等政治制度形成了中国全面、广泛、有机衔接的人民当家作主制度体系，为实现人民当家作主、全过程人民民主提供了坚实制度保障。其次，我国保证全体人民依法参与管理国家事务，推动人民民主落到实处。《中国共产党章程》就如何进一步推进全过程人民民主这一问题提出："发展更加广泛、更加充分、更加健全的全过程人民民主，推进协商民主广泛多层制度化发展，切实保障人民管理国家事务和社会事务、管理经济和文化事业的权利。尊重和保障人权。广开言路，建立健全民主选举、民主协商、民主决策、民主管理、民主监督的制度和程序。"保障人民有序参与不断扩大，使党在管理国家事务时能够更好了解民情、集中民智、反映民意，进一步扩大人民民主。

全过程人民民主要充分发挥人民群众主体作用，增强社会基层治理能力，促进决策科学化民主化。全过程人民民主支持和保障了人民当家作主，更进一步激发了广大人民群众的主人翁精神并激发了人民群众参与基层治理的内生动力，增强广大人民群众的获得感、幸福感、安全感，使人民日益增长的美好生活需要更加充实、更有保障、更可持续，切实将民意、民智、民力转化为治理效能。在发展全过程人民民主的过程中推进社会主义民主，推动国家治理体系和治理能力的现代化，实现基层社会治理水平的提升，维护社会和谐稳定，为全面建成社会主义现代化强国提供制度保障。

（五）丰富人民精神世界

习近平总书记在纪念马克思诞辰 200 周年大会上的讲话指出："先进的思想文化一旦被群众掌握，就会转化为强大的物质力量；反之，落后的、错误的观念如果不破除，就会成为社会发展进步的桎梏。"[10] 这句话背后深刻地反映出思想对人民群众、意识对客观世界的重要反作用。精神世界是人的主观意识对客观世界的实践的反映，它与客观世界的发展变化有着千丝万缕的联系但在一定程度上又独立于客观世界，这就是马克思主义哲学当中关于实践与认识的辩证关系、社会存在和社会意识的辩证关系。纵观人类历史发展规律，我们可以看到社会变迁与人的精神世界变迁之间的辩证关系，人的精神世界的变迁往往伴随着社会变革，与此同时，人的精神世界的变化也会为社会变革与发展提供精神动力和智力支撑。中国式现代化将推动中国生产生活方式的变革性发展，必然会带动人民精神世界的发展，而人民精神世界丰富与发展也必将会推动中国式现代化的进一步发展，进而推动中华民族伟大复兴的实现。

高度发展的精神文化、极大丰富的精神世界是中国式现代化发展的根本要求。邓小平曾经面对社会主义本质这一问题时强调，"社会主义原则，第一是发展生产，第二是共同致富"[11]，其中就包含了物质贫困落后和精神贫困落后两层含义。马克思恩格斯在论述共产主义社会状态时更是强调了物质财富的极大丰富和人民精神世界的极大提高两个方面。因而要意识到，物质贫困落后不是社会主义，精神贫困落后也不是社会主义。中国式现代化是具有中国特色的、社会主义的现代化，因而人民精神世界的丰富既是中国式现代化的题中应有之义，也是中国式现代化的本质要求。

中国仅仅用了几十年的时间就完成了西方资本主义国家几百年才走完的工业化道路，因而在中国式现代化过程中存在着传统性、现代性和后现代性的思想文化相互融合，在人们的思想领域呈现出了复杂多样的特点。一方面，随着市场经济的发展，人们对于物质方面的追求、享乐方面的追求越发强烈起来，利己主义、享乐主义、消费主义的思潮在社会上弥漫。另一方面，随着现代化的科学技术的发展及随之而来的经济结构、经济模式的调整，"拜金主义""躺平文化""社会焦虑"成为了飞速变化的社会的衍生物，而这些都可能会成为严重阻碍中国式现代化的思想困境，破坏中国式现代化物质文明和精神文明相协调的重要特征，因而铸强中国式现代化的精神力量，将精神力量转化为物质力量是实现中国式现代化的本质要求之一。

中国特色社会主义进入新时代，要始终坚持把马克思主义同中国具体实际相结合、同中华优秀传统文化相结合，不断开辟马克思主义中国化时代化的新境界。首先，要推动中华优秀传统文化创造性转化、创新性发展，充分挖掘中华优秀传统文化的思想文化、道德品格，将其融入中国式现代化的文化建设之中。其次，要坚持弘扬革命文化，革命文化形成于中国共产党带领中国人民夺取中国革命伟大胜利的实践之中，其中所蕴含的赴汤蹈火的牺牲精神、敢为人先的革命精神、不屈不挠的奋斗精神、忧国忧民的爱国情怀，不仅在新民主主义革命时期激励广大人民群众，在今天仍然散发着耀眼的光辉，激励着广大人民群众投身于中国式现代化的实践之中。再次，要发展社会主义先进文化，做好社会主义核心价值观教育，将富强、民主、文明、和谐，自由、平等、公正、法治，爱国、敬业、诚信、友善内化为人民的精神追求，外化为人民的行为准则，为全面建成社会主义现代化强国提供更为主动的精神力量。最后，要繁荣发展文化事业和文化产业，用优秀的作品鼓舞人，为加强思想道德建设增效赋能。中国式现代化是全面发展的、全面进步的现代化，必然要推进社会主义文化强国建设，推动中国特色社会主义文化繁荣发展。

（六）实现全体人民共同富裕

实现全体人民共同富裕是中国式现代化的本质要求之一，这充分体现了中国式现代化的社会主义的本质属性。早在新民主主义革命时期，李大钊在对未来社会主义进行构想时就曾提出，"社会主义是要富的，不是要穷的，是整理生产的，不是破坏生产的""人人均能享受平均的供给，得最大的幸福"。毛泽东在这一基础上提出未来社会必须走集体化道路进而实现从穷苦到富裕的转变，伴随着中国革命的胜利和社会主义革命与建设探索的不断深入，毛泽东对如何实现人民富裕和国家富强作过多次重要论述。1955 年 10 月 29 日，毛泽东在资本主义工商业社会主义改造问题座谈会上明确提出："现在我们实行这么一种制度，这么一种计划，是可以一年一年走向更富更强的，一年一年可以看到更富更强些。而这个富，是共同的富，这个强，是共同的强。"[12] 改革开放以后，以邓小平同志为主要代表的中国共产党人紧紧围绕"什么是社会主义，怎样建设社会主义"这一重大问题，坚持解放思想、实事求是，提出了社会主义本质这个重要答案。他指出，社会主义本质就是解放生产力，发展生产力，消灭剥削，消除两极分化，最终达到共同富裕，充分揭示了社会主义的发展目标。在邓小平同志之后，我们党继续对共同富裕问题进行了持续探索，党的十三届四中全会以后，以江泽民同志为主要代表的中国共产党人明确提出了"实现共同富裕是社会主义的根本原则和本质特征"；党的十六大以后，以胡锦涛同志为主要代表的中国共产党人强调"使全体人民共享改革发展的成果，使全体人民朝着共同富裕的方向稳步前进"。党的十八大以后，习近平总书记指出："我们要坚持以人民为中心的发展思想，抓住人民最关心最直接最现实的利益问题，不断保障和改善民生，促进社会公平正义，在更高水平上实现幼有所育、学有所教、劳有所得、病有所医、老有所养、住有所居、弱有所扶，让发展成果更多更公平惠及全体人民，不断促进人的全面发展，朝着实现全体人民共同富裕不断迈进。"[10]共同富裕在中国共产党带领中国人民革命、建设和改革的伟大实践中持续深入推进并取得巨大成功。

共同富裕是新时代中华儿女的共同期盼，也是新时代中国人民共同努力创造的成果。我们党坚持以人民为中心的发展思想，坚持发展为了人民、发展依靠人民、发展成果由人民共享，以造福人民为最大政绩。党的二十大报告亮出了扎实推进共同富裕的中国答卷："人均预期寿命增长到七十八点二岁。居民人均可支配收入从一万六千五百元增加到三万五千一百元。城镇新增就业年均一千三百万人以上。建成世界上规模最大的教育体系、社会保障体系、医疗卫生体系，教育普及水平实现历史性跨越，基本养老保险覆盖十亿四千万人，基本医疗保险参保率稳定在百分之九十五。及时调整生育政策。改造棚户区住房四千二百多万套，改造农村危房二千四百多万户，城乡居民住房条件明显改善。互联网上网人数达十亿三千万人。"[1]人民群众的获得感、幸福感、安全感更加充实、更有保障、更可持续。

（七）促进人与自然和谐共生

党的十八大以来，以习近平同志为核心的党中央高度重视生态环境建设的问题，提出"绿水青山就是金山银山""良好的生态环境是最普惠的民生福祉"等建设美丽中国的科学论断。党的二十大报告中再次强调建设良好生态环境的重要性，指出"尊重自然、顺应自然、保护自然，是全面建设社会主义现代化国家的内在要求"[1]。

自然是人类赖以生存的基础。马克思恩格斯曾经这样论述人与自然的关系、自然与社会发展之间的关系，"我们仅仅知道一门唯一的科学，即历史科学。历史可以从两方面考察，可以把它划分为自然史和人类史，但这两个方面是密切相关的，只要有人存在，自然史和人类史就彼此相互制约。"[13]自然环境自人类诞生之日起就是人类一切社会历史活动的基础。当人与自然相处和谐，尊重、顺应自然本身的发展规律时，往往在无形或有形之中就能够得到大自然的回报；而当人类漠视自然界发展规律、肆意破坏生态环境时，往往就会受到大自然无情的报复。中国的绿色奇迹、世界的治沙范例——塞罕坝，曾经一度因为人们的开围放垦、过度采伐，使得土地日渐贫瘠，最终成为飞鸟无栖树的沙地，经过几代人几十年驰而不息的努力，塞罕坝终于重新恢复了历史上水草丰沛、森林茂密的景象，不仅如此，塞罕坝还以其优美的自然景观成为了知名的旅游景区，为当地的经济发展带来巨大效益。人类在工业化发展、现代化建设过程中，如果一味为了满足自身需要而对自然毫无节制地索取、破坏生态环境和生态平衡，必然就会破坏掉其生存和发展的根基，使得千秋功业毁于一旦。在中国式现代化建设过程中，要充分认识到人与自然是一个生命共同体，必须要尊重自然、顺应自然、保护自然，按照客观规律合理地开发和利用自然。

不管是基于中国当前现代化建设的需要、中国几千年来天人合一的思想文化传统还是当前全球的生态环境发展形势，都要求中国式现代化必须坚持人与自然和谐共生，要牢固树立"绿水青山就是金山银山"的理念，在坚持生态优先、节约集约、绿色低碳中推进实现中国的现代化，摒弃资本主义现代化"先污染后治理"的老路，抛弃"人类是万物之主，可以凌驾于自然之上"的旧观念、旧理念。坚持以中国式现代化全面推进中华民族伟大复兴，要充分利用中国保护生态环境所带来的各种优势，在人与自然相和谐中推动科学技术的进步、人民生活水平的提升，加快发展方式的绿色转型、低碳转型和可循环转型，重构生态系统，打造循环经济生产和发展的主战场，打造高质量生态产品，建设中国特色社会主义生态文化。在人与自然和谐共生的中国式现代化深入推进的过程中，统筹产业结构重构与调整、转型与升级，深入推进环境污染防治，积极稳妥推进碳达峰和碳中和，加强环境保护、推进污染治理、应对气候变化，推进生态优先、节约集约、绿色低碳发展。中国式现代化决不能以牺牲生态环境为代价、以牺牲子孙后代生存和发展的机会为代价换取经济一时的发展，而是要给子孙留下天蓝、地绿、水净的美好家园。

（八）推动构建人类命运共同体

党的二十大报告指出："和平、发展、合作、共赢的历史潮流不可阻挡，人心所向、大势所趋决定了人类前途终归光明。"[1]这强调了促进世界和平与发展，推动构建人类命运共同体的重要性。当前，世界正处于百年未有之大变局之中，世界之变、时代之变、历史之变正以前所未有的方式展开，中国式现代化摒弃过去西方国家现代化过程中出现的恃强凌弱、巧取豪夺等霸权霸道霸凌行径，坚持胸怀天下的情怀，在中国与世界的良性互动中实现自身发展，在坚定维护世界和平与发展中谋求自身发展，并在此基础上，中国又以自身发展更好地维护世界和平与发展。

中华民族古以来就是一个爱好和平的民族，中国传统文化中更是有着"兼容并包""美美与共""天下大同""万物并育而不相害，道并行而不相悖"等思想文化，在新时代新征程，中国将继续坚持合作共赢的理念，深化拓展平等、开放、合作的伙伴关系，促进大国协调和良性互动，坚持亲诚惠容和与邻为善、以邻为伴的周边外交方针，秉持真实亲诚理念和正确义利观加强同发展中国家团结合作，推动构建新型国际关系。中国将继续坚持对外开放的基本国策，奉行互利共赢的开放战略，推动建设开放型世界经济，更好惠及各国人民。中国将积极参与全球治理体系改革和建设，践行共商共建共享的全球治理观，坚持真正的多边主义，推进国际关系民主化，推动全球治理朝着更加公正合理的方向发展。在这样一个挑战与希望交织的时代，推动构建人类命运共同体是中国给世界之变、时代之变、历史之变提供的中国智慧与中国方案。

（九）创造人类文明新形态

党的二十大报告指明了文明与人类社会发展之间的关系："我们真诚呼吁，世界各国弘扬和平、发展、公平、正义、民主、自由的全人类共同价值，促进各国人民相知相亲，尊重世界文明多样性，以文明交流超越文明隔阂、文明互鉴超越文明冲突、文明共存超越文明优越，共同应对各种全球性挑战。"[1] 各种文明的交流、融合与创新贯穿了人类社会发展的全过程。北京师范大学韩震通过分析马克思提出的社会形态划分，分析了人类文明形态的演进历程，首先是"前文明形态"；然后是"内在分裂的文明形态"；最后则是"每个人自由而全面发展的文明形态"。其中，"前文明形态"主要就是原始部落的人类创造的原始文明，主要是没有形成阶级分化的自然形成的共同体所创造的文明；"内在分裂的文明"主要就是由于阶级分化形成的文明，目前来看包括奴隶制文明、农奴制文明和资本主义文明；"每个人自由而全面发展的文明形态"则是马克思提出来的未来人类社会发展的文明形态，这是在生产力高度发展、精神水平极大提高的基础上形成的文明，摆脱了物对人的限制与异化。

党的十八大以后，中国特色社会主义进入新时代，中国共产党带领中国人民增强"四个意识"、坚定"四个自信"、做到"两个维护"，真正做到用科学的理论武装人、用正确的舆论引导人、用高尚的精神塑造人、用优秀的作品鼓舞人，大力推进社会主义文化强国建设，始终坚持马克思主义在意识形态领域指导地位的根本制度，建设中国特色社会主义文化，用社会主义核心价值观凝心聚力，提升国家文化软实力和中华文化影响力。在推进中国式现代化过程中，在实现物质财富极大丰富、生产力水平极大提高的同时，传承中华民族精华、坚守中华文化立场、彰显中华文明特色，体现中国风格、中国气派和中国特色，为实现中华民族伟大复兴提供强大精神动力。中国式现代化将在与各国友好交流之中促进人类文明交流互鉴，以更加开放的胸襟、更加包容的心态、更加宽广的视角，吸收一切可以吸收的优秀人类文明成果，形成人类文明新形态，为人类文明发展与创新作贡献。

四、中国式现代化的重大原则

党的二十大报告中指出，当前我们比历史上任何时期都更接近、更有信心和能力实现中华民族伟大复兴的目标，但是在这一将强未强的时期，我国发展仍然各种确定的、不确定的风险与挑战。习近平总书记强调，在这一时期更要坚持底线思维，居安思危、未雨绸缪，在实现新时代新征程中国共产党使命任务的路上，更要牢牢把握"坚持和加强党的全面领导""坚持中国特色社会主义道路""坚持以人民为中心的发展思想""坚持深化改革开放""坚持发扬斗争精神"这五项重大原则，更好经受住风高浪急甚至是惊涛骇浪的重大考验。

（一）坚持和加强党的全面领导

站在世界百年未有之大变局和中华民族伟大复兴战略全局相互交织的重要历史阶段，各种风险挑战要求我们在以中国式现代化全面推进中华民族伟大复兴的历史进程中，必须坚持和加强党的全面领导。正是由于我们坚持和加强党的全面领导，中国式现代化才能在有自身特色的同时，又同各国的现代化有明显的共同特征，才能在风云变幻的国际局势中始终行稳致远。将党的全面领导进一步落实到建成社会主义现代化强国的全过程各领域各方面，是以中国式现代化全面推进中华民族伟大复兴的内在本质所在、根本优势所在。

要充分发挥党总揽全局、协调各方的作用。在推进中国式现代化的过程中，坚持党把握方向、统筹全局、制定政策、推进改革，充分调动各领域、各层次、各方面的积极性、主动性和创造性，把坚持和加强党的全面领导与以中国式现代化全面推进中华民族伟大复兴的实践统一起来。要加强理论学习，坚持用理论武装头脑，学习马克思主义经典著作，深刻领会贯穿其中的马克思主义立场、观点和方法，能够并且善于用马克思主义解决中国实际问题，在理论上真学真懂真信真用，在理论问题上不含糊、不糊涂、不摇摆、不沉默、不回避，以理论清醒强化政治清醒，以理论坚定强化政治坚定。新时代新征程，坚持和加强党的全面领导必须坚持以习近平新时代中国特色社会主义思想为指引，要及时跟进学、原原本本学、联系实际学，增强政治意识、大局意识、核心意识、看齐意识，为中国式现代化提供坚强的思想指引和强大的精神力量。加强党的制度建设，坚持和完善党的全面领导的制度体系，严格执行请示报告制度，坚持落实民主集中制，强化党的组织在同级组织中的领导地位，确保党的方针政策和决策部署在同级组织中得到贯彻落实，用科学严密的制度、管用高效的体制机制切实保障党对一切工作全面领导的落实。要不断强化党的政治领导、思想领导、组织领导，把党的全面领导转化为实现中国式现代化的方向保障、动力保障。

在中国共产党的全面领导下，广大人民群众积极开展实践和探索，在理论创新和实践创造中系统回答和揭示了"实现什么样的中国式现代化""怎样实现中国式现代化"的重大问题，为实现以中国式现代化全面推进中华民族伟大复兴提供了行动指南和科学指引。"党的领导直接关系中国式现代化的根本方向、前途命运、最终成败"[14]。在实现中华民族伟大复兴的关键时期，中国正走在"弯道超车""变道超车"的重要阶段，更需要坚持和加强党的全面领导，继续保持中国特色社会主义优势，凝聚磅礴力量、确保正确方向，保证中国式现代化的推进与发展稳中向前。

（二）坚持中国特色社会主义道路

道路决定命运。中国特色社会主义道路是中国共产党和中国人民历经千辛万苦所取得的根本成就，是以中国式现代化全面推进中华民族伟大复兴的正确道路。西方国家的现代化道路曾经一度成为各国实现现代化的模板，被各国争相模仿。中国式现代化就挣脱出了西方现代化的统一范式，坚持走中国特色的、社会主义的现代化道路。中国以其独有的发展方式发告诉世界实现现代化的道路还有很多，各国都可以结合自己发展的实际走出属于自己的现代化道路。在新时代新征程上，以中国式现代化全面推进中华民族伟大复兴仍然要扎扎实实走好中国特色社会主义道路。

走自己的路，是党的全部理论和实践立足点，更是党百年奋斗得出的历史结论。中国近代的历史向我们证明，旧民主主义革命的失败向我们证明，一个国家、一个民族，如果不能实现自身的独立自主，妄图跟在别的国家后面照抄照搬别国的发展模式和道路是行不通的，最终只会落后于人、受制于人，依靠别人实现自身发展和强大是靠不住的，只能是一种妄想。只有坚持把中国的进步与发展放在自己力量的基点上才能牢牢地把握住中国的前途与命运。新中国成立初期，世界仍然处于第二次世界大战后两大阵营的对立之中，这时以美国为首的资本主义阵营对中国在政治上进行孤立、在经济上实施封锁、在军事上展开包围，中国坚持走自己的路，将发展的基点放在依靠自己的力量上来。在这一阶段，中国通过独立自主的探索，完成了新民主主义社会向社会主义社会的过渡，确立社会主义基本制度，开展了建设社会主义的探索，为实现中华民族伟大复兴奠定了根本的政治前提和制度基础。

正是因为充分认识到了坚持"中国特色的社会主义"的重要性，坚定不移走中国特色社会主义道路，中国发生了翻天覆地、惊天动地的变化。改革开放40多年，中国经济快速发展，经济成就耀眼夺目，中国实现了从站起来到富起来的伟大飞跃。党的十八大以来，中国共产党坚持走中国特色社会主义道路，带领中国人民推进一系列变革性实践，实现一系列突破性进展，取得一系列标志性成果，党和国家事业取得历史性成就，迎来了从富起来到强起来的伟大飞跃。

新时代新征程仍然要坚持走中国特色社会主义道路，牢牢把握好以中国式现代化全面推进中华民族伟大复兴的正确方向。实现中国式现代化一不能走封闭僵化的老路，二不能走改旗易帜的邪路，必须坚持以经济建设为中心，坚持改革开放，坚持四项基本原则，始终把实现中国式现代化放在自己力量的基点上，把实现中华民族伟大复兴的梦想牢牢掌握在自己手中。

（三）坚持以人民为中心的发展思想

坚持以人民为中心的发展思想实现中国式现代化，充分彰显了中国式现代化的人民立场。广大人民群众既是中国式现代化的价值主体，也是中国式现代化的创造主体，坚持以人民为中心的发展思想体现了两者之间的辩证统一。

中国式现代化是站在人民立场上的、发展成果由人民共享的现代化。习近平总书记提出："现代化的最终目标是实现人自由而全面的发展。"[15] 以中国式现代化全面推进中华民族伟大复兴，就是要实现好、维护好和发展好最广大人民的根本利益，把人民对美好生活的向往作为发展的目标，把全心全意为人民服务作为主要发展任务之一，把人民的满意度作为发展的第一标准，把民生福祉作为发展的重要归宿，让人民可以共享中国式现代化的发展成果。

中国式现代化是依靠人民群众的、凝聚亿万人民群众力量的现代化。马克思主义的唯物史观揭示出了人民群众是历史的创造者这一人类历史发展规律，马克思指出："人们自己创造自己的历史。"[16] 恩格斯强调："无论历史的结局如何，人们总是通过每一个人追求他自己的、自觉预期的目的来创造他们的历史，而这许多按不同方向活动的愿望及其对外部世界的各种各样作用的合力，就是历史。"[17] 毛泽东强调："人民，只有人民，才是创造世界历史的动力。"[17] 进入新时代，习近平总书记指出，"坚持人民主体地位，充分调动人民积极性，始终是我们党立于不败之地的强大根基""群众路线是我们党的生命线和根本工作路线，是我们党永葆青春活力和战斗力的重要传家宝"[19]。不断实现发展为了人民、发展依靠人民、发展成果由人民共享，逐步实现人民对美好生活的向往。中国式现代化凝聚着亿万中国人民的共同智慧，凝聚着亿万人民的劳动实践，其力量在人民、动力在人民、根基还在人民，全面建成社会主义现代化强国、以中国式现代化全面推进中华民族伟大复兴必须凝聚和发挥中国亿万人民的创造伟力。

中国共产党自诞生之日起就把人民放在最中心的位置之上，并把全心全意为人民服务作为自己的根本宗旨，坚持一切为了群众，一切依靠群众，从群众中来，到群众中去。今后中国共产党完成以中国式现代化全面推进中华民族伟大复兴的中心任务，仍然要坚持人民至上、坚守人民立场，尊重人民群众的主体地位，充分发挥广大人民群众的主动性、积极性、创造性，将以人民为中心的发展思想贯穿于实现中国式现代化的各阶段、落实到实现中国式现代的全过程，让现代化建设成果更多更公平惠及全体人民。

（四）坚持深化改革开放

面对当前不断发展变化的宏观发展环境，进一步深化改革开放是实现中国式现代化的必由之路。改革开放是决定当代中国前途命运的关键一招，是党和人民大踏步赶上时代的重要法宝。改革开放使中国发生了翻天覆地的变化，中国完成了从站起来到富起来的飞跃，并且为全面建成社会主义现代化强国积累了重要物质基础。以中国式现代化全面推进中华民族伟大复兴要将深化改革开放作为活力之源，不断增强中国式现代化的动力。

坚持深化改革开放为持续推进中国式现代化提供重要物质保障。党的十一届三中全会重新确立了解放思想、实事求是的思想路线，帮助人们拨开思想上的迷雾与桎梏，拉开了改革开放的序幕。改革开放加深了人们对社会主义本质的认识，对于中国特色社会主义的生产力与生产关系进行分析，得出社会主义也可以搞市场经济这一论断，破除了当时困扰着中国社会主义建设和发展的思想体制束缚与思想困扰，改革开放 40 多年为中国特色社会主义市场经济的发展注入了强大生机活力，也为中国式现代化积累了丰富的物质积累，实现了从生产力相对落后到经济总量跃居世界第二、人民生活从温饱不足到总体小康再到全面建成小康社会的历史性跨越，打赢了脱贫攻坚战，创造了人类减贫史上的奇迹。改革开放是使中国发生翻天覆地变化的强国大业，是决定实现"两个一百年"奋斗目标的关键一招，也是实现中华民族伟大复兴的关键一招。没有改革开放，就没有今天中国式现代化的蓬勃发展。

习近平总书记指出："实践发展永无止境，解放思想永无止境，改革开放也永无止境，改革开放只有进行时、没有完成时。"[20]要深刻认识到虽然中国式现代化前景光明，但是在深入推进中国式现代化的过程中仍然存在一系列更深层次、更加系统和更为复杂的困难。只有坚持深化改革开放，不断改革发展过程中与生产力不相适应的生产关系、与经济基础不相适应的上层建筑，吸收和借鉴一切符合社会发展规律的现代化有益成果，勇于面对发展中遇到的困难与挑战，勇于解决发展过程中可能遇到的种种制度性难题、系统性难题，才能够摆脱保守思想和陈旧体制的束缚，才能够持续为发展提供强大动力和有力支撑，才能实现以中国式现代化全面推进中华民族伟大复兴。

（五）坚持发扬斗争精神

习近平总书记在学习贯彻党的二十大精神研讨班开班式上发表重要讲话时，强调："全党同志务必不忘初心、牢记使命，务必谦虚谨慎、艰苦奋斗，务必敢于斗争、善于斗争。"[19]斗争精神是马克思主义的精神特质，更是中国共产党的精神品格。我们党自诞生之日起就立志于带领广大人民群众反抗帝国主义、封建主义和官僚资本主义的压迫，争取民族独立和人民解放。从发展历程来看，我们党和人民所取得的一切成就，都不是凭空出现或从天而降的，都是我们党和人民一手一脚奋斗出来，我们在斗争中求生存、谋发展、得胜利。

斗争精神是推进中国式现代化的精神动力。过去，我们党团结带领人民解决了许多问题与困难，但是那只是浅层次的、不成系统的、好解决的问题，未来我们将面临的问题是更加深层次的、系统的、不好解决的。习近平总书记指出："当前我国国家安全内涵和外延比历史上任何时候都要丰富，时空领域比历史上任何时候都要宽广，内外因素比历史上任何时候都要复杂。"[19]必须增强党的斗争本领、斗争能力，敢于斗争、善于斗争，为战胜前进道路上的各种困难险阻注入强大力量。在以中国式现代化全面推进中华民族伟大复兴的新征程中，我们必须敢于亮剑、勇于亮剑、善于亮剑，迎难而上、攻坚克难，在斗争中找到、丰富和拓展中国生存和发展的现代化道路，不断开辟中国式现代化的新境界。

五、中国式现代化的战略安排和发展目标

党的二十大报告中阐述了中国式现代化的主要特征、本质要求，更在其中给出了全面建成社会主义现代化强国、以中国式现代化全面推进中华民族伟大复兴的战略安排，明确了未来五年的发展目标和到 2035 年、本世纪中叶我国发展的总目标，描绘了第二个百年奋斗目标——全面建成社会主义现代化强国的美好图景，进一步丰富和拓展了中国式现代化的深刻内涵。

（一）全面建成社会主义现代化强国的战略安排

党的二十大报告提出，全面建成社会主义现代化强国，总的战略安排是分两步走：从二〇二〇年到二〇三五年基本实现社会主义现代化；从二〇三五年到本世纪中叶把我国建成富强民主文明和谐美丽的社会主义现代化强国[1]。这个总的战略安排从宏观层面有步骤、分阶段地明确了全面建成社会主义现代化强国各阶段的任务，为实现中华民族伟大复兴提供了现实可行的计划书、时刻表。

全面建成社会主义现代化强国两步走战略安排是基于中国实际国情的，具有科学的、坚实的依据和保障。全面建成社会主义现代化强国两步走战略安排的提出并不是随随便便的，它是在综合分析我国发展各方面情况的基础之上提出来的。当前，我国的发展正处于世界百年未有之大变局和中华民族伟大复兴的战略全局相互交织的重要时期，国际上，宏观环境日趋复杂，单边主义、保护主义、霸权主义对世界和平与发展的威胁日趋明显，我国发展面临的不确定难预料的因素增多；从国内发展情况来看，我国发展积累下来的深层次矛盾和隐藏的风险也逐渐显现出来，我们面临的新问题新情况逐渐增多。但即使如此，我们提出全面建成社会主义现代化强国的战略安排仍然是基于我国当前发展形势和未来发展趋势的。当前，我国正处于发展的重要战略机遇期，经济更加发展、民主更加健全、科教更加进步、文化更加繁荣、社会更加和谐、人民生活更加殷实、市场更加广阔，全面建成社会主义现代化强国的各方面物质我们都已经具备。除此之外，我们还有科学的思想作指导，坚持以马克思列宁主义、毛泽东思想、邓小平理论、"三个代表"重要思想、科学发展观、习近平新时代中国特色社会主义思想为指导，使得以中国式现代化全面推进中华民族伟大复兴的重要实践能够始终有强大和正确的思想指引与方向指引。

全面建成社会主义现代化强国两步走战略安排，将推进人民在经济、政治、文化、社会、生态等方面日益增长的美好生活需要，也将在实现人的自由全面发展的探索过程中深刻改变世界现代化的格局，拓展发展中国家走向现代化的途径，为解决人类问题贡献中国智慧和中国方案。

（二）实现中国式现代化的阶段性目标

党的二十大报告中提出实现中国式现代化和我国社会发展的目标，包括近五年的发展目标、到2023年我国发展的总目标，以及到本世纪中叶我国发展的总目标，实现中国式现代化有了具体的、现实的美好蓝图。

未来五年我们发展的主要目标涵盖了政治经济文化等各个方面，为未来发展打下坚实基础。改革开放迈出新步伐，社会主义市场经济体制要进一步完善，经济高质量发展不断深入并要取得新的突破，科技进步要逐步打破外国技术壁垒与封锁，提升自立自强能力，新发展格局和现代化经济体系建设要取得新的重大进展；全过程人民民主深入推进，中国特色社会主义法治体系建设更加完善，加强中国特色社会主义政治建设；加强中国特色社会主义文化建设，丰富人民精神文化生活，提升中华民族凝聚力和中华文化影响力；改善居民收入增长，提升人民生活水平，健全社会保障体系；促进人与自然和谐共生，改善人民生存环境，加强美丽中国建设；加强国家安全保障，提高中国国际地位，更好地参与全球治理。

到2035年，我国发展的总体目标是在政治、经济、文化、社会和生态等各个方面基本实现现代化。到本世纪中叶，在基本实现现代化的基础上，我们要继续把我国建设成为综合国力和国际影响力领先的社会主义现代化强国。

总而言之，中国式现代化既具有一般国家现代化的共同特征，符合各国现代化建设的一般规律，又具有中国特色社会主义的本质特征和基于中国国情的鲜明特色。中国式现代化是中国共产党领导的、站稳人民立场的、兼济天下的、合作共赢的、协调发展的现代化，不仅将更好地造福中国人民，也将更好地造福世界各国人民。

第二节　中国式现代化的突出贡献

中国式现代化是一种不同于西方现代化的现代化建设新模式，是我们党领导全国各族人民在长期探索和实践中历经千辛万苦、付出巨大代价取得的重大成果，深深植根于中国特色社会主义文化体系之中，吸收借鉴一切有益于中华民族伟大复兴的人类文明成果，充分体现了科学社会主义的先进本质。中国式现代化不仅将推进中国经济、政治、文化等各个方面、各个层次的现代化，而且将为世界上各个寻求自身发展和渴望实现现代化的国家提供新的模式与选择，将为世界发展贡献中国智慧、中国方案与中国力量。

一、为世界和平发展注入强大动力

中国式现代化向世界宣告世界上并非只有一种现代化模式和内涵，各国都可以根据自己的实际选择自己通往现代化的道路。中国式现代化拓展了现代化的深刻内涵，殖民扩张与掠夺、强权垄断已经不再是现代化的代名词，合作共赢、和平发展、绿色共享都可以成为现代化的主要特征与代名词。

（一）丰富了现代化的深刻内涵

党的二十大报告中深刻阐述了中国式现代化的主要特征、本质要求及需要遵循的重大原则，从理论上和实践上向世界证明中国式现代化的可行性。让世界上其他希望实现自身发展的国家知道，世界上现代化的道路并不只有一条，各国都可以根据自己的实际情况走好适合自己的现代化道路。

通过对西方现代化历史进程的梳理，我们可以看到西方国家的崛起之路本身就伴随着暴力与冲突、扩张与掠夺，这样的一种特性也延续到了西方的现代化进程之中。15世纪至17世纪，西方国家开启了地理大发现的时代，开始对外进行血腥的殖民活动和全球性的对外扩张，为资本主义的发展和工业革命的发生提供了大量劳动力和财富，积累了血腥而丰富的原始资本。马克思指出："美洲金银产地的发现，土著居民的被剿灭、被奴役和被埋葬于矿井，对东印度开始进行的征服和掠夺，非洲变成商业性地猎获黑人的场所——这一切标志着资本主义生产时代的曙光。"[21]随后，西方开始了工业革命和思想启蒙运动，他们凭借血腥的资本原始积累逐渐走在了世界发展的前列。但是西方国家并没有停下自己扩张和掠夺的脚步，仍然走着"强国必霸"的道路。第二次世界大战结束，西方旧殖民主义体系瓦解，世界政治体系和政治格局也随之变化。这一时期，广大第三世界国家在取得民族独立之后开始探索实现自身发展的问题，但是当时世界上只有一种现代化的发展模式，即西方现代化发展道路。但是这些国家现代化的实践证明，照抄照搬西方现代化的理念、道路和制度这条路是行不通的，只会"画虎不成反类犬"，继续丧失自己好不容易取得的民族独立性，进而沦为别人的附庸。

中国用自身现代化建设的成功实践向世界证明，各个国家都可以根据自己的国情，选择适合自身特点的现代化建设道路。党的二十大报告提出，我国稳居世界第二经济大国地位，国内生产总值高达114万亿元，经济总量占世界经济的比重达18.5%，人均国内生产总值达81000元。制造业规模、外汇储备稳居世界第一，基础设施建设取得重大成就。经济实力、科技实力、综合国力跃上发展新台阶，中华民族迎来了从站起来、富起来到强起来的历史性飞跃，开启全面建设社会主义现代化国家新征程。中国用自身创造的奇迹向世界证明不走西方现代化的老路也可以实现自身的现代化，发展成果由人民共享的、物质文明与精神文明相协调的、人与自然和谐共生的、走和平发展之路的现代化也可以创造社会经济发展的巨大奇迹，追上世界发展的水平，使得国家真正走上现代化建设的道路。现代化建设没有固定不变的道路，也没有放之四海都适用的模式。

（二）为发展中国家走向现代化提供了有益借鉴

实现现代化是当前世界各国实现自身发展的共同追求，在实现现代化的道路上各国都进行了许多探索,但是收到的效果却很不相同。当前,世界形势变幻莫测,全球化与逆全球化交织、信息化与现代化并行,"世界又一次站在历史的十字路口,何去何从取决于各国人民的抉择"[1]。中国共产党团结带领广大人民群众在充分考虑当前的国情、未来发展趋势及国家发展需要的基础上,选择了中国式现代化。正如习近平总书记在纪念马克思诞辰200周年大会上的讲话中指出的那样,"当代中国的伟大社会变革,不是简单延续我国历史文化的母版,不是简单套用马克思主义经典作家设想的模板,不是其他国家社会主义实践的再版,也不是国外现代化发展的翻版"[10]。切合中国国情的中国式现代化,是中国共产党领导的社会主义现代化,既有各国现代化的共同特征,更有基于自己国情的中国特色。中国共产党领导中国人民坚持从本国国情出发,以中国独特的理论、制度、道路谋求发展,以独立自主、自力更生为立足点,同时又广泛借鉴吸收了西方现代化进程中的经验,以一种并联的方式用极短的时间就完成了西方国家时间漫长的现代化发展历程,不仅发展水平高而且发展速度快,特别值得关注的是,中国在现代化过程中解决了困扰中国几千年的绝对贫困的问题,实现了14亿人口整体生活水平的提升,成功地走出了符合本国特点的中国式现代化道路,并使其推进和拓展。中国式现代化成功推进表明,任何罔顾本国发展现实的情况的、违背本国社会发展规律的道路是不能走、不好走,也是走不通的,只有立足本国国情、珍视本民族优良传统,每个国家和民族才可以找到实现自身文明现代化的通衢大道。中国式现代化走出了一条不同于西方模式的现代化道路,向世界证明只有适合自己的路才是真正有强大生命力和光明前景的路,从而向世界宣告了中国道路的成功,拓展了世界现代化的版图,为创造人类文明新形态、推动世界现代化进程提供了全新的选择,也为世界其他希望实现现代化的国家和民族提供有益借鉴。

(三)为世界减贫事业提供中国智慧

2015年11月29日,中共中央、国务院作出《关于打赢脱贫攻坚战的决定》。2016年4月23日,中共中央办公厅、国务院办公厅印发《关于建立贫困退出机制的意见》。2021年2月25日,习近平总书记在全国脱贫攻坚总结表彰大会上发表重要讲话,庄严宣告:"经过全党全国各族人民共同努力,在迎来中国共产党成立一百周年的重要时刻,我国脱贫攻坚战取得了全面胜利,现行标准下9899万农村贫困人口全部脱贫,832个贫困县全部摘帽,12.8万个贫困村全部出列,区域性整体贫困得到解决,完成了消除绝对贫困的艰巨任务,创造了又一个彪炳史册的人间奇迹"[22]。中国式现代化是全体人民共同富裕的现代化,坚持现代化建设的发展成果由全体人民共享,推动了人民生活水平的提高。中国作为世界上减贫人口最多的国家,对全球减贫贡献率超过70%,为世界减贫事业提供了中国方案,极大地增强了完成世界减贫事业的信心和勇气。

西方现代化有一个明显的特征,就是以资本为导向和中心,最突出的表现就是现代化的发展成果被资产阶级所占有，追求资本利益最大化，而这样的结果从社会层面来看就是社会的贫富差距拉大、两极分化严重；从个体层面来看，就是人的异化进一步加深。中国式现代化以"人"为导向，以人的解放和自由而全面的发展为重要导向，消弭了两极分化等西方现代化的弊端。在解决贫困问题的基础上，进一步追求全体人民共同富裕的现代化。在推进中国式现代化的过程中，我们坚持和加强党的全面领导，坚持中国特色社会主义道路，坚持以人民为中心的发展思想，坚持深化改革开放，坚持发扬斗争精神，推动了中国经济社会的发展和人民生活水平的提高。

二、创造了人类文明新形态

习近平总书记在庆祝中国共产党成立 100 周年大会上首次提出"人类文明新形态"的概念，这是中国共产党领导人民在走中国式现代化道路过程中创造的面向未来的人类文明新形态。这个人类文明新形态坚持中国共产党的全面领导，以马克思主义为指导，以中国特色社会主义为根本方向，以中国特色社会主义文化为根基，以中国式现代化为实现路径，以推动构建人类命运共同体为共同价值，为实现中华民族伟大复兴的伟大梦想提供更为主动的精神动力，而且为人类文化发展提供中国智慧。由中国式现代化实践创造的人类文明新形态有着鲜明的民族特色、人类情怀和世界指向，给世界各国现代化发展提供了全新的道路与可能，也是对世界现代化理论与实践的创新与突破。可以说，这个文明新就新在它摒弃了资本主义所创造的以"物"和"资本"为中心的西方资本主义文明，是马克思主义中国化时代化的产物，是中国特色社会主义创造的文明，是以中国式现代化的实践为底色的，融合物质文明、政治文明、精神文明、社会文明和生态文明所创造的一种新的文明形态。但是它又与一般的社会主义文明不同，因为更具有民族语言、实践指向和强大创造力、生命力。

（一）创造了以中国化时代化的马克思主义为核心的人类文明新形态

党的二十大报告论述中国共产党、中国特色社会主义和马克思主义之间的紧密联系时，讲了这样一段话："实践告诉我们，中国共产党为什么能，中国特色社会主义为什么好，归根到底是马克思主义行，是中国化时代化的马克思主义行。"[1]党的十九届六中全会上，习近平总书记也曾表示，中国共产党之所以能够团结带领广大人民群众取得一个又一个伟大胜利，就在于"坚持把马克思主义基本原理同中国具体实际相结合、同中华优秀传统文化相结合，坚持实践是检验真理的唯一标准，坚持一切从实际出发，及时回答时代之问、人民之问，不断推进马克思主义中国化时代化"[23]。中国近代以来的历史充分证明，只有将马克思主义同中国具体实际相结合，才能够带领中国人民站起来，并实现从站起来到强起来的伟大飞跃，也将必然带领我们实现从富起来到强起来的伟大飞跃。

从党一百多年的历史来看，中国共产党坚持用马克思主义发现问题、指导实践、解决困难，形成了中国化时代化的马克思主义理论成果，并且开创了中国特色社会主义道路，为中国式现代化提供了重要思想指引、道路遵循、物质基础与制度保障。这也决定了中国式现代化不仅仅是以物为中心的现代化，它在创造物质财富的同时，也创造了以人为核心的、以人民为发展中心的人类文明新形态。这种人类文明新形态既不是其他什么文化或其他什么主义的翻版，更不是资本主义现代化衍生出来的文明形态，而是以中国化时代化的马克思主义为核心的人类文明新形态。中国特色社会主义进入新时代，在当代中国马克思主义、21 世纪马克思主义——习近平新时代中国特色社会主义思想的指引下，中国式现代化的新道路滋养出了新的文明形态，将为实现中华民族伟大复兴提供重要文化支撑，也将为世界人民提供一种具有强大生命力和创新力的新文明形态。

（二）创造了以"人民"为根本的文明形态

西方资本主义通过殖民扩张与掠夺，积累了大量物质财富，并且通过工业革命逐渐打开了现代化的大门，又创造了巨大的、丰富的物质财富。但是，通过对西方现代化历程的综合分析可以看到，西方现代化所创造出来的巨大物质财富并没有惠及到西方的人民，而是被少数人所掌控和享用，这也是马克思和恩格斯所分析出来的资本主义社会的重要特征。《共产党宣言》中提到："过去的一切运动都是少数人的或者为少数人谋利益的运动。无产阶级的运动是绝大多数人的、为绝大多数人谋利益的独立的运动。"[16]全心全意为人民服务是中国共产党的根本宗旨，这也就决定了在中国共产党领导下的中国式现代化所创造出来的人类文明新形态是以"人民"为根本的文明形态。

群众路线作为毛泽东思想活的灵魂主要内容之一，本质上体现的是马克思主义关于人民群众是历史的创造者这一基本原理，毛泽东曾说："中国的命运一经操在人民自己的手里，中国就将如太阳升起在东方那样，以自己的辉煌的光焰普照大地。"[24]这生动诠释了人民群众的重要性，更彰显了我们党对人民历史地位的深刻认识。改革开放以后，邓小平对历史和现实进行深入思考，以人民为中心，提出了共同富裕思想，要让发展成果更多地惠及全体人民。江泽民面对世情党情国情的深刻变化，提出了"三个代表"重要思想，其中最后一个代表就是"代表最广大人民的根本利益"，深刻诠释了中国共产党人的为民初心。以胡锦涛同志为主要代表的中国共产党人提出"以人为本"的科学发展观，树立全面、协调、可持续的发展观。以习近平同志为核心的党中央更是提出要"坚持以人民为中心的发展思想"，强调"江山就是人民，人民就是江山"，打赢了脱贫攻坚战，全面建成了小康社会，实现了党的第一个百年奋斗目标。我们党的一切实践和创造都是为了满足人民日益增长的美好生活需要、实现全体人民共同富裕、为了人的自由而全面的发展而进行的，其中所蕴含的人民立场和人民性质也决定了中国式现代化所创造出的人类文明新形态必然是以"人民"为根本的文明形态。

（三）创造了相互协调、和谐共生的文明形态

现代资本主义文明实现了物质财富的巨大丰富，也实现了人类文明发展的极大进步，但是在其文化表征上呈现出来的主要特征仍然是以资本、利益为主导的文明形态，具有极强的垄断性、排他性和竞争性等性质。在资本主义现代化文明的发展过程中，存在着明显的社会贫富差距悬殊、政治党争激烈、社会不平等严重等问题，在国际上霸权主义、单边主义、强权政治仍然时有出现；与此同时，资本主义现代化文明漠视生态环境的重要性，在发展过程中一味追求经济利益的增长，对于生态环境总是抱有可以通过"后治理"挽救的陈旧观念，导致人类赖以生存和发展的基础——生态环境面临严重威胁。2023 年 8 月，日本不顾国际社会的强烈反对，将福岛第一核电站的核污染水排入大海，就是对人与自然和谐共生关系的一种漠视。

中国式现代化则摒弃了资本主义在实现现代化过程中不能实现物质文明和精神文明协调发展的缺陷，在创造巨大物质利益财富的过程中更加强调要有与之相匹配和相协调的精神文明，强调推动物质文明、政治文明、精神文明、社会文明、生态文明协调发展。中国式现代化所创造的物质文明是解放生产力和发展生产力相统一的文明新形态；是坚持以公有制为主体、多种所有制经济共同发展的文明新形态；是坚持以按劳分配为主体多种分配方式并存的文明新形态；坚持发展中国特色社会主义市场经济的文明新形态。中国式现代化所创造的政治文明是中国共产党领导、人民当家作主和依法治国有机统一的文明新形态；是发展全过程人民民主的文明新形态。中国式现代化所创造的精神文明是以马克思主义为指导的文明新形态，以中华优秀传统文化为基础的文明新形态，以革命文化为动力的文明新形态，以社会主义先进文化为主体的文明新形态，充分体现中国共产党党性的文明新形态。中国式现代化所创造的社会文明以民生为导向的文明新形态，是不断推进国家治理体系和治理能力现代化的文明新形态，是坚持总体国家安全观的文明新形态，是社会持续稳定发展的文明新形态。中国式现代化所创造的生态文明是坚持坚持人与自然和谐共生的文明新形态，是"绿水青山就是金山银山"的文明新形态，是"万物并行而不相悖"的文明新形态，是生产发展、生活富裕、生态良好相结合的文明新形态。这种相互协调、和谐共生的文明形态是一种与资本主义现代文明截然不同的人类文明新形态。

（四）创造了独立自主、胸怀全天下的文明形态

"独立自主"也是毛泽东思想活的灵魂重要内容之一，也是我们党一直以来开展工作的优良传统。中国式现代化所创造的人类文明新形态是中国共产党独立自主探索现代化道路的重要成果，党的十九届六中全会指出："独立自主是中华

民族精神之魂，是我们立党立国的重要原则。走自己的路，是党百年奋斗得出的历史结论。"[23]梳理世界上那些一味追求资本主义现代化文明的国家和民族发展史，他们最终并没有得偿所愿，反而陷入了"中等收入陷阱"，发展难题重重、人民怨声载道，甚至引发社会动荡。而中国通过独立自主探索出来的中国式现代化不依靠任何外部力量，也不向任何外部势力低头，牢牢掌握中国现代化道路的主动权和主导权，形成了独立自主的文明形态。

中国共产党承诺，无论发展到什么程度，中国永远不称霸，永远不搞扩张。中国共产党以海纳百川的宽阔胸襟吸收借鉴人类一切优秀文明成果，党的二十大提出，"深化文明交流互鉴，推动中华文化更好走向世界"[1]，推动构建人类文明共同体，促进世界和平与发展。资本主义现代化文明奉行"物竞天择，适者生存""零和博弈""大鱼吃小鱼""强者为尊""赢家通吃"的思想理念，其所带来的必然是纷争与混乱。中国式现代化所创造的人类文明新形态则与之不同，它所关怀的既是中国人民的幸福也是世界人民的明天。人类文明新形态以文明的方式和内容回应各国人民的普遍关切，为解决全世界人类所面临的共同问题作出重要贡献，是胸怀天下、世界大同的新型文明样态。

第三节　坚定不移走中国式现代化道路

中华民族伟大复兴目前正处在关键期，我们虽然取得了许多举世瞩目的成果，但是还要深刻认识到，当前我们面临的困难前所未有、面临的风险挑战也前所未有，但是我们必须坚定不移地走中国式现代化道路，这是坚持走中国特色社会主义道路的题中应有之义，是中国人民的必然选择，是中华民族伟大复兴行的必经之路。

一、必须坚定不移地走中国特色社会主义道路

坚定不移走中国特色社会主义道路是我们党经过长期实践得出的一条宝贵经验，历史和现实都向我们证明了这一点。推进中国式现代化必须坚定不移地走中国特色社会主义道路，其他的民主社会主义、欧洲共产主义、苏联社会主义模式、资本主义、改良主义等都不能实现中国式现代化。

（一）人道的民主社会主义、欧洲共产主义不能模仿

20世纪60年代中期以后，马克思主义的各种新流派和观点涌现出来，包括人道主义的马克思主义、存在主义的马克思主义、结构主义的马克思主义、新实证主义马克思主义、人道的民主社会主义、欧洲共产主义等。这些思想和观点当中，有一些虽然对资本主义社会的政治、经济和文化进行了一定程度的批判，但始终流于表面而没有真正触及资本主义社会的基本矛盾层面，即没有深入探讨资

本主义社会发展的生产力与生产关系之间的矛盾、经济基础与上层建筑之间的矛盾；还有一些则直接背离了社会主义社会建设的原则和要求，用资本主义的"糖衣炮弹"侵蚀社会主义，将无产阶级争取自身解放的斗争置于资本主义制度的框架之内。

"民主社会主义"一词最早由伯恩斯坦在《社会主义的前提和社会民主党任务》一书中提出，即社会可以发展多样型经济，国家要提供良好的福利保障以及进行财富的再分配。1951年6月，社会党国际通过《民主社会主义的任务与目标》公开反对马克思主义的科学社会主义，提出自己的奋斗纲领——"民主社会主义"。民主社会主义背离了马克思主义，从实用主义的角度出发宣扬理论的多元性。虽然民主社会主义反对实行暴力革命和阶级革命的斗争策略，但是它在一定程度上也提出了要反对资本主义剥削制度对劳动人民的压迫和剥削。它在政治上抵制暴力革命与阶级斗争，在经济上主张用经济民主取代私有制，在思想上强调道德价值和民主价值。1988年，戈尔巴乔夫在苏共第十九次代表会议上提出要把苏联社会主义社会改造成为"人道的民主的社会主义"社会，提出政治多元化，强调"人道的民主的社会主义"。与此同时，戈尔巴乔夫还修改宪法，实施三权分立和权力下放，进行自由选举改革选举制度，将苏维埃制度改为议会制度，彻底背离了马克思主义的指引与社会主义的准则。自此之后，苏联社会动荡不安，游行示威、罢工罢课几乎每天都在上演。苏联社会历史发展的教训证明，所谓人道的民主社会主义道路是背离社会主义的道路，不符合社会主义发展的客观规律，不好走、不能走，也走不通。

1956年，苏共二十大以后，西欧一些共产党开始重新思考社会主义和马克思主义的若干问题，开始探索适合本国国情的斗争方案。1975年，西方记者在报道意大利共产党和法国共产党举行的双边会议时首次使用"欧洲共产主义"一词，并且随之流传开来。欧洲共产主义同苏联的人道主义的民主社会主义有异曲同工之处，即主张社会主义模式多样化，实行新的"民主社会主义模式"；反对暴力摧毁资产阶级国家机器，主张进行和平改造；主张建设以共产党和社会党的联盟为基础的各派社会民主力量的大联盟。而事实同样证明，背离马克思主义本质的、流于表面的、浮于形式的共产主义是行不通的，"欧洲共产主义"在20世纪80年代逐渐走向衰落。

不论是人道主义的民主社会主义还是欧洲共产主义，他们所宣扬的都是一种部分类似资产阶级民主制度的社会主义。它与科学社会主义完全不同，采用资本主义社会宣扬的所谓的高效的行政权力、发达的社会福利、宽松的社会环境等完全不触动资本主义社会本质的种种手段来掩饰解决资本主义社会的基本矛盾，这是完全不可能的，也是根本行不通的。中国共产党人实行中国式现代化必须坚持中国特色社会主义，而不是其他什么主义。

（二）苏联式的"超越阶段"的社会主义模式不能学习

列宁逝世以后，斯大林先后同托洛茨基、布哈林等人就新经济政策问题、一国能否建成社会主义，以及选择什么样的模式和道路建设社会主义等问题开展激烈争论。1928 年 10 月至 1936 年底，斯大林带领苏联人民仅仅用 8 年的时间就完成了第一、第二个五年计划；1936 年 12 月，苏联制定和颁布了新宪法，以宪法的形式将苏联社会主义社会的基本原则确定下来。斯大林根据苏联的具体国情，结合马克思恩格斯及列宁所提出的一些理论与设想，领导苏联人民对社会主义建设进行实践探索和理论总结，逐步形成了苏联社会主义模式。斯大林执政期间的苏联处于极度复杂的国内外发展形势，从当时的国际环境分析，苏联一直面临资本主义国家包围和国际反共战争逼近；从国内社会环境分析，苏联经济发展落后，工业不发达，加强备战打仗成为发展的必然要求，与此同时还受到俄国皇权主义和封建宗法文化的影响，由此苏联社会主义模式呈现出经济管理体制高度集中、政治体制集权专断、文化建设和文化管理体制教条封闭的特点。苏联社会主义模式在初期满足了经济文化相对落后的社会主义国家生存发展的需求，并且使得苏联积累了强大物质力量和军事力量，打败了德国的法西斯主义，彰显了社会主义的强大生命力。除此之外，苏联社会主义模式也为当时的世界社会主义国家开展社会主义建设提供了可以借鉴的发展模式。

但是在苏联发展的后期，苏联社会主义模式暴露出了十分明显的发展弊端。高度集中的经济管理体制日趋僵化，实行单一的所有制和过分集中的计划经济，排斥市场经济；集权专断的政治体制缺少民主监督机制，法治建设不健全，官僚主义严重；教条封闭的社会文化阻碍了自然科学的发展，面对思想和学术问题往往采取严酷的政治斗争，对社会意识形态也缺乏正确认识，最终严重影响了苏联的政治、经济和文化。苏联社会主义将马克思主义神圣化和简单化，在社会主义建设过程中，整体上呈现出一种超越发展阶段的、急于求成的、简单粗暴的状态，试图通过短暂的、迅速的发展直接跃升为共产主义。苏联解体、东欧剧变等世界社会主义遭受的巨大曲折给中国社会主义建设道路提供了重要经验借鉴，中国充分考虑社会主义建设的实际，坚持以经济建设为中心，坚持四项基本原则，坚持改革开放，走出了中国特色社会主义道路，向世界证明了社会主义的强大生命力与活力。实现中国式现代化就要充分考虑到中国现代化建设的实际情况和发展趋势，做好整体筹划与合理规划，不能走简化僵化的道路或者超越阶段、跨越阶段的道路。

（三）中国特色社会主义道路彰显强大生命力

改革开放以前，中国社会主义的建设与发展出现了一些失误和曲折，对这一时期社会主义建设的民主、法治、政治、经济、文化建设等方面都造成了一定程度的影响。1978 年，党的十一届三中全会的召开重新确立了解放思想、实事求是的思想路线，拉开了改革开放的序幕，实现了党的历史上具有深远意义的伟大转折，开启了改革开放和社会主义现代化建设的新的伟大征程。这一时期，"建设什么样的社会主义""怎样建设社会主义"一直是社会普遍思考的重要问题。1982年9月1日，邓小平在党的十二大开幕词中回答了这一问题，"把马克思主义的普遍真理同中国的具体实际结合起来，走自己的道路，建设有中国特色的社会主义，这就是我们总结长期历史经验得出的基本结论"[25]，首次提出了"建设有中国特色的社会主义"这一科学命题。至此，中国正式开启了对中国特色社会主义道路的践行与探索，坚持人民当家作主，积极探索人民群众参与民主决策、民主选举、民主管理、民主监督的民主程序和制度；坚持以按劳分配为主体、多种分配方式并存的分配制度，坚持以公有制为主体、多种所有制经济共同发展的所有制结构，建设中国特色社会主义市场经济体制；发展中华优秀传统文化、革命文化和社会主义先进文化，建设中国特色社会主义文化；注重解决人民群众关心的医疗、教育、就业等民生问题，坚持以人民为中心持续改善民生，推进共同富裕；持续保护环境，发展绿色经济，坚持协调发展、绿色发展、可持续发展。党的十八大报告指出："中国特色社会主义道路，就是在中国共产党领导下，立足基本国情，以经济建设为中心，坚持四项基本原则，坚持改革开放，解放和发展社会生产力，建设社会主义市场经济、社会主义民主政治、社会主义先进文化、社会主义和谐社会、社会主义生态文明，促进人的全面发展，逐步实现全体人民共同富裕，建设富强民主文明和谐的社会主义现代化国家。"[26]党的十八大以来，我们党坚持习近平新时代中国特色社会主义思想，高举中国特色社会主义伟大旗帜，采取了一系列战略性举措，推进了一系列变革性实践，实现了一系列突破性进展，取得了一系列标志性成果，为全面建设社会主义现代化国家而努力奋斗，向世界彰显了中国特色社会主义的强大生命力与活力。

二、坚定不移走中国式现代化道路是中国人民的必然选择

中国式现代化是中国人民通往幸福、实现幸福的必经之路，更是全面建成社会主义现代化强国进而实现中华民族伟大复兴的必由之路。实现中国式现代化，既不能走改旗易帜的邪路，也不能走封闭僵化的老路，只能选择这条人民群众满意的中国特色社会主义道路。

（一）中国人民站起来的必然选择

宝剑锋从磨砺出，梅花香自苦寒来。1840年以后，中国逐步沦为半殖民地半封建社会，中国人民长期受到三座大山的压迫，帝国主义和中华民族的矛盾、封建主义和人民大众之间的矛盾成为社会主要矛盾，捍卫国家主权、争取民族独立、实现人民解放，使中国大踏步赶上时代重新屹立于世界民族之林成为了近代以来中国最主要的任务。

鸦片战争以后，在近代中国人民寻求伟大复兴的路上，不管是太平天国运动、洋务运动、义和团运动还是戊戌变法，都向我们证明不触动封建根基的改良运动、自强运动还是旧式农民运动，由于历史和阶级的局限性及封建保守势力的强大、帝国主义势力的阻挠都相继失败，都不能改变中国的命运。1911年，辛亥革命虽然推翻了清王朝的统治，结束了中国几千年来封建专制，但是最终也以失败告终。由于民族资产阶级自身的两面性，他们一方面既有参加革命反对帝国主义和封建主义的需要，另一方面又同帝国主义、封建主义有着千丝万缕的联系，在革命的关键时刻总是表现出明显的动摇性和软弱性。因而中国的民族资产阶级既不可能成为革命的领导力量也不可能成为中国革命的主力军带领中国走向胜利。资本主义的道路在中国走不通也走不好，资本主义模式的现代化既不符合中国的文化传统也不符合中国的历史需要。

中国共产党带领中国人民独立自主地找到了一条适合中国国情的革命道路，即"农村包围城市，武装夺取政权"的革命道路，实施了适合中国发展的土地革命政策，打跑了入侵中国的外国列强和国内反动派，夺取了新民主主义革命的伟大胜利，使得中国人民站了起来。正是因为中华民族曾经辉煌过，我们才更加渴望恢复往昔的辉煌日子，因而中华民族站起来后的下一个目标就是实现中华民族的富起来和中华民族的强起来。目前，世界各国走向现代化、实现现代化已经成为大势所趋，只有坚持走具有中国特色的中国式现代化道路，才能使中华民族始终以昂扬的姿态自信地立于世界民族之林。

（二）中国人民富起来后的必然要求

新中国成立以后，中国的生产力水平仍然很差，毛泽东曾说："现在我们能造什么？能造桌子椅子，能造茶碗茶壶，能种粮食，还能磨成面粉，还能造纸，但是，一辆汽车、一架飞机、一辆坦克、一辆拖拉机都不能造。"[12]在一个一穷二白的中国，如何使这样的一个社会从一个新民主主义性质的社会过渡到社会主义性质的社会呢？这是当时摆在中国共产党人和中国人民面前最首要、最关键的问题。这一时期要进一步维护国家得之不易的独立、实现国家的富强，必须要实现社会主义工业化建设。通过"一化三改"，国家在短时间内集中了大量的人力物力，建立起了比较完整的独立的工业体系和国民经济体系，实现了农业、手工业和资本主义工商业的社会主义改造，实现了国民经济的快速增长，为中国工业化建设及长远发展积累了重要的物质基础。党的十一届三中全会以后，以邓小平同志为核心的党的第二代中央领导集体拉开了改革开放的序幕，使中国人民富了起来。以江泽民同志为核心的党的第三代中央领导集体面对改革开放的深入发展，提出"三个代表"重要思想，为改革开放引航领舵，使其始终能够沿着正确方向乘风破浪。党的十六大以来，以胡锦涛同志为主要代表的中国共产党人深入贯彻落实科学发展观，坚持以人为本，着力推动科学技术的发展，统筹推进全面、协调、可持续发展，推进中国现代化建设。

改革开放和社会主义现代化建设新时期，是中国发生翻天覆地变化的时期，通过走中国特色的富国之路，为实现中华民族伟大复兴积累了巨大的物质财富。富起来是中国人民追求幸福、推进中国式现代化的基石和底气，中国式现代化道路也是中国人民富起来之后发展实践的必然要求和必然趋势。

（三）中国人民强起来的必经之路

党的十九大报告指出："中国特色社会主义进入新时代，意味着近代以来久经磨难的中华民族迎来了从站起来、富起来到强起来的伟大飞跃，迎来了实现中华民族伟大复兴的光明前景。"[27] 而如何进一步推进中华民族伟大复兴，党的二十大报告给出了答案，就是以中国式现代化全面推进中华民族伟大复兴。从中国式现代化的主要特征可以知道，中国式现代化不仅将为中国创造巨大的物质利益、推动经济社会发展，而且还将为世界创造人类文明新形态，极大地丰富精神文明和精神世界。

在中华民族将强未强之际，我们面临的压力将更大、面临的风险将更多，习近平总书记对此进行了深刻分析，从当前国际发展的形势来看，国际力量对比发生深刻调整，新一轮的科技革命和产业变革也在深入发展，世界百年未有之大变局加速演进。与此同时，整个世界都面临着各种确定和不确定的挑战，新冠疫情虽然总体上算是结束，但是世界疫情影响深远，全球化发展思潮和逆全球化发展思潮相互交织，单边主义、保护主义明显上升，世界经济复苏乏力，局部冲突与动荡时有发生，世界进入到了新的动荡变革期。国内发展方面也面临着各种确定性和非确定性的风险考验，我国改革发展稳定过程中还存在着一些系统性问题和深层次矛盾，反腐倡廉等党的建设面临不少顽固性、多发性的问题，不确定的、难预料的因素和风险增多。党的二十大报告指出："今天，我们比历史上任何时期都更接近、更有信心和能力实现中华民族伟大复兴的目标，同时必须准备付出更为艰巨、更为艰苦的努力。"[1] 在实现中华民族伟大复兴的路上，我们仍然面临诸多的风险、挑战与考验，这就需要我们进一步推进中国式现代化，中国式现代化道路是中国人民强起来的必经之路。

三、以中国式现代化全面推进中华民族伟大复兴

实现中华民族伟大复兴是中国共产党自诞生之日起就肩负的使命任务，也是每一个中国人的共同心愿。党的二十大报告明确提出，现阶段我国的中心任务就是以中国式现代化全面推进中华民族伟大复兴，这也是中国共产党人实现初心和使命的坚守，更是人民美好生活需要实现的必然要求。

（一）中国共产党人"初心""使命"的坚守

中国共产党自诞生之日起就把为中国人民谋幸福、为中华民族谋复兴作为自己的初心使命，从没有任何改变和转移，中国式现代化是新时代中国共产党人对

初心和使命的坚守。新民主主义革命时期，中国共产党带领中国人民推翻三座大山的压迫，进而争取民族独立和人民解放就是中华民族复兴和中国人民幸福的最大愿望和重要基础，也是中国共产党人初心和使命的具象化表现。社会主义革命和建设时期，中国共产党带领中国人民顺利完成新民主主义社会向社会主义社会的过渡、建立起独立的工业体系，进而改变中国当时一穷二白的落后面貌就是中华民族复兴和中国人民幸福的最大愿望和重要基础，也是中国共产党人初心和使命的具象化表现。改革开放和社会主义现代化建设新时期，厘清社会主义本质找到建设社会主义的正确道路，进而提升中国综合国力带领中国人民富起来就是中华民族复兴和中国人民幸福的最大愿望和重要基础，也是中国共产党人初心和使命的具象化表现。中国特色社会主义进入新时代，统筹推进"五位一体"总体布局、协调推进"四个全面"战略布局，贯彻新发展理念，实现党的第一个百年奋斗目标，进而实现党的第二个百年奋斗目标——全面建成社会主义现代化强国，以中国式现代化全面推进中华民族伟大复兴就是中国共产党人初心和使命的延续和坚守。中国式现代化是中国共产党带领中国人民基于自身发展的实际，坚持走自己的道路，拼搏几十年、奋斗几十年的结果。雄关漫道真如铁，而今迈步从头越。中国式现代化不同于传统现代化道路与模式，是从中国发展的实际自身的特色走向中国式现代化的实践，既是一种重大的实践创新，又是重大的理论创新。今天，以中国式现代化全面推进中华民族伟大复兴就是要用习近平新时代中国特色社会主义思想武装头脑，用党的二十大精神凝心聚力，团结一致、攻坚克难，形成坚定不移走中国特色社会主义道路、走中国式现代化道路的强大合力，使中国前进的道路、发展的道路、复兴的道路越走越宽。

（二）中国人民实现"美好生活需要"的践行

当前，社会主要矛盾已经发生深刻改变，"人民日益增长的物质文化需要"已经不再能充分反映社会目前最主要的矛盾，也不能代表人民现实和精神最深的需求，而是转变为了"人民日益增长的美好生活需要"，与之相对应的问题也已经不再是"落后的社会生产"而是转变为了"不平衡不充分发展"。也就是说，人民群众的需要已经从物质文化拓展到了政治、经济、文化、社会生活、生态环境等各个方面。人民期盼有更高质量的教育、更稳定的工作、更满意的收入、更可靠的社会保障、更高水平的医疗卫生服务、更舒适的居住条件、更优美的环境，期盼孩子们能成长得更好、工作得更好、生活得更好。而如何满足人民群众对美好生活的需要，解决发展不平衡不充分的问题呢？就是要坚持以中国式现代化全面推进中华民族伟大复兴。中国式现代化是不断加强科技创新和技术创新，积极寻求创新，充分发挥中国人口优势、人才优势、创新优势和市场优势，创造巨大的经济财富，实现人口规模巨大的现代化和全体人民共同富裕的现代化；中国式现代化将进一步提高公共服务水平、推进改革创新，坚持和发展全过程人民民主，推动社会主义民主法治建设；中国式现代化还将进一步推进文化建设，以中国共产党人精神谱系为精神指引，深化中华优秀传统文化、革命文化、社会主义先进文化的影响力和感召力，强化中国特色社会主义文化建设，推动物质文明与精神文明相协调；中国式现代化还将坚持新发展理念，建立健全绿色低碳循环发展经济体系，促进经济社会发展全面绿色转型，坚持走生态优先、绿色发展之路，是立足新发展阶段、贯彻新发展理念、构建新发展格局，实现人与自然的和谐共生。中国式现代化既有各国现代化的共同特征，更有基于自己国情的中国特色，将以高质量发展更好地满足人民日益增长的美好生活需要。

参 考 文 献

[1] 高举中国特色社会主义伟大旗帜为全面建设社会主义现代化国家而团结奋斗——在中国共产党第二十次全国代表大会上的报告 [M]. 北京：人民出版社，2022.

[2] 周恩来选集（下）[M]. 北京：人民出版社，1984.

[3] 邓小平文选（第二卷）[M]. 北京：人民出版社，1994.

[4] 习近平在学习贯彻党的二十大精神研讨班开班式上发表重要讲话强调正确理解和大力推进中国式现代化 [EB/OL]. [2023-07-02]. 新华网，http://www.news.cn/politics/leaders/2023-02/07/c_1129345744.html.

[5] 习近平著作选读（第二卷）[M]. 北京：人民出版社，2023.

[6] 马克思恩格斯选集（第二卷）[M]. 北京：人民出版社，2012.

[7] 马克思恩格斯文集（第十卷）[M]. 北京：人民出版社，2009.

[8] 弘扬人民友谊共同建设"丝绸之路经济带" [N]. 人民日报，2013-09-08（1）.

[9] 习近平外交演讲集（第一卷）[M]. 北京：中央文献出版社，2022.

[10] 习近平在纪念马克思诞辰200周年大会上的讲话 [N]. 人民日报，2018-05-05（2）.

[11] 邓小平文选（第三卷）[M]. 北京：人民出版社，1993.

[12] 毛泽东文集（第六卷）[M]. 北京：人民出版社，1999.

[13] 马克思恩格斯全集（第三卷）[M]. 北京：人民出版社，1956.

[14] 中国式现代化是中国共产党领导的社会主义现代化 [N]. 人民日报，2023-06-01（1）.

[15] 携手同行现代化之路——在中国共产党与世界政党高层对话上的主旨讲话 [M]. 北京：人民出版社，2023：2.

[16] 马克思恩格斯选集（第一卷）[M]. 北京：人民出版社，2012.

[17] 马克思恩格斯选集（第四卷）[M]. 北京：人民出版社，2012.

[18] 毛泽东选集（第三卷）[M]. 北京：人民出版社，1991.

[19] 习近平著作选读（第一卷）[M]. 北京：人民出版社，2023.

[20] 论党的宣传思想工作 [M]. 北京：中央文献出版社，2020：34.

[21] 马克思恩格斯文集（第五卷）[M]. 北京：人民出版社，2009.

[22] 在全国脱贫攻坚总结表彰大会上的讲话 [N]. 光明日报，2021-02-26（2）.

[23] 中共中央关于党的百年奋斗重大成就和历史经验的决议 [N]. 人民日报，2021-11-17（1）.

[24] 毛泽东选集（第四卷）[M]. 北京：人民出版社，1991.

[25] 党的十二大：开创社会主义现代化建设新局面 ［N］. 人民日报，2002-11-05（光辉思想）.

[26] 坚定不移沿着中国特色社会主义道路前进为全面建成小康社会而奋斗——在中国共产党第十八次全国代表大会上的报告 ［N］. 人民日报，2012-11-18（1）.

[27] 决胜全面建成小康社会夺取新时代中国特色社会主义伟大胜利——在中国共产党第十九次全国代表大会上的报告 ［N］. 人民日报，2017-10-28（1）.

第二章　制造业转型升级发展的相关理论

党的十九大报告提出："建设现代化经济体系，必须把发展经济的着力点放在实体经济上。"[1]制造业是实体经济的主体，要实现实体经济繁荣发展，就必须推进制造业转型升级。在制造业转型升级的过程中，却总是遇到许多风险、问题和挑战，这就需要在厘清科学理论基础的前提之下，用科学的理论指导改革实践探索。在对制造业转型升级概念和产业转型升级概念进行辨析的基础上，探索支撑制造业转型升级的理论基础，科学分析制造业转型升级的趋势特点及影响因素，对推动中国制造业转型升级具有重要的理论意义和现实价值。

第一节　产业转型升级与制造业转型升级概念辨析

制造业涉及科教文卫、衣食住行的方方面面，是国民经济的支柱性产业，制造业的发展既为现代信息技术和科学技术的发展提供先进的机械装备支撑，更为现代化的建设积累了重要的物质基础，与此同时，中国式现代化的推进也对制造业的发展提出更高要求，推动着制造业的转型升级。在以中国式现代化全面推进中华民族伟大复兴的历史新征程中，必须以制造业高质量转型升级推进中国式现代化。要想深入探究制造业转型升级同中国式现代化之间的辩证关系，首先就要从制造业的形成与发展、制造业转型升级的概念出发，并通过同产业转型升级分析比较，进而开展理论探究与实践探索。

一、产业转型升级内涵概念

制造业按照传统产业经济理论中对产业划分实际上属于第二产业，想要弄清楚制造业转型升级的概念还需从其所属大类去研究清楚产业结构的调整、转型和升级，进而弄清楚究竟何为产业转型升级。

我们将从产业结构、产业转型、产业升级和产业转型升级四个概念来探究产业转型升级的定义，进而捋清楚究竟何为制造业转型升级。

（一）产业结构

产业结构又称国民经济的部门结构，它是指国民经济各产业部门之间，以及各产业部门内部之间在社会再生产过程中产生的生产联系及数量构成比例，主要受到需求结构、资源供给结构、科学技术因素和国际经济关系等因素的影响。目前，在经济研究和管理中，产业结构的分类方法主要有 4 种：两大部类分类法、三次产业分类法、资源密度集分类法和国际标准分类。

（二）产业转型

所谓产业转型最核心的是经济增长方式类型的转变，让社会经济从粗放型经济发展转变为集约型经济，走高质量内涵式扩大再生产之路，将原来在产业发展和经济活动中存在的高投入、低产出、高消耗、低效益、高污染、低质量现象及问题转变为低投入、高产出、低消耗、高效益、低污染、高质量的现状。产业转型主要指产业经济管理体制的转型和发展方式的转变，其关键在于由要素或投资驱动的粗放型发展方式向创新驱动的集约型发展方式转变[2]。

（三）产业升级

从简要含义上去理解，产业升级是指产业发展依靠自主创新和科技进步将产业发展的各个方面从较低水平状态提升到较高的水平状态。产业结构的升级具体体现在第一、二、三产业在国民经济中的占比及产业内部的一种状态，即第一产业占比逐渐降低、对国民经济贡献率逐渐减低，第二产业和第三产业占比逐渐提高、对国民经济贡献率逐渐提高；各次产业内部生产方式逐渐自动化、智能化，生产者操作日益简化、熟练，产业内部结构日益升级、逐渐高端。

（四）产业转型升级

产业转型和产业升级是有内在一致性的，即都需要依靠科技进步和创新转变产业结构、产业规模、产业组织、产业技术和产业装备，实现向数字化、智能化、绿色化、低碳化转型升级，实现向资源精加工、产品高附加价值的转换，推动产业链实现从低端分工的链条环节向高端分工的链条环节的跳跃，使得整个产业体系实现从以传统产业为主导向以高新技术产业为主导的变革。可以说，产业转型升级就是产业发展依靠自主创新和科技进步使得产业发展从高投入转向低投入、从高消耗转向低消耗、从高污染转向低污染、从低质量转向高质量、从低效益转向高效益、从低产出转向高产出、从粗放型转向集约型升级。

二、制造业转型升级内涵概念

本书对于制造业转型升级概念的探索是通过一种层层递进的方式进行叙述和探究，并通过对制造业的产生、发展与流变进行简单梳理，进一步探究制造业的内涵、产业转型升级的内涵，进而明晰何为制造业转型升级、何为中国制造业转型升级。

（一）制造业的形成与发展

人类的制造活动最早可以追溯到远古时期，人们用兽骨、象牙、石头、木头等制作自身生产和生活所需要的工具。随着时代的发展和人类的进步，人类利用身边的资源开始制造出陶器、青铜器和铁器等。人类利用身边资源和现有工艺制造工具的行为只能称为一种制造活动，本质上仍然只是一种不成规模的、个体的自发行为。

18世纪60年代，蒸汽机的发明带来了第一次工业革命，拉开了工业化大生产的序幕，以农业、手工业发展为基础的经济社会逐步瓦解，变为了以机械大生产为基础的社会经济社会。手工制造逐渐被机械化生产所取代，制造业也在世界发展中初具雏形。19世纪60年代，以电气化为主要特征的第二次工业革命推动了钢铁、化工等相关领域科学技术的发展，使得汽车、石油等新型制造业迅速兴起，世界进入制造业电气化的时代。这一时期，制造技术更加细化、制造系统功能进一步分解，出现了流水线式的大规模工厂生产，实现了制造业的进一步发展。第三次科技革命以原子能、电子计算机、空间技术和生物工程的发明和应用为主要标志，开辟了信息化时代，给制造业的产业组织形式、生产方式和产业结构等方面都带来了重大调整，推动了制造业的转型升级。近年来，互联网、大数据、云计算和人工智能的发展速度与发展趋势都在不断推进制造业的转型升级。

（二）制造业的内涵

制造业是指以制造资源（原材料、能源、人力、工具等）为基础，通过加工、组装、装配等制造过程，将其转化为人们生产生活所需的各种工艺品、工业品、工具等生产生活用品的行业。

制造业是中国经济发展的重要支柱，国家统计局2017年颁布《国民经济行业分类》，将中国制造业细分为31个方面，分别包括"农副食品加工业，食品制造业，酒、饮料和精制茶制造业，烟草制品业，纺织业，纺织服装、服饰业，皮革、毛皮、羽毛及其制品和制鞋业，木材加工和木、竹、藤、棕、草制品业，家具制造业，造纸和纸制品业，印刷和记录媒介复制业，文教、工美、体育和娱乐用品制造业，石油、煤炭及其他燃料加工业，化学原料和化学制品制造业，医药制造业，化学纤维制造业，橡胶和塑料制品业，非金属矿物制品业，黑色金属冶炼和压延加工业，有色金属冶炼和压延加工业，金属制品业，通用设备制造业，专用设备制造业，汽车制造业，铁路、船舶、航空航天和其他运输设备制造业，电气机械和器材制造业，计算机、通信和其他电子设备制造业，仪器仪表制造业，其他制造业，废弃资源综合利用业，金属制品、机械和设备修理业"，涉及了国计民生的方方面面。

（三）制造业转型升级的内涵

目前，学术界对于制造业转型升级的概念仍然没有一个较为明确的定义，不同的学者对此也持有不同的观点和看法。有的学者从全球产业链角度出发研究制造业转型升级，认为制造业转型升级就是从贴牌加工、代工加工转变为自主研发、自主设计，实现价值链从低端向高端的转变。还有学者从产业发展方式转型出发研究制造业的转型升级，认为制造业转型升级在以下几个方面有明显的转变：在产出方面，从对数量的追求转为对质量的追求；在销售方面，从出口主导转变为内需拉动；在动力方面，从要素驱动转变为创新驱动；在发展方式方面，从粗放转为集约进而实现制造业的转型升级。从粗放型的发展方式转为集约型的发展方式，从高投入高消耗高污染转为高产出高效益低污染。而大部分学者通常选择将对制造业转型升级的概念研究同其所属的产业转型升级研究结合在一起，即制造业转型升级就是制造业整体从低技术向高技术转变、从劳动密集型向技术密集型转变，由传统制造业转变为新型制造业，实现制造业的转型升级。通过对以上概念的综合分析，本书认为制造业转型升级是指制造业发展以科技进步和自主创新为驱动力，向低投入高产出、低消耗高效益、低污染高质量方向转型升级，从以粗放型发展方式为主的产业发展转变为以集约型发展方式为主的产业。

（四）中国制造业转型升级的内涵

本书之前对于产业转型升级和制造业转型升级都是从宏观角度展开分析的，但是并没有对中国制造业转型升级的相关情况进行分析，而实际上中国制造业发展是有其特定的发展特点的。首先，从中国制造业转型升级面临的世界环境来看，发达国家对中国制造业发展要素，诸如知识、信息、高新技术等方面的生产要素进行限制与封锁，严重限制了制造业转型升级。其次，中国制造业转型升级有自身的核心特色——完整的产业链作支撑。美国《纽约时报》曾表示，中国是世界上唯一拥有最完整供应链条的国家，这是中国制造业发展的巨大优势。这也就代表中国制造业无论是高技术制造业还是中低技术制造业，无论是小型设备制造业还是大型设备制造业，都能够得到供应链支持，这也将为中国制造业转型升级提供强大支撑力。

综合分析中国制造业转型升级面临的整体环境、核心优势及中国发展的需要，作者认为中国制造业转型升级的内涵主要体现在：第一，制造业发展的微观要素配置结构从低级形态演变到高级形态，就是要不断增加知识、信息、网络等与高新技术相关的高级要素的投入，扩大高级要素在产业内部要素配置中的占比，这就使得传统制造业通过技术进步和自主研发自然而然地实现向转型升级。第二，面对中国绿色发展需要和环境、气候、资源等方面的约束，中国制造业要实现转型升级要在提高产出、提高效益、提高质量的基础上，坚持以资源集约利用和环境友好为导向，突破资源和环境对制造业的束缚。也就是说，中国制造业转型升级要坚持新发展理念，优化其内部生产要素，促进制造业由传统的低端制造业向高端化、智能化、绿色化转型升级。

第二节　制造业转型升级的理论基础

制造业转型升级是当前各国现代化发展的重要支撑领域与产业，但是制造业的转型升级也并非是无所依托的，随着制造业的发展其支撑理论也在不断丰富和充实。通过对制造业转型升级的理论基础进行分析和梳理，可以进一步厘清制造业转型升级和中国式现代化之间的相互关系，更好地以制造业转型升级改善民生、促进经济社会发展和国家富强，进而推进中国式现代化的发展进程与中华民族伟大复兴的实现进度。

一、关于产业结构的相关研究理论

产业结构理论是关于产业间在社会再生产过程中产业组成和资源配置的理论，许多学者在研究制造业转型升级时都绕不开对产业结构理论的研究与分析。制造业转型升级与产业结构变化密切联系，而产业结构的变动与演进同经济增长及现代化发展直接相关。当前学界关于产业结构理论主要有以下几种代表性观点。

(一) 配第-克拉克定理

配第-克拉克定理的代表人物主要有威廉·配第和约翰·贝茨·克拉克两位学者，配第首先对产业间劳动力流动的原因进行了探索，随后克拉克在这一基础之上对产业间劳动力流动的规律展开了研究。配第在《政治算术》中提到，各产业在国家经济发展中都十分重要，各国经济发展之所以不同是与其内部产业结构配置有密切关系，与此同时，第三产业相较于其他两个产业收入最高，第二产业次之，第一产业最低。克拉克在配第的研究基础上出版了《经济发展条件》并在其中总结出了产业结构变化与国家经济发展、劳动力结构变化的规律，即第一产业的劳动力总是会流向第二、三产业。经济发达的国家，劳动力总是集中在第二产业和第三产业，经济不发达的国家，劳动力整体总是集中在第一产业上。但是，有些学者则认为配第-克拉克定理是一个悖论。从本质上看是资本逻辑主导的产业结构变迁现象，没有真正解决市场经济自身固有的缺陷也忽视了政府职责，仅以最大限度实现对货币的追逐和占有为目标，进而导致实体经济衰退和虚拟经济肆意发展等现象，引发经济危机。如果一味遵循配第-克拉克定理，不仅无法使得发展中国家实现自身发展，相反只会陷入"发展中—发展中"的恶性循环之中。因而，国家在进行产业调整之时必须要重视实体经济的发展，注重"制造业比重基本稳定"。要辩证分析研究配第-克拉克定理，解决好劳动力与产业结构之间的关系、产业结构与国家经济发展之间的关系、产业间劳动力分配与国家经济发展之间的关系，对于我们研究制造业转型升级的理论研究与理论支撑有重要借鉴作用。

(二) 库兹涅茨产业结构理论

库兹涅茨产业结构理论是判定工业化发展阶段的重要依据和标准之一，西蒙·史密斯·库兹涅茨在《国民收入及其构成》《现代经济增长理论》中分析了 57 个国家国民收入原始统计、产业结构和工业化发展之间的关系，他将第一、第二、第三产业用"农业部门""工业部门"和"服务部门"代替，并提出国家经济越发达，农业部门的国民收入和劳动力就业在整个国民收入和总就业中的比重均不断下降；工业部门将逐渐占据主导，社会就业比重大体不变或略有上升，而国民收入比重大体上升；服务部门社会就业比重呈上升趋势，国民收入比重大体不变或略有上升。

从产业结构调整的实际状况分析，库兹涅茨产业结构理论也有一定的弊端和缺陷。在许多地方工业化进程中，工业在国民经济中占比并不总是能持续上升的，甚至可能会出现先下降后上升或是持续保持在较低水平的现象，因而衡量工业化水平和国家经济发展并不能单纯依靠工业在国民经济发展中的占比。尤其是在经济全球化不断发展的情况下，由于受到不同资源条件、国家政策和经济基础等因素的影响，各国经济发展道路更加多样，因而不能把普通意义上的产业结构变动看作工业化进程或现代化程度的标准，更要考虑居民收入水平、绿色发展方式等。库兹涅茨理论的缺陷，表现为对当代工业化进程中产业结构演进规律的误判，以及进而可能对当代区域工业化发展阶段的误判[3]。对库兹涅茨产业结构理论进行批判分析，为以制造业转型升级推动中国式现代化实现提供重要理论支撑。

二、关于工业化进程的相关研究理论

制造业与工业有一定区别，但是又是紧密联系且有高度重合的。制造业只是工业的一个分支，工业的概念更为广泛，还包括建筑业、生物技术、信息技术等。在工业发展的不同阶段，制造业的发展也有不同的特点和属性，因而要通过对工业化进程的相关理论的研究对制造业的转型升级进行探索。工业的发展促进了制造业的繁荣发展，制造业的繁荣发展反过来又会加深社会工业化的程度。

(一) 霍夫曼经验定理

霍夫曼将工业进行分类，认为工业分为消费资料工业、资本资料工业及其他工业。在他的理论研究中有一项重要比例，即霍夫曼比例=消费资料工业净产值/资本资料工业净产值，这是划分工业化发展阶段的重要指标。

按照霍夫曼经验定理，工业化主要分为以下四个阶段：第一个阶段，消费资料工业净产值是资本资料工业净产值的 4~6 倍，消费资料工业净产值占比极大，但工业化发展落后，如印度；第二个阶段，消费资料工业净产值是资本资料工业净产值的 1.5~3.5 倍，资本资料工业净产值增大，主要以日本、荷兰、加拿大等国家为代表；第三个阶段，消费资料工业净产值是资本资料工业净产值的 0.5~1.5 倍，消费资料工业净产值和资本资料工业净产值基本相等或者略小于资本资料工业净产值，主要以美国、德国等国家为代表；第四个阶段，消费资料净产值极低，资本资料工业净产值升高，占比变大。而所谓的消费资料产业是为社会提供消费资料的产业，如食品工业、纺织工业等；资本资料产业是资本密集型产业，如化学工业、一般机械工业等。但是许多学者发现，霍夫曼经验定理比较符合工业化前期发展趋势，并不能全面反映产业结构的变动趋势，轻工业和重工业不完全等同于消费品工业和资本品工业，也容易使人陷入"必须优先发展重工业"的误区。综合分析霍夫曼经验定理，我们仍然可以从中发现制造业在工业发展和现代化进程中的重要地位，这也为本书进一步研究社会经济进步与现代化发展同制造业转型升级之间的关系提供理论借鉴。

（二）钱纳里工业化阶段理论

霍利斯·钱纳里在其理论之中将工业化划分为不同阶段，并且明确提出了现代化的标准。在他的理论之中，工业化发展的第一个阶段是不发达阶段，这一阶段以农业为主要发展产业，生产力水平极低，没有或者很少有工业；第二个阶段是工业化初期阶段，产业结构开始向以劳动密集型产业为主的现代工业化结构转变；第三个阶段是工业化中期阶段，又称重化工业阶段，这一阶段第三产业迅速发展，第二产业的制造业也开始由轻型工业转向重型工业的转变，区域经济也随之高速增长；第四个阶段是工业化后期阶段，这一时期第三产业将高速增长成为区域经济增长的主要力量；第五个阶段是后工业化阶段，制造业内部结构发生转化即以资本密集型产业为主导的制造业内部结构转变为以技术密集型产业为主导的制造业内部结构，生活方式更加现代化；第六个阶段就是现代化社会，知识密集型产业开始从第三产业中分化出来，并且占据主导地位[2]。在钱纳里工业化阶段理论中，提到了制造业转型升级与工业化历程发展之间的密切联系，但是却也在一定程度上忽略了科学技术进步的重要性和经济发展的不确定性，也为我们研究中国式现代化与制造业转型升级之间关系提供了可靠借鉴，也在一定程度上加深了我们对科学技术在产业转型升级和经济社会发展进步中重要性的认识。

三、关于产业内贸易和产业分工的相关研究理论

制造业的转型升级和产业产品交易是密切相关的，供给与需求、生产与消费都对制造业的转型升级与发展起着重要的导向作用，对产业内贸易理论和产业分工的相关理论进行研究对于产业转型升级的研究有重要的理论支撑作用。

（一）产业内贸易理论

传统贸易理论认为一个国家是不可能同时出口和进口相同的商品的，但是随着美国产业的转型发展，美国的经济学家发现传统贸易理论已经不再适合美国国际贸易的实际情况。面对一个国家同时进口和出口同样商品的局面，一种新的理论即产业内贸易理论诞生了。

产业内贸易理论的诞生同消费者多样性的偏好及国际直接投资活动密切相

关。从消费需求的角度来看，正是因为消费者在消费时有相似的偏好但又有多样化消费需求及需要更多有同种满足消费者需求且功能类似的消费品，这种消费者的需求推动了产业内贸易理论的诞生。从生产供给的角度来看，虽然产品主要功能一致，但是不同贸易体生产的产品仍然存在异质性，这也推动了产业内贸易理论的诞生。这种差异在产业内贸易理论当中主要表现为差异产品的贸易，包括水平差异产品、垂直差异产品和技术差异产品。水平差异产品是由于不同国家和地区消费者偏好的多样性，对于具有某些相同属性的同一类产品将属性进行不同组合而生产的商品。垂直差异产品是指消费者对同种但不同档次的商品的需求差异。技术差异产品是指由于生产厂商技术水平不同生产出来的产品差异。由于供需关系之间的差异变得更加复杂多样，因此产业内贸易理论也随之诞生出来。

(二) 产业分工理论

地理大发现使得英国、法国等国家的资本主义得到了极大发展，对科学技术的探索也在不断地深入并最终成功实现了工业革命。伴随着工业革命的发展，全球范围内的国际贸易也在不断发展，生产与技术也随之流通起来，世界产业分工也由此开始。

亚当·斯密最先对国际分工进行了探索，并对国际分工产生的原因进行了探索，"每一个国家都有其适宜于生产某些特定产品的绝对有利的生产条件，如果每一个国家都按照其绝对有利的生产条件去进行专业化生产，然后彼此进行交换，则对所有交换国家都有利"[4]，即各国生产自己的优势产品并进行分工。但是随着欧洲国家间贸易的不断发展，一些后发国家即使没有进行专业化生产的绝对有利条件也积极参与到了国际贸易与分工之中，并且在国际分工中取得了重要的一席之地，亚当·斯密关于国际分工的理论开始逐渐不再适应国际贸易与分工的现实。

大卫·李嘉图对此情景提出了新的理论——相对优势理论，他假定了一种极端情况：世界上仅存在两个国家和两种商品，其中一国两种商品在生产中都处于劣势。但是处于劣势的国家因为相对成本优势的存在仍然可以生产相较于另一种产品来说较好的、较具有优势的产品，并与另一个国家进行产品的交换。

20 世纪以后，要素禀赋理论随着世界产业分工的进一步变化而诞生。赫克歇尔和俄林提出，各国在产业生产中要生产那些原材料廉价且丰富的产品，进口原材料高昂且匮乏的产品，推进国际贸易和国际分工。许多亚洲国家诸如日本和韩国在发展初期就遵循了这一理论，促进了自身经济的极大发展。要素禀赋理论直到今天也仍然对国际贸易与分工有一定的解释功能。

第二次世界大战后，华西里·列昂惕夫曾两次研究美国进出口贸易的情况。通过研究，他发现当时美国进出口的状况并不符合传统的国际贸易理论，即美国当时出口主要是劳动密集型产品，并没有出口它的优势产品——资本密集型产品。相反，当时美国进口量最大的是资本密集型产品，如汽车、钢铁等，而不是劳动密集型产品。但美国却是这个世界上资本最密集但劳动力成本最高，这样的进出口贸易情况完全背离了之前我们所阐述的分工理论，也成为经济学领域非常著名的一个理论——列昂惕夫之谜。

直到雷蒙德·弗农提出了"产品周期理论"才对列昂惕夫之谜进行了一个初步的回答。弗农认为产品生命周期有三个阶段即新产品阶段、成熟产品阶段、标准化产品阶段。在新产品阶段，需要大量研发资金开发新技术进行产品研发，需要有宽阔的市场进行销售实现资金回笼，还需要将生产者和消费者紧密联系在一起，因而生产初期最好在国内进行生产和销售，而随着市场需求的增加，生产可以在其他发达国家进行也可以通过出口供应他国；在成熟产品阶段，随着国际市场的扩大与生产技术的定型，产品的成本则成为生产者需要考虑的重要因素，这时在权衡利弊以后，生产者可能选择在国外直接设厂或建立分公司，转让成熟技术，就地生产就地销售或再向其他国家进行出口；标准化产品阶段，生产技术已经标准化，生产者完全丧失对产品的垄断性支配，因而在产地选择上要转移到成本最低的地区即产品的生产和销售都将转移到发展中国家，这就使得产品原本的出口国反而变成了产品的进口国。

马克思对于分工也有一定的见解，即分工分为社会分工和企业内分工，"社会分工由市场机制主导，企业内分工由企业机制主导"[5]，随着国际贸易发展的深入，"社会内部的自由的、似乎是偶然的、不能控制的和听凭商品生产者的任意行动的分工同工厂内部的系统的、有计划的、有规则的、在资本的指挥下进行的分工是一致的，而且这两种分工是齐头并进地向前发展的，通过相互作用而相互产生"[6]。与此同时，马克思还认为一个国家如果不能够把自身生产和发展所需的东西生产出来时，自然而然地就会从国外购买，不论是发达国家还是较为落后的国家。也就是说，较为落后的国家也可以通过这种国际的进出口贸易与分工实现出口的升级，进而带动产业内的转型升级。

四、价值链理论

价值链的概念最早是由迈克尔·波特提出的，是指企业作为一个集合体，其内在的各种活动可以用一个价值链来表示。与产业相关联的概念即产业价值链，是指利用价值链分析产业链的一种方法，经过产业整合，企业被捆绑到一个产业价值链系统里，从整体角度分析产业链中各环节创造的价值[2]。随着经济发展，全球产业价值链分工也越来越细化。根据价值链理论，利润是这一理论的核心，发展中国家要想获得更好的利润和核心竞争力，就必然要实现制造业从低级到高级的转型升级。其中，微笑曲线理论和武藏曲线理论是非常著名的相关理论，也为本书的研究提供了重要支撑。

（一）微笑曲线理论

施振荣提出的微笑曲线理论是指在一个产业链之中，附加值最丰厚的地方通常产业的前端与后端，即研发设计与营销服务。生产与制造是产业链中附加价值最低创造利润最少的一部分，因而想要获得更多利润和更高的附加值就要向产业链两端延伸。

这一理论诞生以后由于施振荣自身所创办的宏碁集团的成功实践很快就被人们所接受，但是这一理论也有其弊端：第一，由于这一理论过分强调产业内的研发设计与营销服务，反而忽略了生产制造这一重要环节；第二，在实际情况中，产业两端附加值高的环节往往被发达国家和地区掌握，发展中国家和地区产业内部向附加值高的两端转移的活动往往会被各种活动和行为阻碍。

（二）武藏曲线理论

中村未广在 2004 年提出了与微笑曲线理论相反的研究结论，指出生产制造环节才具有较高的附加价值，而设计研发和营销服务两个环节附加价值较低。这主要是因为随着科学技术的发展，智能制造使得生产制造环节的附加价值变高，逐渐超过了其他两个环节。从微笑曲线理论向武藏曲线理论的转变其内核就是物联网技术等先进技术的诞生，也给制造业转型升级带来了十分深刻的有益启迪，中国不仅要关注研发设计环节和营销服务环节，还要重视掌握更多中高端制造业的关键环节。欧美等发达国家也开始重视制造业的发展，实行"制造业回归"战略，充分彰显了当前社会现代化进程中制造业的重要地位。

五、人力资本理论和劳动价值理论

西方人力资本理论和马克思主义的劳动价值理论虽然在"人力是否是一种资本"的问题上所持观点和答案并不相同，但是都充分肯定了人在社会发展中的重要作用。培养源源不断的年轻人才，对于制造业转型升级和经济社会发展是一项紧迫而重大的战略任务。

（一）西方人力资本理论

亚当·斯密认为人的经验、知识和能力同样是一种财富，并在《国富论》中首次提出人的才能也是一种重要生产手段的观点。19 世纪 40 年代，李斯特提出资本分为物质资本和精神资本两个方面，其中精神资本即智力成果的汇集。新古典经济学代表人物马歇尔更是直接指出，人是资本，即使将其作为资本进行分析也与市场实际情况不符，但人确实有一种资本属性。1960 年，舒尔茨在美国年会上发表了一场涉及了人力资本理论的著名演讲。舒尔茨也是人力资本理论的代表人物之一，在他的观点中，劳动者身上存在着一种无形的资本，我们可以称之为人力资本，而人力资本同样可以增加国家资本存量。与此同时，要加大对人力资本的投入和支出，劳动力的受教育程度对于美国经济发展的影响程度十分深刻，因而提升劳动力质量是人力资本的核心内容。人力资本理论另一个重要代表人物贝克尔从微观角度完善了人力资本理论，他指出除了知识和能力之外，劳动者的健康、时间等都是人力资本，劳动收入是资本积累的一种。舒尔茨和贝克尔所提出的人力资本理论对人力作为资本进行了肯定，并对人力资本的理念进行了明确，强调了对人力资本投入与产出的重要性，并提出要提高人口质量。20世纪80年代，丹尼森、卢卡索和罗默等学者对人力资本与经济增长之间的关系进行了进一步的探索，人力资本是经济发展的内生因素，而个人的知识水平不仅对自己有影响，对周围人的收入和生活水平也有影响，与此同时，还分区域对人力资本的影响力进行研究。

综上所述，西方经济学家将人的知识、经验、能力、技术、健康等因素都定义为一种以"物"为表象的资本，并且指出其对产业转型升级和经济社会发展的影响巨大。

（二）马克思主义的劳动价值理论

马克思批判继承了英国古典政治经济学劳动创造价值的理论，创立了劳动二重性理论，第一次明确回答了为什么劳动能够形成价值、什么样的劳动能够形成价值，以及劳动会形成怎样的价值，阐明了具体劳动和抽象劳动的不同作用。在商品生产过程中的劳动主要有两种形式，一种是反映人与自然关系的具体劳动，即劳动的自然属性；另一种是反映商品生产者社会关系的抽象劳动，即劳动的社会属性。具体劳动创造使用价值，抽象劳动创造商品价值。马克思的劳动价值理论深化了对"劳动创造价值"这一命题的认识，深化了对体力劳动人员、科学技术人员和经营管理人员所起作用的认识，深化了对价值创造与价值分配的认识。

马克思充分肯定了"劳动创造价值"，但马克思不同意将劳动力作为一种资本，相反，马克思指出劳动力在资本主义制度之下只能是一种商品，"劳动力只是劳动者的财产（它将不断自行更新，自行再生产），而不是他的资本。劳动力是他为了生存而能够不断出卖和必须不断出卖的唯一商品，它只有到了买者即资本家手中，才作为资本（可变资本）起作用"[7]。马克思主义深刻揭示了，劳动力对于劳动者来说只是为了购买满足自身生存需求的生活资料而不得不出卖的商品，而资本家则通过购买这种商品将劳动力变成可以不断循环的可变资本。马克思指出："他的劳动力的年价值只等于他的年平均工资，而他必须由他的劳动补偿给劳动力的买者的，却是这个价值本身加上剩余价值，也就是加上这个价值的增殖额。"[8]

通过对相关理论进行分析可以发现，西方经济学家所说的"人力资本"是"沿袭西方的庸俗资本观，并错误地将其嫁接到我国经济学的悖谬概念"[9]，但也肯定了人，尤其是人才资源在社会发展中的重要作用。而马克思主义的资本理论否认了劳动力是一种资本，并且指出劳动者没有资本，但是也并没有否认人和劳动力在生产资料和生产力发展中的重要作用。所以必须要深刻认识到，人是生产力中最活跃的因素，要充分开发、培养、吸引、用好人才，加强人才队伍建设，为以中国式现代化全面推进中华民族伟大复兴提供强大的人才保证。

第三节　制造业转型升级的趋势与特点

以数字化、智能化、信息化为代表的新一轮科技革命和产业革命正在蓬勃兴起，推动着各个国家的各个领域发生巨大变革。为了适应全球在科技方面的变化，也为了更好满足国家发展和人民幸福生活的需要，制造业转型升级也呈现出新的趋势与特点。

一、制造业转型升级的趋势

近年来，全球的技术创新与发展日新月异，为了进一步保持我国制造业在国际上的比较优势与竞争优势，这就要求我国制造业向提高生产效率、加强技术创新、提高产品附加值的产业领域和价值链环节转型升级。与此同时，中国式现代化的主要特征、本质要求、战略安排等内容也要求制造业要向着数字化、智能化、知识化、低碳化、服务化等趋势和方向发展。

（一）制造业转型升级向着数字化的方向发展

习近平总书记主持十九届中央政治局第三十四次集体学习时强调："当今时代，数字技术、数字经济是世界科技革命和产业变革的先机，是新一轮国际竞争重点领域，我们一定要抓住先机、抢占未来发展制高点。"[10]当前，数字化浪潮遍布全球，不仅越来越多的企业完成了向数字化的转型与升级，而且建设"数字化政府""数字化社会"也越来越成为我国大力发展的便民利民重要举措与工程。狭义上的"数字化"是指利用信息通信技术如传感器、机器视觉等技术将物理世界的各类信息以二进制的代码输入计算机之内进行识别、储存和计算，再将这些数据建立成模型进行处理、分析和应用。但是所谓数字化不能仅仅简单地从狭隘概念出发去理解，要从宏观的角度分析数字化的趋势。数字化是以大数据为核心，利用新的信息技术对企业、政府等主体的生产、经营、营销、战略等各个层面进行管理和应用，为能力创新、提质增效、业务突破赋能。数字化不仅仅是一种技术的演变，它带来的更是一种模式的转变，包括产业发展模式、企业发展模式和政府管理模式，实现社会和国家的高质量发展。

（二）制造业转型升级向着智能化的方向发展

智能化转型正成为创新驱动的强劲动能，我国正在推进制造业智能化转型的发展。2023年7月19日，国务院新闻办公室举行2023年上半年工业和信息化发展情况新闻发布会，大会上对我国制造业智能化转型态势进行介绍，"一是智能工厂建设规模不断扩大、水平持续提升；二是智能制造新场景、新方案、新模式不断涌现；三是智能制造国际合作持续深化。截止到 7 月 19 日，各地建设数字化车间和智能工厂近 8000 个，其中 2500 余个达到了智能制造能力成熟度 2 级以上水平，基本完成了数字化转型。"[11] 智能制造使得制造业的生产系统和机器设备拥有自感知、自学习、自决策、自执行、自适应能力，推动制造业企业生产过程、产品价值链、产品生命周期等方面的全方位转型与转化。

（三）制造业转型升级向着知识化的方向发展

知识化是现代经济发展的主要特征之一，也是科学技术不断创新发展的必然趋势之一。从发达国家和发展中国家参与国际分工的特征来看，发达国家的制造业知识密集度更高，提供的附加值更多。知识密集型特征在当前制造业转型升级过程中尤为明显，具体表现为：知识密集型产业部门比重不断提高，知识密集型产业链环节比重不断提高。以大数据、人工智能、云计算、机器学习和深度学习为代表的一系列高新技术的产生与发展都推动着制造业向知识化的方向转型升级。在知识密集型产业不断发展的过程中，随着知识化程度的加深，已有知识密集型产业将进一步加深知识化程度，而后发国家制造业的知识化程度也会随之深化和发展。

（四）制造业转型升级向着低碳化的方向发展

发展低碳经济是发达国家为应对气候变化、解决环境问题所提出的一种新的经济发展模式，也成为了各国产业发展的一种趋势。2020 年 9 月，习近平总书记在第七十五届联合国大会一般性辩论上提出了"碳达峰""碳中和"的目标，"中国将提高国家自主贡献力度，采取更加有力的政策和措施，二氧化碳排放力争于 2030 年前达到峰值，努力争取 2060 年前实现碳中和"[12]。无论是科学发展观还是习近平生态文明思想，亦或是美丽中国的建设目标，都表明环保、绿色、低碳是中国实现现代化的必然要求与必然趋势。"双碳"目标的提出对制造业的发展提出了更高要求，各个制造业部门都要朝着绿色、低碳、环保、协调、可持续的方向持续发力，这就对制造业的生产制造环节的技术提升形成了倒逼。制造业需要不断加强技术转化，提升能源使用效率、降低能源消耗强度。低碳发展、绿色发展成为中国当前产业发展的目标与要求，更是产业转型升级的标准与趋势之一。

（五）制造业转型升级向着服务化的方向发展

随着科学技术的发展及消费者需求的多元化，制造业的产品结构也越来越多，已经不仅仅如传统制造业那样对原材料进行简单加工制造简单的产品，而开始转向提供能够满足消费者个性化与多样化需求的"制造+服务""产品+服务"的加工商品。这样的一种转变背后的原因是多种多样的，除了消费者需求的多样化和个性化以外，还有智能化、数字化等信息技术的发展使得制造业的发展已经积累了足够的产品制造能力，有能力通过提升产品的附加值创造更多利润，制造业从一次性获得产品销售收入转向持续性获得服务收入。

当前，人工智能已成为人类有史以来最具革命性的技术之一，《科技日报》对于人工智能领域发展趋势进行预测，包括："增强人类的劳动技能、更大更好的语言建模、网络安全领域的人工智能、人工智能与元宇宙、低代码和无代码人工智能、自动驾驶交通工具、创造性人工智能。"[13]科学技术的日新月异对制造业转型升级有引领和导向的作用，制造业正在朝着更加数字化、智能化、知识化、低碳化和服务化的方向发展，并对中国经济社会发展和现代化建设起着重要驱动作用。

二、制造业转型升级的抓手

目前，我国已经是世界第一的制造业大国。"2022年，我国制造业增加值占GDP比重为27.7%。在世界500种主要工业品中，我国有超过四成产品的产量位居世界第一位。65家制造业企业入围2022年世界500强企业榜单，培育专精特新中小企业达7万多家。按照国民经济统计分类，我国制造业有31个大类179个中类609个小类，是全球产业门类最齐全、产业体系最完整的制造业。"[14]截至2024年，中国制造业规模已经连续14年全球第一。制造业增加值占全球比重约30%[15]，由此可见，我国制造业规模巨大，但是从实际情况分析，我国需要实现从制造业大国向制造业强国的转变。而要加快向制造业强国的转变，缩小与世界领先水平的差距，满足以中国式现代化全面推进中华民族伟大复兴的现实需要，就要从多方面齐抓共管、共同发力。

（一）持续发挥制造业产业规模优势

对于制造业产业规模的研究，许多人都有一个误区，认为制造业产业规模越大、种类越齐全，则制造业发展越弱。但实际上，在制造业转型升级的过程中其展示的发展特征却并非如此。我国制造业规模庞大，各行各业分类齐全，这就保证了我国可能会有更完整的产业链，不论是原材料、配套产品、资金、人才，还是应用场景都足够丰富，能够满足制造业生产发展需要，也使得我国制造业发展能够在产品集聚中完善生产技术、提升生产质量、提高生产效率、降低生产成本，为制造业的转型升级提供坚实的物质基础和配套支撑。曾经，"Made in China"的中国制造享誉国际，正是这样巨大的制造业大国使得很多制造业订单与生产都只能在中国进行，形成了中国制造业转型升级的规模经济优势。与此同时，正是因为中国制造业产业规模足够大，中国制造业才更有底气和能力去进行科学技术的提升，加强制造业研发设计环节的投入，提升制造业基础材料的水平，采用更加先进的工艺设计、生产更加高端的生产设备，进而实现制造业向智能化、数字化、智慧化、低碳化和服务化的转型升级。因此，制造业规模巨大、制造业体系健全对于制造业的转型升级是有非常重要的支撑作用的，也是实现制造业转型升级的重要着力点之一。

（二）深入挖掘制造业综合成本优势

中国作为一个制造业大国曾经一度以其低廉的劳动力优势而闻名于各国，劳动力数量大、成本低的优势也曾一度成为中国制造业的低成本优势。但是，近年来随着中国社会形势的变化，这种低成本的劳动力优势正在逐步减弱甚至是丧失。中国的成本优势已经发生的深刻变化，劳动力成本虽然变高但是素质也正在不断提高，原材料、土地等成本变高但是基础设施更加完善、产业配套更加健全、产业分工更加细致，这就使得中国制造业的低成本优势转变为了制造业的综合成本优势。而要实现中国制造业的转型升级就要结合中国产业发展的实际，在提升综合成本优势方面着重发力，在产品的研发设计、加工制造、营销服务方面形成独具特色且较为低廉的成本优势，尤其是中高端产品生产和加工的成本优势更要不断保持和加深。

（三）着力为发展新质生产力蓄势赋能

新质生产力是指通过技术创新、管理创新、组织创新等手段，提高生产效率、降低生产成本、优化产品质量的能力。新质生产力代表先进生产力的演进方向，是由技术革命性突破、生产要素创新性配置、产业深度转型升级而催生的先进生产力质态。新质生产力通过技术创新等手段推动制造业向高效、智能、绿色发展，实现转型升级和创新发展。产业是生产力变革的具体表现形式，主导产业和支柱产业持续迭代升级是生产力跃迁的重要支撑。制造业作为新质生产力的主要应用领域，受益于新质生产力的推动，实现了从传统制造向智能制造的转型升级。智能制造通过引入先进的信息技术、自动化技术、人工智能技术等，使制造业的生产过程更加智能化、自动化，大大提高了生产效率和产品质量。新质生产力的出现和推动，使制造业新的产品、新的技术、新的业态不断涌现，从而满足了消费者日益多样化的各类需求。同时新质生产力推动了制造业方向的转换，更多向数字化、网络化、智能化的方向发展。从生产模式看，新质生产力通过引入先进的信息和自动化技术，制造业的生产过程更加灵活高效，从而快速适应市场的变化和需求。从组织结构看，新质生产力促使制造业向扁平化、灵活化的方向发展。传统的金字塔式组织结构被逐渐瓦解，取而代之的是更加扁平化、灵活化的组织结构，能够更好地适应市场的变化和快速响应消费者的需求。从管理方式看，新质生产力通过引入先进的管理理念和工具，推动了制造业向精细化、智能化的方向发展，管理方式变得更加精细、科学，从而更好地提高了生产效率和产品质量。随着科技的不断进步和应用，新质生产力将继续推动制造业向更高效、更智能、更绿色的方向发展。未来制造业的主流趋势将是智能制造、工业互联网、数字化工厂等新兴技术，新质生产力将为制造业的发展注入新的动力。同时新质生产力还将对制造业方方面面产生更加深远的影响，促进制造业与其他产业融合，为产业生态系统良好运行提供支撑。

（四）加强掌控制造业生产发展的产业链

完整的产业链对于制造业发展的重要作用与影响不言而喻，能够夯实中国式现代化的物质基础，有效防范化解制造业转型升级过程中可预见和不可预见的种种风险和危机，确保制造业转型升级和国家发展进步的安全性和稳定性，蕴含着强大的抗压韧性和充足的内生动力。近年来，世界全球化发展与逆全球化思潮相互交织发展，单边主义与保护主义明显，局部战争与冲突时有发生，全球范围内可预见和不可预见的风险挑战增加，全球产业链正在这样的局面下进行重构，产业链的完整和稳定对国家产业转型升级、稳定发展异常重要。我国要在制造业的重要领域和关键环节持续发力，保证制造业发展有所需的、完整的生产企业、研发机构、上下游供应商和服务商，确保低中高各领域制造业在研发设计、生产制造、营销服务等方面有良好的产业生态和完整的产业环节。补齐重要产业领域与产业链关键环节的短板，提升产业转型升级的自主性、可控性、畅通性、稳定性和安全性，保障中国式现代化实现的可能性和可行性。

（五）创新提升制造业转型升级的科技引领

当前，全世界都在进行新一轮的科技革命和产业变革，新的名词层出不穷，新的颠覆性技术不断涌现、发展并逐步趋于成熟，并且推动着新产业、新领域、新产品的诞生。与此同时，在国际产业分工与国际贸易发展过程之中，一些先发国家往往会设置技术壁垒、贸易壁垒等，如何引领这些新兴的技术及产业创新发展成为制造业转型升级的重要着力点和突破口之一。通过高新技术引领新兴产业战略性发展和新兴产业前瞻布局，增强制造业转型升级的创新驱动力，创造新兴产业和新兴领域的领先优势，在保证制造业转型升级的创新活力与发展速度的同时，保证制造业转型升级的安全稳定与发展质量，确保通过推进中国式现代化以实现中华民族伟大复兴进程的高效性、安全性与稳定性。

（六）有效获取制造业发展的关键要素

制造业发展所需的生产要素也有高级与低级之分，而生产要素也是制造业转型升级的核心因素之一。低级生产要素主要是指一些有形的、看得见的要素，这种要素往往是存在于自然界之中、自然就能够得到或者只需要少量投入就可以轻易得到的要素，一般存量巨大且容易获得，但是其创造出来的利润和价值也较低。而高级生产要素则不同，往往是无形的、需要经过经济投入和精力投入、经过设计研发才能获得，能创造出来的利润和价值也较大。制造业的转型升级需要生产要素从低级向高级的转变，对生产要素的投入也要发生转变。随着人工智能与大数据等革命性技术的出现并深入发展，制造业在转型升级的过程中与之不断融合。中国制造业转型升级也要聚焦高级生产要素的制造与获取、开发与掌控，增强制造业的竞争力与创新活力。

三、制造业转型升级的重点领域

制造业的转型升级涉及传统制造业、现代制造业和新兴产业、未来产业中的制造业，这些领域要抓住技术创新与迭代带来的战略机遇，顺势而为、乘势而上，实现制造业的转型升级，推动中国式现代化进程。

（一）传统制造业领域

传统制造业是指以传统加工工艺为主，在生产过程中大量使用人力和机械手段，并且常常需要使用一些比较传统的机器和设备来完成生产的制造业，包括食品加工、纺织、钢铁、家电、汽车等。传统制造业并非落后产业，仍然是我国工业经济的主体和实体经济的基础。当前传统制造业的发展也面临着一系列的困难，诸如劳动力成本的上升、制造成本的上升，这就需要抓住数字化、智能化的技术趋势实现传统制造业的升级。工业互联网、机器人生产、人工智能操作等技术被应用于制造业的各个环节，使传统制造业焕发新的生机和活力。通过加强产品的研发设计、优化生产工艺、加强营销服务，提升传统制造业的产品质量和工艺，形成并且扩大品牌影响力。与此同时，还要继续保持我国在传统制造业方面的竞争优势，尤其是劳动力优势，要将劳动密集型的加工制造环节从劳动力成本高的地区向劳动成本低的地区转移，保持传统制造业的低成本劳动力优势。还要加强对传统制造业的技术投入，增强传统制造业的竞争优势，加快传统制造业朝着智能化、绿色化等方向转型升级。

（二）先进制造业领域

先进制造主要是指运用新技术、新设备、新材料、新工艺、新流程、新生产组织方式对劳动对象进行安全、高效、清洁加工制造从而形成社会所需要的高质量、高性能工业产品的过程[16]。先进制造业以创新为动力、以新技术为核心，在我国制造业结构中所占比重不断提升，对于经济发展有着更为明显的驱动作用。但是，我国在先进制造业发展方面仍然存在着技术问题、产业链不完善、建设机制不健全等问题，这制约着先进制造业的发展。实现中国式现代化推动中华民族伟大复兴就要推动先进制造业做优做强。通过加大对基础研究的投入扩大中间产品的供给，提升中间产品的技术含量和附加值，为先进制造业提供中间产品支撑；通过增强对研发设计的投入增强对终端产品的研发，提升产品利润；增强复杂产品的制造能力和生产能力，供给先进制造业转型升级所需的零部件，健全先进制造业生产所需的产业链和供应链，持续优化创新先进制造业的发展。

（三）新型制造业

新兴产业具有高技术含量、高附加值、资源集约等特点，与产业结构优化升级密切相关，主要指电子、信息、生物、新材料、新能源、海洋、空间等新技术催生出来的产业部门。推动制造业转型升级要抓住新兴技术发展带来的机遇，抢占技术创新和迭代先机，利用好人口资源优势、国土资源优势、广阔市场优势等，推进数字技术、生物技术、高端装备等领域制造业做大做强。与此同时，还要提前对未来产业进行前瞻性布局，对当前技术发展情况和应用情况进行研判，对前景广阔、有基础性的技术和产业进行研发和布局，例如元宇宙、基因技术、量子信息等。对新兴产业、未来产业进行战略布局和前瞻性预判有利于把握制造业转型升级的先手，更好地推动以中国式现代化实现中华民族伟大复兴。

第四节　中国制造业转型升级的影响因素

制造业转型升级会受到许多因素的影响，从当前制造业转型升级现状分析，转型升级更多地依靠科技创新、战略策略、数字化经济及资本市场配置资源，以获取制造业转型升级所需要的技术、人才、等高端生产要素。

一、知识产权保护

知识产权制度完善是我国制造业发展不受制于人的核心因素之一，没有原创性发明专利，没有驰名商标及知名品牌做支撑，没有对核心科技的知识产权保护，制造业转型升级必然难以顺利进行。

（一）我国知识产权工作现状

习近平总书记在主持中央政治局第二十五次集体学习时发表重要讲话，深刻强调要全面加强知识产权保护工作，激发创新活力推动构建新发展格局，并就加强知识产权保护工作顶层设计、提高知识产权保护工作法治化水平、强化知识产权全链条保护、深化知识产权保护工作体制机制改革、统筹推进知识产权领域国际合作和竞争、维护知识产权领域国家安全等六个方面作出重要指示。

截至 2022 年底，我国在知识产权工作方面成就显著。《国家知识产权局 2022 年度报告》指出，知识产权创造空前发展，发明专利有效量 421.1 万件，累计批准地理标志产品 2495 个，有效注册商标量 4267.2 万件，累计核准地理标志作为集体商标、证明商标注册 7076 件；知识产权保护更加有力，知识产权保护社会满意度显著提升，从 2012 年的 17.6 分提升至 81.25 分，累计建设国家级知识产权保护中心 62 家，快速维权中心达 35 家，累计建设国家地理标志产品保护示范区 103 个；知识产权运用效益显著提升，培育国家知识产权优势示范企业 8240 家，支持建设知识产权运营平台（中心）33 家，专利商标质押融资金额累计1.799 万亿元，年均增长 30%；知识产权公共服务显著提升，专利电子申请率

99.72%，商标电子申请率 99.55%；审查质量和审查效率大幅提升，发明专利平均审查周期压减至 16.5 个月，高价值发明专利审查周期压减至 13 个月，商标注册平均审查周期压减至 4 个月，一般情形商标注册周期压减至 7 个月；知识产权发展基础不断夯实，布局建设江苏、广东、河南、湖北、天津、四川等 6 个京外专利审查协作中心，指导建设广州、上海、重庆、济南、郑州等 5 个地方商标审查协作中心。通过进一步查询国家知识产权局网站，可以发现 2023 年是国家知识产权工作持续推进的一年。2023 年 1—12 月，我国发明专利授权量约为 81.9 万件，实用新型专利授权量约为 208.5 万件，外观设计专利授权量约为 62.8 万件。2023 年 1—12 月，我国发明专利有效量约为 408.9 万件，实用新型专利有效量约为 1207.6 万件。外观设计专利有效量约为 311.5 万件。2023 年商标累计注册量约为 424.8 万件，有效注册商标约为 4404.7 万件。2023 年，地理标志产品保护受理 23 件，地理标志产品保护批准 13 件，核准使用地理标志专用标志经营主体（家）5842 个，地理标志作为集体商标、证明商标注册 201 件。党的十八大以来，我国知识产权保护工作取得了长足进步。

（二）我国知识产权工作存在的问题

我国知识产权保护的工作仍然有许多系带进一步完善的地方，尤其在制造业发展过程中主要就表现在以下几个方面：第一，知识产权保护力度仍有待加强，恶意抢注商标、侵权、假冒等行为时有发生，商业机密泄露、商业专利维权难问题仍然存在（见表 2-1）。例如恒源祥曾经的合作伙伴在合作结束以后，抢注了恒源祥一个子品牌的标志，经过长时间的对簿公堂，虽然恒源祥最终胜诉保住了他们的子品牌，但是其对企业和社会造成的巨大伤害却是无法挽回的。2023 年，冬奥会在北京召开，吉祥物"冰墩墩""雪容融"和一大批青年运动员走入大众的视野之中，不少商家觉得看到了商机，恶意抢注"冰墩墩""谷爱凌"商标，国家对此也依法进行了严厉打击。第二，核心专利和关键技术对外依存度较高，这两者都是要也要不来、买也买不来、讨更讨不来的。解决当前存在的制造业核心专利和关键技术瓶颈的问题必须依靠自己的力量、走自己的道路。当前，我国高端芯片、工业控制软件、核心元器件、基本算法等 300 多项与数字产业相关的关键技术仍然受制于人，亟需在加强自主知识产权研发上下苦功夫。第三，制造业知识产权有效转化率较低。国家知识产权网数据显示，2018—2022 年，我国国内发明专利实施率总体处于 48.0%～50.7% 之间，2022 年为 48.0%，较上年小幅下降 0.9 个百分点。从不同专利权人来看，近五年来，企业发明专利实施率在波动中下降，2022 年为 59.4%，较上年下降 2.2 个百分点。高校发明专利实施率在 13.8%～16.9% 之间波动，2022 年为 16.9%，较上年增长 3.1 个百分点。科研单位发明专利实施率呈下降趋势，2022 年为 23.5%，较上年下降 3.0 个百分点。近五年来，我国实用新型专利实施率在 54.9%～63.8% 之间波动。2022 年为

59.3%，较上年下降 4.5 个百分点。近五年来，我国外观设计专利实施率呈稳步上升态势。2018 年我国外观设计专利实施率为 51.6%，2022 年增长至 69.8%，较上年增长 1.4 个百分点。上述情况仍然存在于中国制造业转型升级的过程之中，成为具有关键性的影响因素之一。

表 2-1　2023 年各省（区、市）专利侵权纠纷行政案件数据统计　　（件）

各省（区、市）知识产权管理部门	1月立案数	2月立案数	3月立案数	4月立案数	5月立案数	6月立案数	7月立案数	8月立案数	9月立案数	10月立案数	11月立案数	12月立案数	1—12月立案数	1—12月结案数
北京市	1	1	8	229	77	4	4	5	5	8	464	0	806	833
天津市	2	2	120	504	14	42	143	150	0	58	205	214	1551	1553
河北省	37	172	116	184	278	405	567	284	269	171	145	19	2652	2651
山西省	0	0	19	3	7	6	16	7	9	24	41	13	145	134
内蒙古自治区	0	1	26	0	5	10	130	69	42	36	21	2	344	344
辽宁省	2	11	78	169	175	91	95	72	15	53	124	5	951	946
吉林省	0	0	1	27	2	0	20	160	121	2	2	64	399	396
黑龙江省	1	0	4	53	131	99	91	211	92	124	112	0	918	902
上海市	184	221	197	268	284	275	132	104	54	110	362	251	2570	2563
江苏省	34	20	270	391	672	671	1053	653	651	743	839	339	6409	6404
浙江省	15	362	849	765	1070	1755	2017	3029	3446	3032	1366	589	18314	18334
安徽省	8	13	29	12	124	328	572	492	359	318	186	58	2508	2498
福建省	1	8	16	16	70	455	157	140	264	417	435	895	2875	2885
江西省	14	0	159	4	82	13	95	99	152	60	84	18	937	925
山东省	11	42	64	59	213	259	407	368	396	321	564	49	2753	2792
河南省	0	19	16	10	15	70	28	156	262	108	1079	11	1897	1869
湖北省	0	1	12	189	342	389	280	456	217	261	183	37	2419	2413
湖南省	0	84	75	134	115	195	10	110	202	162	380	110	1622	1494
广东省	64	433	660	612	973	1065	771	1410	1083	1216	889	376	9686	9222
广西壮族自治区	1	4	10	2	1	1	5	3	13	2	4	66	112	113
海南省	0	0	0	0	0	0	0	1	92	0	12	0	106	106
重庆市	0	1	26	18	1	131	176	145	159	70	57	2	788	782
四川省	14	55	36	80	95	180	339	418	318	877	1660	143	4245	4236
贵州省	0	1	36	78	4	0	0	0	0	2	155	0	329	322
云南省	0	0	0	0	0	68	18	25	74	18	415	1	636	638
西藏自治区	0	0	0	0	0	0	0	0	0	0	0	0	0	0

续表 2-1

各省（区、市）知识产权管理部门	1月立案数	2月立案数	3月立案数	4月立案数	5月立案数	6月立案数	7月立案数	8月立案数	9月立案数	10月立案数	11月立案数	12月立案数	1—12月立案数	1—12月结案数
陕西省	0	1	4	0	34	29	3	1	5	216	27	2	325	328
甘肃省	0	37	21	18	40	44	24	0	80	85	176	33	585	585
青海省	0	0	0	3	0	0	1	0	0	0	20	2	25	25
宁夏回族自治区	0	12	0	0	2	4	40	1	20	27	2	2	116	115
新疆维吾尔自治区	0	0	0	15	59	319	145	339	170	272	1	26	1350	1347
新疆生产建设兵团	0	0	0	0	0	0	0	0	0	0	0	0	0	0
合计	389	1501	2852	3843	4886	6928	7343	8913	8590	8793	10010	3327	68373	67755

数据来源：国家知识产权局网站，查询时间 2023 年 12 月。

推动制造业转型升级就要在知识产权保护上下真功夫，把制造业知识产权综合管理与运用能力摆在更加重要和突出的位置上，着力突破在制造业转型升级方面存在的知识壁垒与技术障碍。要通过切实提高知识产权转化能力与有效供给，推动制造业转型升级有效提质增速，真正解决阻碍制造业发展的瓶颈问题。早在20 世纪 80 年代，华为就开始在通信领域进行创新和研发。然而，随着华为的快速发展，在美国政府的干预下，一些国家开始对华为实施技术封锁和限制，华为在芯片供应链上遭遇了重大打击，对华为手机的制造和研发造成了严重影响。面对一些国家的封锁，华为没有"束手就擒"做一只任人宰割的小绵羊，而是加大自主探究与研发。2023 年，华为突然发布新型手机 Mate60 成功突破了技术封锁，取得了绝对胜利。除此之外，还要坚决打击不正当竞争和恶意诉讼，加强对制造业知识产权的保护，除了要结合实际情况对专利法、商标法等法律进行适时修改，探索大数据立法保护，还要建立知识产权信用体系，还要聚焦国际知识产权相关法律制度，推动建立海外知识产权维权援助体系，规避知识产权风险、维护企业知识产权安全。

二、资本市场建设

推进制造业转型升级，资本市场起重要的推动作用。资本市场在传统产业转型升级和新兴产业孵化培育中起着优化资源配置、进行投融资、加速资本流通的重要作用。资本市场在我国一般指证券市场，通常由股票市场、中长期债券市场和投资基金市场，是金融市场的重要组成部分，主要目的在于满足工商企业的中长期投资需要和政府弥补财政赤字的需要。

（一）资本市场建设现状

《2023 年金融市场运行情况》指出，2023 年中国债券市场规模稳定增长，国债收益率整体震荡下行；债券市场高水平对外开放稳步推进，投资者结构保持多元化；货币市场交易量持续增加，银行间衍生品市场成交量保持增长；股票市场主要股指回落[17]。

截至 2023 年 9 月 7 日，我国 A 股制造业上市公司数量达到 3537 家，占 A 股全部上市公司总数的 67%。其中，高端制造业上市公司数量达到 2021 家，占 A 股制造业上市公司总数的 57%[18]。2022 年，高端制造业上市公司实现净利润8750.81 亿元，同比增长 7.49%，过去 5 年复合增长率为 25.52%，近 5 年盈利水平快速提升（见图 2-1）。过去 5 年高端制造业上市公司整体净利润率由 4.68%增长至 6.65%，盈利能力整体有较大提升[19]。

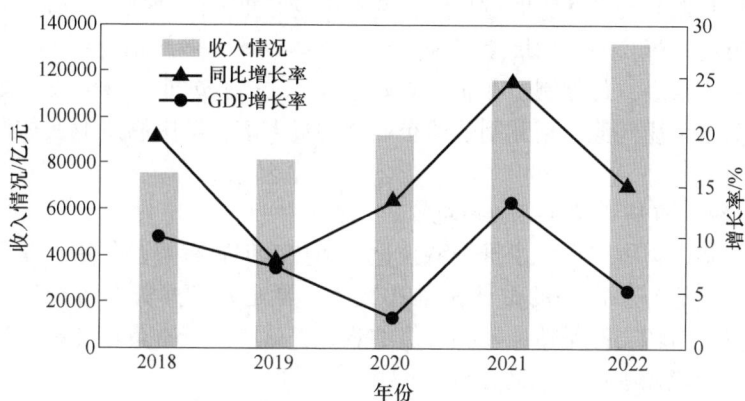

图 2-1　中国高端制造业上市公司收入情况

（数据来源：《中上协：A 股高端制造业公司已超 2000 家，核心竞争力不断增强》，查询时间 2023 年 10 月）

通过分析中国上市公司协会发布的《中国高端制造业上市公司发展报告2023》和《中国高端制造业上市公司白皮书 2022》数据，可以得出一个重要结论：资本市场为制造业转型升级提供重要驱动力，更为高端制造业发展注入活力。《中国高端制造业上市公司白皮书 2022》中指出，自 2017 年以来，先后有871 家先进制造业公司通过 IPO 进行了融资，直接融资以较低的成本为企业提供发展所需的资金。资本市场通过有效的资金配置为国家战略大力扶持、持续发展的高端制造业产业注入了源源不断的活力，助推实体经济的发展。《中国高端制造业上市公司发展报告 2023》指出，2022 年我国高端制造业上市公司 IPO 及再融资总规模达到 5799.01 亿元，再融资金额达到 3686.86 亿元，充分体现了我国资本市场对高端制造业上市公司的全方位全阶段支持。

高端制造业在资本市场的表现随着科创板、创业板、北交所、主板注册制的全面推行变得更加优秀，充分体现了资本市场助力战略产业发展取得的卓越成效。尤其是科创板的设立更好满足了高端制造业企业的融资需求，主推制造业转型升级，更充分发挥资本市场服务实体经济的作用。2018 年 11 月 5 日，习近平总书记在首届中国国际进口博览会上宣布，将在上海证券交易所设立科创板并试点注册制。2019 年 7 月 22 日，科创板正式开市，中国资本市场迎来了一个全新板块。科创板的开市为制造业企业尤其是高端制造业企业提供了全新的上市融资方式，更加适合企业的发展方式，进一步发挥资本市场服务实体经济的作用。《中国高端制造业上市公司白皮书 2022》中指出，自科创板设立以来，高端制造业上市公司在科创板上市比例达到 47%，充分体现了科创板鼓励高端制造业融资，面向重大科技创新需求的作用。通过资本市场有效运行增强了金融供给同制造业融资需求的适配性，积极引导各种要素资源向制造业产业集聚，进而推动制造业向高质量发展。

在推动制造业转型升级的过程中，资本市场是重要的助推力。必须要进一步深化资本市场改革，通过发展多层次阶梯式资本市场、完善注册制改革、支持制造业企业并购重组、帮助制造业企业更好"走出去"，进而更好激发资本市场活力、发挥资本市场优势，拓宽制造业企业的融资渠道，解决制造业实体经济发展的资本困境。

（二）资本市场建设面临的困境

分析可知，资本市场对于推动科技进步和技术创新有重要作用，是资本和实体经济高质量循环、流动的重要桥梁和载体。要充分发挥资本市场的作用与能效，解决资本市场支撑制造业转型升级的难题，就要从资本市场支撑制造业转型升级面临的困境入手进行深刻分析。

资本市场建设涉及了许多方面和环节，包括上市、定价、退市、再融资等，通过综合分析发现，我国资本市场在这些环节仍然存在一定的缺陷和不足。例如，上市标准实际上是高于一些发达经济体的，而且较为单一，更加侧重于以财务指标为主要标准。美国纳斯达克资本市场则不同，"纳斯达克资本市场的上市标准中，每套指标体系仅侧重单一财务指标要求，要么侧重所有者权益价值（无营业收入要求）、要么侧重公司发行证券市值（无营业收入要求）或者侧重净利润指标"[20]，对于企业上市的要求更加包容和灵活，因而也更加有利于制造业企业的发展。除此之外，我国资本市场定价机制也不完善，仍然存在新股发行不公平、询价对象范围小等问题。退市制度存在滞后性，使得上市公司只进不出，影响资源配置效率，挫伤了投资者积极性。

要以市场化理念、法治理念、系统发展理念、服务创新理念、开放发展理念完善资本市场，提升市场资源配置效率，建立健全资本市场法律制度、机制体制，提高资本市场对外开放水平，完善支持科创发展的配套制度改革，提高高端制造业发展质量，为制造业转型升级提供强力支撑。深入分析我国资本市场支持制造业转型升级面临的现实困境，有助于化解制造业企业与资本市场深度融合的难点，为高端制造业融资集资、加快成长和创新发展提供有力支撑，进而推动制造业转型升级。

三、数字经济赋能

随着新一轮科技革命的深入发展和产业变革的深刻变化，大数据、人工智能、云计算、5G 网络等数字技术已经同制造业的转型升级与发展紧密连接在一起。当前，要实现制造业转型升级就必须充分发挥数字经济优势，为制造业高质量赋能，推进我国实现从"大国制造"转向"大国智造"、从"制造强国"转向"智造强国"。

（一）数字经济发展现状

《中国数字经济发展研究报告》（2023）指出，2022 年我国数字经济规模达到 50.2 万亿元，同比增加 4.68 万亿元。我国数字化新产品、新技术、新产业加快发展，智能制造竞争力和优势鲜明显现，推动制造业高质量发展。《国家智能制造标准体系建设指南》提出，实施 305 个智能制造试点示范项目和 420 个新模式应用项目，建成 700 余个智能工厂、数字化车间，培育智能制造系统解决方案供应商已超过 6000 家。数字经济发展也为中国制造业企业提供了数字化新模式、新业态，截至 2022 年二季度，我国实现网络化协同、服务型制造、个性化定制的企业比例分别达到 39.5%、30.1% 和 10.8%。数字技术创新投入增加，2022 年我国数字转型支出规模达 2.1 万亿元，其中制造业数字转型支出规模高达 4136.6 亿元，高技术制造业研发投入经费达 6507.7 亿元。伴随着数字化技术、数字化新模式的进一步实行，产业应用效能也进一步显现出来。截至 2022 年年底，我国已建成 2100 多个高水平的数字化车间和智能工厂，通过智能化改造，智能制造示范工厂的生产效率平均提升 32%，资源综合利用率平均提升 22%。《中国上市公司数字经济白皮书 2022》显示，产业数字化大类共有 3626 家上市公司，其中"智能制造"领域上市公司分布最多，有 2443 家公司，占比 67%。从图 2-2 可以看出，各领域上市公司的分布情况。

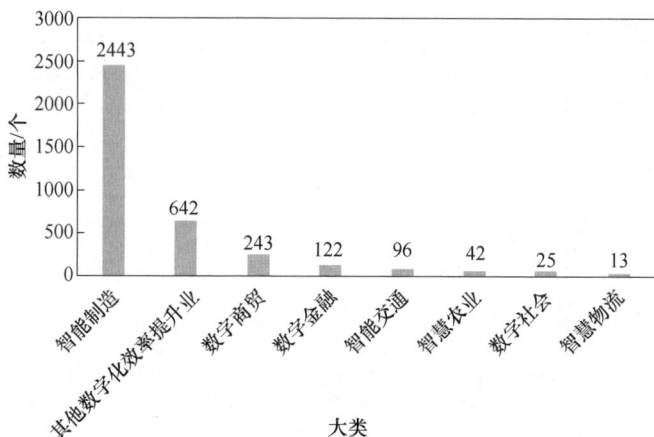

图 2-2 产业数字化上市公司数量分布（二级分类）

（资料来源：《中国上市公司数字经济白皮书 2022》，查询时间 2023 年 10 月）

中国制造业数字化转型升级持续发展，智能制造在资本市场成绩亮眼，数字产品制造业的公司规模较大，为经济市场注入新的发展活力。《中国上市公司数字经济白皮书 2022》指出，数字产业化领域的上市公司有 1058 家（见图 2-3 和图 2-4），主要分布在计算机通信和其他电子设备制造业、电信广播电视和卫星传输服务、互联网和相关服务、软件和信息技术服务业等 20 个领域，是数字经济发展的基础。分属数字产品制造业的公司共有 621 家，多为"电子元器件及设备

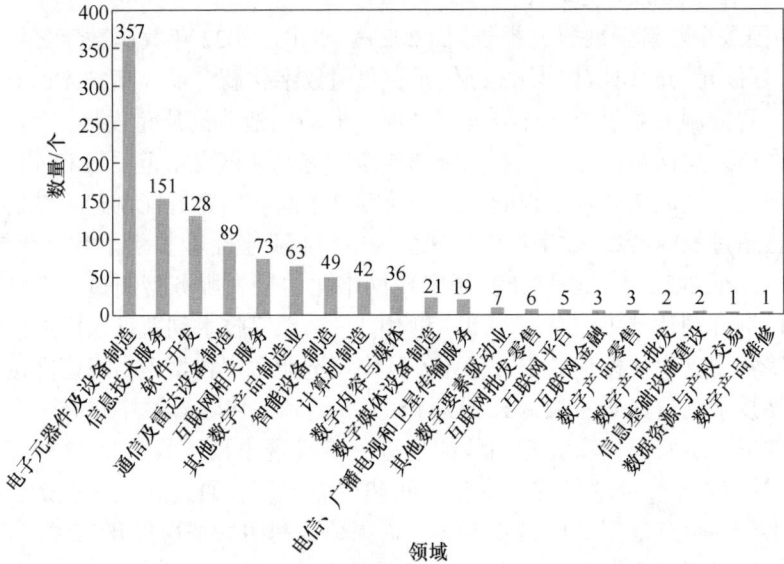

图 2-3　数字产业化上市公司数量分布（二级分类）

（资料来源：《中国上市公司数字经济白皮书 2022》，查询时间 2023 年 10 月）

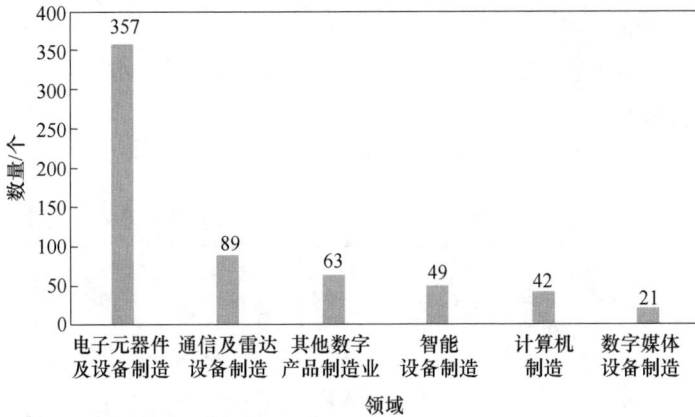

图 2-4　数字产品制造业上市公司数量分布（二级分类）

（资料来源：《中国上市公司数字经济白皮书 2022》，查询时间 2023 年 10 月）

制造"，共有 357 家公司占比 58%；其次为"通信及雷达设备制造"，共有 89 家公司占比 14%；分属"其他数字产品制造业"的公司有 63 家，占比 10%；再次为"智能设备制造"共包含公司 49 家，占比 8%；还有 42 家公司分属"计算机制造"，占比 7%；最后有 21 家公司属于"数字媒体设备制造"，占比 3%。

（二）数字经济建设焦点

充分发挥数字经济的赋能作用就要从加快数字基础设施建设、加速数字技术创新、加强数字化技术人才培养几个方面重点发力。首先，要从数字基础设施建设上不断推进和强化，人工智能、5G、大数据和工业互联网等技术之所以成为当下技术发展关注的热点，是因为这些技术是职场数字经济飞速发展的重要基础，也成为当今制造业高质量发展和数字化转型升级的坚实底座。坚持市场引导、企业主导、动态优化，稳步推进数字基础设施建设，强力支撑制造业转型升级。其次，要从数字技术创新上不断推进和强化，加强自主创新、强化应用推广、释放数据价值，激发制造业高质量发展的技术源泉和核心驱动力，推进数字技术创新，打造驱动制造业全要素生产率增长的新引擎。最后，还要在数字技术人才培养上下功夫，据人力资源和社会保障部预测，到 2025 年，智能制造领域人才需求将达到 900 万人，人才缺口预计为 450 万人。人是生产力中最活跃的因素，人才资源是第一资源。围绕"引、育、留、用"等关键环节，强化数字技术人才保障，打造制造业数字化竞争新优势。

2017 年开始至今，"数字"二字已经多次被写入政府工作报告之中。2017 年政府工作报告中提出，推动"互联网+"深入发展、促进数字经济加快成长。2018 年政府工作报告提到为数字中国建设加油助力。2019 年政府工作报告提出要深化大数据、人工智能等研发应用，培育新一代信息技术、高端装备、生物医药、新能源汽车、新材料等新兴产业集群，壮大数字经济。2020 年政府工作报告提出要全面推进"互联网+"，打造数字经济新优势。2021 年政府工作报告中再次强调，推动产业数字化智能化改造，战略性新兴产业保持快速发展势头。2022 年政府工作报告中强调要完善数字经济治理，培育数据要素市场，释放数据要素潜力，提高应用能力，更好赋能经济发展、丰富人民生活。2023 年政府工作报告中提到要促进数字经济和实体经济深度融合。数字技术的创新是社会发展的大势所趋，必须要加强数字经济的发展与引领，推动制造业转型升级。2024 年政府工作报告中提到，深入推进数字经济创新发展，实施制造业数字化转型行动，加快工业互联网规模化应用。

四、战略支撑与保障

推动制造业转型升级还必须加强顶层设计、做好整体规划，强化战略支撑与保障，为制造业产业发展做好发展的路线图、时间表和计划书，充分发挥战略优势，完善政策措施，建立系统高效的运行体制与机制。

（一）战略策略梳理

为了把我国建设成为引领世界制造业发展的制造强国，为了给中华民族伟大复兴打下更为坚实的基础。2013 年，国家邮政局、工业和信息化部联合印发了《关于推进快递服务制造业工作的指导意见》；2015 年，国务院印发制造强国战略第一个十年的行动纲领——《中国制造2025》；2016 年，国务院印发《关于深化制造业与互联网融合发展的指导意见》；2017 年，中国人民银行等多个部门联合印发《关于金融支持制造强国建设的指导意见》，国务院印发《关于深化"互联网+先进制造业"发展工业互联网的指导意见》；2019 年，国家发展和改革委员会等 15 部门联合印发《关于推动先进制造业和现代服务业深度融合发展的实施意见》，工业和信息化部等 13 部门联合印发《制造业设计能力提升专项行动计划（2019—2022 年)》，工信部发布《关于促进制造业产品和服务质量提升的实施意见》，国家邮政局、工业和信息化部制定了《关于推进快递业与制造业深度融合发展的意见》；2020 年，国家发展和改革委员会等 13 个部门和单位联合印发《推动物流业制造业深度融合创新发展实施方案》；2021 年，我国从国家发展的宏观层面制定了《中华人民共和国国民经济和社会发展第十四个五年规划和2035 年远景目标纲要》《"十四五"智能制造发展规划》，工业和信息化部发布了《制造业质量管理数字化实施指南（试行)》，工业和信息化部、财政部等六部门联合印发《关于加快培育发展制造业优质企业的指导意见》，工业和信息化部等 15 个部门印发《"十四五"机器人产业发展规划》；2022 年，工业和信息化部等十部门联合发布《关于促进制造业有序转移的指导意见》，工业和信息化部、科学技术部、生态环境部印发《环保装备制造业高质量发展行动计划（2022—2025 年)》，人力资源和社会保障部、工业和信息化部、国务院国资委印发《制造业技能根基工程实施方案》，国家发展和改革委员会等部门印发《关于以制造业为重点促进外资扩增量稳存量提质量的若干政策措施》；2023 年，工业和信息化部等五部门印发《制造业可靠性提升实施意见》，工业和信息化部印发《制造业技术创新体系建设和应用实施意见》，工业和信息化部、财政部印发《电子信息制造业 2023—2024 年稳增长行动方案》，工业和信息化部等四部门印发《绿色航空制造业发展纲要（2023—2035 年)》，进而打造具有国际竞争力的制造业。

（二）重点战略解读

《中国制造2025》首先对中国制造业面临的形势和环境进行分析，我国经济发展环境发生重大变化，全球制造业格局面临重大调整，建设制造强国任务艰巨而紧迫，确定了创新驱动、质量为先、绿色发展、结构优化、人才为本的基本方针和市场主导、政府引导，立足当前、着眼长远，整体推进、重点突破，自主发展、开放合作的基本原则。为了实现建设制造强国的发展目标，立足国情制定"三步走"实现战略目标，即第一步：力争用十年时间，迈入制造强国行列；第二步：到 2035 年，我国制造业整体达到世界制造强国阵营中等水平；第三步：新中国成立一百年时，制造业大国地位更加巩固，综合实力进入世界制造强国前列，并且列出了一系列的战略任务和重点。充分发挥战略策略的支撑作用，推动制造业由大变强。

2021 年，我国发布《中华人民共和国国民经济和社会发展第十四个五年规划和 2035 年远景目标纲要》，点明重点行业、重点领域，再次指出深入实施制造强国战略要坚持自主可控、安全高效增强制造业的核心竞争力，在推进产业基础高级化、产业链现代化过程中增强制造业竞争优势，保持制造业比重基本稳定，推动制造业转型升级。

科学制定战略策略能够更好阐明制造业发展的战略意图，明确战略目标、规范工作重点，更好实现制造业高质量发展，在制造业转型升级中以中国式现代化全面推进中华民族伟大复兴，绘好宏伟蓝图，明确行动纲领。

参 考 文 献

[1] 决胜全面建成小康社会夺取新时代中国特色社会主义伟大胜利——在中国共产党第十九次全国代表大会上的报告［N］. 人民日报，2017-10-28（1）.

[2] 李安. 技术创新模式与中国制造业转型升级研究［D］. 吉林：吉林大学，2020.

[3] 王小刚，鲁荣东. 库兹涅茨产业结构理论的缺陷与工业化发展阶段的判断［J］. 经济体制改革，2012（3）：7-10.

[4] 亚当·斯密. 国富论［M］. 唐日松，译. 北京：华夏出版社，2005：9.

[5] 马克思恩格斯全集（第四十七卷）［M］. 北京：人民出版社，2006.

[6] 马克思恩格斯全集（第三十二卷）［M］. 北京：人民出版社，1998.

[7] 马克思恩格斯文集（第六卷）［M］. 北京：人民出版社，2009.

[8] 资本论（第三卷）［M］. 北京：人民出版社，2004.

[9] 吴宣恭. "人力资本"概念悖论分析［J］. 经济学动态，2005（10）：20-25.

[10] 习近平在中共中央政治局第三十四次集体学习时强调把握数字经济发展趋势和规律推动我国数字经济健康发展［N］. 人民日报，2021-10-20（1）.

[11] 国新办举行 2023 年上半年工业和信息化发展情况新闻发布会图文实录［EB/OL］.［2023-07-19］国务院新闻办网站，http：//www. scio. gov. cn/xwfb/gwyxwbgsxwfbh/wqfbh_2284/49421/50174/wz50177/202307/t20230724_729477. html.

[12] 习近平在第七十五届联合国大会一般性辩论上发表重要讲话［N］. 人民日报，2020-09-23（1）.

[13] 刘霞. 2022 年人工智能领域发展七大趋势［N］. 科技日报，2021-11-25（4）.

[14] 中国制造业规模连续 13 年全球第一［N］. 经济日报，2023-03-31（6）.

[15] 刘坤. 我国制造业增加值占全球比重约 30%，连续 14 年位居全球首位——制造业强起来步伐持续加快［N］. 光明日报，2024-02-22（15）.

[16] 先进制造引领未来产业发展方向［N］. 经济日报，2022-03-13（10）.

[17] 2023 年金融市场运行情况［EB/OL］. 中国人民银行［2024-01-29］. http：//www. pbc. gov. cn/jinrongshichangsi/147160/147171/147173/5221498/index. html.

［18］李华林.高端制造业发展动力强劲［N］.经济日报.2023-09-21（7）.

［19］中上协：A股高端制造业公司已超2000家，核心竞争力不断增强［EB/OL］.央广网
　　　［2023-09-08］.https：//www.cnr.cn/ziben/yw/20230908/t20230908_526411935.shtml.

［20］徐玉德，李昌振.我国资本市场支持科技创新的成效、困境及政策建议［J］.财政科
　　　学，2022（5）：15-30.

第三章 推进中国式现代化的突破口
——制造业转型升级

我国制造业体量庞大，覆盖了经济社会发展的各个方面，是中国式现代化实现的坚实底座，与中国式现代化高度耦合，甚至能够决定中国式现代化的实现。制造业转型升级集"实体经济、科技创新、现代金融、人力资源"四大要素为一体，既是中国式现代化发展的核心支撑，也是推进中国式现代化的重要突破口。

第一节　制造业在中国推进现代化进程中的基础性地位

通过分析制造业转型升级在经济增长、技术进步和全要素生产率（TFP）增长、产业结构升级、生态环境等方面的影响，进一步探究制造业在中国式现代化进程中的基础作用，在推进制造业转型升级过程中进一步夯实中国式现代化的实现基石，为实现中华民族伟大复兴强基固本。

一、制造业转型升级在国家经济增长中的作用

通过分析一些发达国家的发展历程，可以发现制造业转型升级是社会经济发展的重要驱动力。通过制造业转型升级带动就业规模的扩大，提高人民的收入水平，提供更加高质量的产品供给，扩大进出口贸易，充分利用国内国际两个市场两种资源，让国家经济发展焕发活力，实现稳步增长。

（一）大国经济增长的重要驱动力之一

从产业转型升级与分布上来看，经济发达的高收入国家第三产业普遍较为发达，经济服务化水平比较高，第二产业占比较低，制造业比重也较低。但是纵观这些国家发展历程中的经济状况，可以发现这些经济发达的高收入国家曾经都经历过制造业快速发展和占比较高的历史阶段。制造业的发展推动了从多个角度提高了人民的生活水平、推动了国家的经济发展、实现了社会的科技进步、巩固了国家的国防安全，使得这些国家通过制造业的发展顺利成为了高收入国家。

纵观英国、法国、德国、美国、韩国、日本等6个发达国家的发展历程，这些国家在中等收入阶段时期都不约而同地选择了有利于推动制造业转型升级的战略和政策，使得制造业快速发展的同时促进国家经济高质量发展和稳定增长，顺利推动国家发展阶段的提升与转变。当一个国家从中等收入阶段向高收入阶段转变时，国家劳动力成本上升和科技进步压力激增，制造业发展优势有所削减，面

临的竞争日益激烈，因而制造业增速呈现波动式下滑的趋势。从各国制造业发展的历史来看，各国为了保持制造业的发展优势采取了积极的战略措施：第一，对传统制造业进行技术改造与提升，各发达国家都纷纷对传统制造业产业和衰退产业进行调整或援助，支持以传统制造业产品为主要商品的企业兼并重组、做大做强；第二，推进制造业产业结构转型升级，德国注重对人才的培养、英国加强知识产权保护、美国提升科技创新能力，各国不约而同地选择提升科学技术水平来推动制造业的转型升级；第三，从财政和政策等方面推动国家制造业形成主导产业并促进其发展。大国通过建立较强大的制造业发展规模来促进国民经济的发展，更加注重对制造业的政策支持、技术扶持增强制造业的竞争力实现国家富强。从一些小国家的经济发展情况可以分析出来，小国经济产业结构没有过多的自主选择优势，经济发展往往取决于其自身的资源禀赋优势和比较优势，往往仍然处于只发展某些制造业或者不重点发展制造业的阶段，而大国的发展则往往十分不同。大国除了具有小国发展的优势以外，还有其独特的市场优势，可以充分利用国内国外两个市场、两种资源满足国内市场需求兼而满足国外市场需求，促进国家经济发展与进步。大国在经济发展过程中都有一个重要阶段，其主要特征就是将制造业发展作为国家经济发展的重要驱动力，通过满足庞大的国内国际需求提升国家经济发展水平。

分析发达国家上中等阶段制造业年均增长率和 GDP 年均增长率数据，在上中等收入阶段，美国、英国、法国、德国、日本、韩国的制造业年均增长率分别为 2.77%、3.33%、7.29%、5.42%、6.95% 和 7.97%，美国、英国、法国、德国、日本、韩国的 GDP 年均增长率分别为 3.62%、2.25%、4.64%、4.79%、6.13% 和 6.92%[1]，除美国以外的其他国家，制造业年均增长率均明显高于 GDP 的年均增长率，充分证明制造业快速增长是 GDP 稳定增长的重要动力之一。2012—2021 年中国国内生产总值 GDP 如图 3-1 所示。我国也同样如此，《世行报

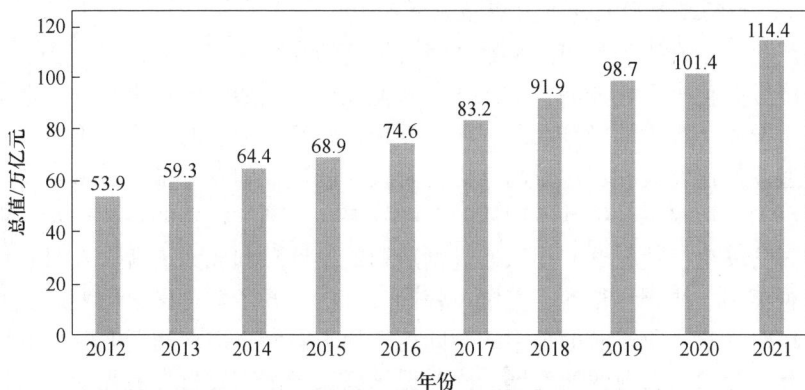

图 3-1 2012—2021 年中国国内生产总值（GDP）

（资料来源：《世行报告：中国经济十年对世界经济增长贡献率超 G7 总和》，查询时间 2023 年 9 月）

告：中国经济十年对世界经济增长贡献率超 G7 总和》显示，2012—2021 这 10 年间，中国制造业增加值占全球比重从 22.5% 提高到近 30%，高技术制造业和装备制造业占规模以上工业增加值比重分别从 2012 年的 9.4% 和 28% 提高到 2021 年的 15.1% 和 32.4%；最终消费支出对经济增长的贡献率 2021 年达到 65.4%，比 2012 年提高 10 个百分点，成为经济增长第一拉动力。

通过分析发现，在中等收入阶段要重视制造业对经济增长的驱动作用，通过制造业高质量发展推动国家经济稳定增长和高质量发展。在以中国式现代化全面推进中华民族伟大复兴的历史进程中，要积极推进制造业转型升级，依靠制造业高质量发展带动经济中高速增长和高质量发展。

（二）制造业对国家经济增长的主要影响

制造业高质量发展是国家经济平稳运行的重要驱动力之一，通过促进就业增长、推动产业转型升级、促进技术创新等方面的提升和增长提高国家经济效益。

首先，制造业能够促进就业增长、提高居民收入、提升劳动力素质。改革开放以后，制造业所创造的就业贡献率很大，在带动我国就业增长的同时也成为了提高居民收入的重要引擎。制造业的设计研发环节、生产制造环节和营销服务环节创造了大量的就业岗位，吸引并集聚了大量劳动力。在这一过程中，城镇居民有了更多的就业选择，而在农村的大量青年也纷纷涌入城市寻找更多的就业机会，极大推动了城镇化的发展进程。制造业发展在提供更多、更稳定的就业岗位与就业机会的同时也在逐步提高居民收入。根据国家统计局编写的《2023 年中国统计年鉴》的调查，2022 年我国制造业企业 441027 个，资产总计 1209475.3 亿元，营业收入 1151837.7 亿元，利润总额 64022.4 亿元。按行业分，制造业行业城镇非私营单位就业人数达到 3738.4 万人，城镇非私营单位就业人员工资总额达到 36978.4 亿元，平均工资 97528 元；私营单位就业人员平均工资 67352 元。目前，我国制造业的工资水平与发达国家的差距正在逐步缩小。制造业促进居民收入水平的提升，而居民收入的提高也进一步带动社会经济的发展。制造业的转型升级提升了劳动力素质，打造了一批高水平、高素质的人才队伍。与此同时，伴随着以科技进步为核心的制造业转型升级及制造业增值能力的提高，制造业产业将创造更多的就业创业机会，并直接或间接地提高从业者收入，倒逼劳动者素质提升。

其次，制造业的发展能够提升产品的附加值，提高产品质量，优化产业结构，推动产业转型升级。经过多年发展，中国共产党团结带领全国各族人民攻坚克难、乘风破浪，把我国打造为世界第一制造业大国，并且逐渐实现向制造业强国的方向发展转变。尤其是党的十八大以来，我国制造业创新能力不断增强、制造业发展方式深刻变革、制造业发展规模稳中前进，推动制造业结构优化和转型升级。《中国高端制造业上市公司发展报告 2023》显示，近年来，制造业创新能力提升, 高端制造业飞速发展, 半导体、高端机械制造行业蓬勃发展, 风电、光伏、储能、新能源智能汽车、交通装备电气化等行业迎来高速发展。高端制造业上市公司数量达到 2021 家, 占 A 股制造业上市公司总数的 57%。"奋斗者" 号圆满完成国际首次环大洋洲载人深潜科考航次任务; 新一代 "人造太阳" 取得重大进展; 中国发布首次火星探测火星全球影像图; 第三代核电 "华龙一号" 全球首堆示范工程通过竣工验收; 国产大飞机 C919 圆满完成首次商业飞行; 首艘国产大型游轮 "爱达·魔都号" 出坞; "一箭 41 星" 发射成功; "弹性陶瓷塑料" 研制成功, 制造业领域创新成果丰富, 一些领域已经接近或达到世界先进水平, 成为产业转型升级和经济增长的重要驱动力之一。当前, 我国产业发展覆盖面广泛, 涵盖了劳动密集型、知识密集型、技术密集型和资本密集型等产业类型, 共 41 个工业大类、207 个中类、666 个小类, 拥有联合国所列的全部制造业门类, 产业门类齐全、工业链韧性强、竞争力大, 产业体系优势明显。也正是因为如此, 我国才能够快速集中起全部人力、物力对抗种种风险挑战, 创造一个又一个举世瞩目的人间奇迹。

(三) 制造业是增强国家竞争力的基础

以中国式现代化全面推进中华民族伟大复兴, 必须以制造业高质量发展推动制造业向智能化、绿色化、高端化发展, 以创新驱动发展, 加快核心技术攻关, 全面推进制造业转型升级。在加快制造强国建设的过程中, 为增强国家竞争力打牢基础, 为中华民族屹立于世界民族之林提供可靠支撑。

制造业涵盖在生活当中的各个方面与各个行业, 不仅在家电、汽车、服装、家具等人民日常生活所需的行业、产业之中, 而且覆盖了能源、机械、航空、航天和军工等领域。2023 年, 伴随着持续的研发投入和国家的引导扶持, 中国制造业经过厚积薄发迎来了一个重要的发展高峰期, 全球最大 5G 商用网络构建起来, 物联网、人工智能等创新应用不断拓展, 新能源汽车、光伏产量连续多年保持世界第一, 45 个国家先进制造业集群纵横铺设, 中国制造业发展取得明显成果。

坚持以新发展理念引领制造业转型升级, 坚持创新发展、协调发展、绿色发展、开放发展、共享发展, 通过优化制造业区域分工协作和生产力布局, 构建绿色低碳、高效高质的生产方式和制造体系, 推动制造业结构优化和转型升级, 进而提高制造业发展水平和国际竞争力, 让发展成果更多、更好地惠及全体人民。党的十八大以来, 我国深入实施重大区域发展战略, 充分发挥区域比较优势, 推进东部地区高端制造业发展、中部地区先进制造业发展、西部地区特色制造业发展, 全面推进东北产业振兴, 优化生产力布局, 使得各地区产业发展竞相迸发活力。在构建绿色制造体系的过程中, 不仅实现了制造业高效、清洁、安全发展, 而且在发展过程中对产业技术的发展也有了更高要求。当前, 我国对外开放范围更大、领域更宽、层次更深，制造业领域更需要积极"走出去"，不断巩固和拓展以技术、品牌、质量、服务为核心的综合竞争优势，拓展制造业发展的新优势。在技术发展与创新中，在良好的创新生态和创新链、产业链的对接中，增强制造业的核心竞争力。

当今世界发展形势日益复杂，国际形势变化多样、周边环境复杂敏感、局部冲突与战争时有发生、改革发展稳定任务艰巨繁重，各种可预见和不可预见的挑战层出不穷。面对着世界百年未有之大变局和中华民族战略全局，制造业是我们不断提升创造力、有效应对各种风险挑战的压舱石。顺应制造业转型升级发展大势，把握制造业发展规律，充分利用好国际国内两个市场，以制造业的转型升级带动经济社会各方面的发展进步，进而增强国家发展的竞争力与优势。

二、制造业对技术进步和全要素生产率增长的作用

全要素生产率（Total Factor Productivity，TFP）是指在各种生产要素投入水平既定的条件下，所达到的额外生产效率。但是，也不能简单地把所有要素的生产率理解为 TFP，TFP 只能用来衡量除去所有有形生产要素以外的纯技术进步的生产率增长，也被称为技术进步率。在经济学理论之中，TFP 常用来衡量一个国家人力、物力和财力的综合利用效率即运行效率。无论是在经典增长理论中工业化理论的研究中，制造业都被认为含有巨大的技术进步潜力。制造业的发展往往会产生联动效应，以制造业发展为基点辐射到服务业等各个经济部门，进而实现全社会的技术进步并提升技术进步速度，增强全要素生产率。本节将进一步分析我国制造业转型升级对社会经济技术创新与进步及全社会 TFP 增长的推动作用，深入探析制造业在中国推进现代化进程中所起到的关键作用。

（一）对技术进步和 TFP 增长具有能动的推动作用

通过对制造业本身的特点和当前科技发展趋势进行分析可知，制造业本身就是技术创新与进步最为活跃的领域和部门。从技术进步的产生来看，制造业的发展与市场利润的获取都要依靠技术进步来实现，只有通过技术进步创造出来"人无我有、人有我精"制造业发展优势，才能够更好地抢占发展的先机与市场的份额，制造业的发展是技术进步的源泉。从技术进步的使用来看，技术进步的成果直接地、主要地应用于制造业的发展，因而可以说制造业是技术进步应用的主要载体。从技术进步的传播来看，制造业所创造出来的产品，包括新型材料、新型装备、新型工具又会成为其他企业、领域、部门或产业生产发展的重要根基，可以说其他各个领域的技术进步与创新都要以制造业的发展为基础。因而，制造业发展对于技术进步有重要的推动作用，是技术进步的活力源泉与重要支撑。

通过对中等收入阶段时期的美国、英国、法国、德国、日本和韩国 6 个国家制造业年均增长率及 TFP 年均增长率进行对比，也可以看出制造业发展对于经济社会平稳运行和高质量发展有重要推动和促进作用。在上中等收入阶段，美国、英国、法国、德国、日本、韩国的制造业年均增长率分别为 2.77%、3.33%、7.29%、5.42%、6.95% 和 7.97%，制造业全要素生产率年均增长率分别为 1.41%、1.6%、3.3%、1.51%、1.89% 和 2.62%，制造业全要素增长率对增加值增长的贡献率分别为 50.9%、48%、45.3%、27.9%、27.2% 和 32.9%[1]。伴随着制造业的持续发展，大量劳动力被制造业部门吸收并有效利用，实现了劳动力资源的重新调整和有效配置，强化了国家对于人力资源、劳动力资源的整体利用效率。与此同时，制造业发展需要经过设计研发、生产制造、品牌服务等环节，涉及原材料种植与购买、制作与加工、出口与销售等多个方面，涉及大量的物质资源配置与资本要素配置，综合调度国家的物力和财力。总而言之，通过制造业的发展与转型升级能够有效地调度国家发展所需的人力、物力和财力，进而来实现国家 TFP 的增长。

（二）高端要素生产和创新驱动发展的重要载体

从制造业的研发设计环节分析制造业在高端要素生产和创新驱动发展过程中的重要作用，可以发现制造业研发设计环节是重要源泉。制造业企业基本上完成了全球 60% 以上的研发投入，是创新的主要力量。对中国制造业的发展与研发投入情况进行分析，从产业部门分布上看，高技术制造业研发经费 5684.6 亿元，投入强度（研发经费投入与营业收入之比）为 2.71%，比上年提高 0.05 个百分点；在规模以上工业企业中，研发经费投入超过千亿元的行业大类有 5 个，其经费投入占比为 51.2%。5 个研发投入过千亿元的行业分别为：计算机、通信和其他电子设备制造业，电气机械和器材制造业，汽车制造业，通用设备制造业，专用设备制造业[2]。当前，我国各个领域的大型制造业企业不仅在资本上对技术研发进行大规模的投入，而且很多企业都建立了自主研发的实验室或研究院，不断地开发新技术、新产品，推动新要素和高端要素的产生。伴随着制造业转型升级，技术集成和工艺优化不断推进，高端要素得以不断生产，创新活力不断被激发，自身竞争优势也在不断增强。与此同时，高端要素的生产和创新驱动下的发展也会反哺制造业的发展，形成良性互动。制造业企业能够有良好的效益、获取大量利润又将继续为研发设计投入资本，进而制造出更加高端的生产要素、迸发出更大的创造活力，成为高端要素生产和创新驱动发展的源泉。

制造业的发展对于高端要素和技术创新也有巨大需求，能够引领创新的方向和动力，形成"需求引领创新、创新驱动发展"的高效机制。另外，伴随着高端生产要素和新技术应用于制造业并与制造业进行深度融合，进一步推动产业组织变革与转型升级，这使得制造业发展衍生出来的新产业、新业态和新模式也随之诞生和发展。

三、制造业对产业结构升级的作用

制造业并不能单独代表某一个产业，但是制造业却是产业转型升级的重要支撑。制造业在转型升级过程中实现了自身从产值型向效益型的转变、速度型向结构型的转变、数量型向质量型的转变，在这一过程中通过与服务业进行良性互动与支持带动第三产业的发展，进而推动产业结构转型升级。

以辽宁省制造业转型升级为例。辽宁这片黑土地曾是共和国工业长子，在这里诞生了新中国数不清的"第一"。在白山黑水之间，新中国第一炉铁水沸腾不止、第一架喷气式歼击机翱翔于空、第一艘万吨巨轮扬帆起航、第一台机床运转不停……但是，随着时代的发展变化，辽宁的发展逐渐出现了效率不高、质量不优、动力不足的问题。为了实现全面振兴、全方位振兴，辽宁改造升级"老字号"，深度开发"原字号"[3]，培育壮大"新字号"，多措并举、齐齐发力，描绘辽宁实施全面振兴新突破的产业图谱。

（一）"老字号""原字号"推动产业转型升级高质高效

产业转型升级不能简单地将其理解为削弱第二产业在国家经济发展中的占比，提高第三产业发展的占比，更不意味着忽视制造业的重要作用。与之相反的是，产业转型升级对制造业的发展结构、发展质量和产出效益都提出了更高要求。辽宁省在以制造业发展推动产业转型升级的过程中，摒弃了传统的、只重视投资金额、发展速度、发展数量的发展理念和模式，开始转向重视制造业发展结构、发展质量、发展效益、发展环境和精神文化引领的模式和理念。辽宁省因势而动、顺势而为，研发新技术、探索新制度、制定新方案，持续推进制造业高质量发展。

辽宁省是装备制造业大省，装备制造业是辽宁省的特色产业与优势产业，也是辽宁的"老字号"。要实现辽宁全面振兴、全方位振兴，推动产业转型升级就要重塑传统产业优势，改造升级"老字号"，用新一代信息技术为辽宁装备制造等产业赋能增效。截至 2023 年 9 月，辽宁省累计培育制造业数字化转型标杆企业 30 家，建成数字化车间和智能工厂 152 个、5G 工厂 40 家，征集遴选辽宁省工业互联网及智能制造首批服务商 99 家，重点培育的省级工业互联网平台达到 87 个[3]。实施工业企业技术改造升级、提高产业链竞争优势，沈阳鼓风机集团股份有限公司等一批"老字号"正在持续增强市场竞争力。与此同时，辽宁还强调要打好"重组""融合"两张牌，让"老字号"焕发活力、重塑优势。鞍钢和本钢都地处辽宁，曾经为全国工业发展贡献了非常重要的力量，两者有着相似的特点，例如：产品功能相近、面向市场重合等，为了实现更好的发展，鞍钢和本钢秉承"战略引领+资源协同"的原则，进行重组和融合实现了资源要素的优化配置与产能的扩大提升。石油化工、冶金、建材等原材料及深加工行业是辽宁最大的工业板块，也是辽宁省发展的"原字号"、制造业转型升级的基础。因而，辽宁高度重视深度开发"原字号"，持续推进石油化工、冶金等原材料及深加工行业补链、延链、强链，做优做强产业链，解决"炼"有余而"化"不足、"粗"有余而"精"不足的结构性矛盾，巩固制造业发展基础，强化制造业发展保障。辽宁积极探索改造升级"老字号"、深度开发"原字号"，激发发展新动能，构建发展新格局。

（二）"新字号"壮大激发制造业转型升级新动能

辽宁"新字号"主要是指战略性新兴产业、高技术制造业、高技术服务和未来产业，这一部分产业体量较小，但却代表着辽宁新一轮科技革命和产业变革的发展方向，是辽宁制造业转型升级的关键增量。辽宁省用数字化技术为企业发展赋能，培育壮大民营企业创新发展，推动中小企业专精特新发展，打造制造业发展的核心优势，实现关键技术的突破，推动创新转型和结构调整步入快车道。伴随着辽宁战略性新兴产业和高技术产业的加快发展，辽宁新松机器人自动化股份有限公司研制出具有完全自主知识产权的工业机器人、移动机器人、特种机器人3大类核心产品，以及焊接自动化、装配自动化、物流自动化3大应用技术方向，完成国家重要科技攻关800余项[4]。2022年，辽宁省规模以上高技术制造业增加值同比增长16.6%，高技术产业投资同比增长16.3%。与此同时，辽宁积极培育科技型中小企业，推动新兴产业的发展壮大。截至2023年4月，辽宁省累计认定国家级专精特新"小巨人"企业287户，省级专精特新"小巨人"企业524户、专精特新中小企业1131户、专精特新产品（技术）5248项、创新型中小企业1898户，数量位居全国前列。辽宁省在"三个字号"的有机结合、互为支撑、相互转化之中，推进制造业发展为辽宁省产业升级提供新优势、新动能。

（三）制造业与服务业融合发展共创产业转型升级契机

制造业是工业化和现代化建设的主要支撑，是国家经济发展和技术创新的重要载体，也是辽宁全面振兴、全方位振兴的主力军。党的二十大报告指出，"构建优质高效的服务业新体系，推动现代服务业同先进制造业、现代农业深度融合"[5]。但是，制造业与服务业融合发展不仅是经济发展的题中应有之义，更是制造业发展本身的内在要求。要实现制造业向低投入、低消耗、低排放、高效率的集约型增长转变，辽宁省立足自身产业优势，对服务业特别是生产性服务业提出了更高要求，将研发设计、生产制造和品牌服务等环节的服务分离出来进行分工上的细化，进而提高制造业的运作效率和专业化程度。通过将加工、组装、制造的产品附加价值分别向研发、原材料采购、设计等价值链上游和品牌、渠道、物流、金融等价值链下游延伸转移，将制造业和服务业紧密融在一起，共同提升制造业发展水平。加强服务型制造政策体系建设，适时梳理相关政策制度，提升现代服务业对制造业高质量发展的支撑。相对地，服务业的发展同制造业价值链上的研发、设计、生产、营销及售后等环节的分工、分离与专业化程度密切相关。在制造业和服务业的"两业融合"中，实现制造与服务"双轮"驱动发展，打造制造企业创新服务型制造新模式、增强制造业核心竞争力、培育现代产业体系、实现高质量发展，抓住产业转型升级的契机，推进辽宁省振兴发展。

近年来，辽宁省高度重视推动制造业发展进而实现产业转型升级，先后印发了《辽宁省装备制造业智能化服务化发展行动方案（2021—2023 年）》《辽宁省工业互联网创新发展三年行动计划（2021—2023 年）》《辽宁省改造升级"老字号"、深度开发"原字号"、培育壮大"新字号"专项行动计划（2021—2023 年）（1.0 版）》《辽宁省深入推进结构调整"三篇大文章"三年行动方案（2022—2024 年）》，实现短板产业补链、优势产业延链、传统产业升链、新兴产业建链，增强产业发展的接续性和竞争力，推动产业转型升级。

四、制造业对生态环境的影响

传统的制造业发展模式往往是以"高投入、高消耗、高排放、高污染"为主要特征，甚至在许多国家工业化发展进程中都走了一条"先污染后治理"的错误道路，曾经一度出现自然资源枯竭、生态环境恶化的严重问题，对人民生活和经济发展造成了极为不良的影响。事实证明，制造业的发展同生态环境的发展是有密切联系的，这也就要求我国制造业向"低消耗、低排放、低污染"的绿色低碳方向发展。

（一）制造业发展将会威胁生态环境

当前，我国经济发展与生态环境的矛盾仍然突出、兼容性也比较差，资源环境承载能力面临较大压力，局部性、结构性环境风险还比较突出。而仔细探究制造业与生态环境之间的关系可以发现，制造业的发展是加剧环境污染不能忽视的一个重要因素。制造业作为实体经济发展的主体，其投入和产出的原料和产品也都是有实体的，这就使得制造业的发展必然会伴随着对资源的损耗和环境的污染。伴随着制造业的发展，燃料消耗急剧增加、地下矿藏被大量开采和冶炼，与此同时，二氧化碳的排放增加、大量生产性废弃物（废水、废气、废渣）及生活垃圾的产生严重污染土壤、水和大气等生态环境，使人们的生活质量、身体健康、生命安全受到无形的威胁，并且对可持续发展造成严重破坏。除了日本水俣病事件以外，美国洛杉矶光化学烟雾事件、神通川流域慢性镉中毒事件、印度博帕尔毒气泄漏事件、苏联切尔诺贝利核电站爆炸事件等一系列环境污染事件的发生都向我们证明制造业的发展对于人类健康生活的影响和威胁。而除了对人类健康有影响之外，全球性的环境问题也日益突出。世界气象组织整合 6 个主要国际温度数据集显示，2022 年的全球平均气温较工业化前水平高出约 1.15 ℃，是全球年度气温较工业化前水平至少高出 1 ℃的连续第八个年份。而这样的环境变化更导致了一系列问题的产生，如海平面上升、持续干旱、山火肆虐、生物多样性丧失加速，甚至物种灭绝等[6]。而这也给全球经济社会发展带来严重冲击，如粮食危机加剧、"气候难民"激增、人类健康状况恶化等。这是经济发展尤其是工业、制造业发展造成的难以避免的影响，但这也并不是说任由破坏的产生、蔓延与发展，相反，习近平总书记曾多次强调，"良好的生态环境是最普惠的民生福祉""要把生态环境保护放在更加突出位置，像保护眼睛一样保护生态环境，像对待生命一样对待生态环境"，制造业的发展不能以牺牲生态环境为代价，而是要在转型升级中实现绿色生产发展、低碳生产发展，向"低能耗、低污染"方向转型升级。"绿色制造"是制造业转型升级的必然趋势，也是实现中国式现代化的必然要求。

（二）制造业转型升级要以"绿色低碳"为目标

中国式现代化是人与自然和谐共生的现代化，对人口资源环境都提出了要求，制造业作为中国式现代化实现的重要支撑，也必然要向绿色低碳的方向转型升级。2021 年底，工业和信息化部印发《"十四五"工业绿色发展规划》，明确提出绿色制造体系已经基本构建，研究制定 468 项节能与绿色发展行业标准，建设 2121 家绿色工厂、171 家绿色工业园区、189 家绿色供应链企业，推广近 2 万种绿色产品，绿色制造体系建设已成为绿色转型的重要支撑。

制造业发展坚持以习近平新时代中国特色社会主义思想为指导，全面贯彻党的二十大精神，深入贯彻习近平生态文明思想，立足新发展阶段、贯彻新发展理念、构建新发展格局，推进制造强国战略，以推动高质量发展为主题，以碳达峰碳中和目标为引领，以减污降碳协同增效为总抓手，统筹发展与绿色低碳转型，深入实施绿色制造，加快产业结构优化升级。坚持遵循目标导向、效率优先、创新驱动、市场主导、系统推进，全面提高绿色制造水平。在传统方面实现绿色改造升级，要加快可循环流程工艺技术研发，研发推广能源高效利用、污染减量化、废弃物资源化利用和无害化处理的工艺技术，用高效绿色生产工艺技术装备对钢铁、建材、造纸等传统制造业的传统制造的工艺和流程进行改造，加强绿色产品研发应用，加快实现重点行业绿色升级。在新兴产业方面实现绿色发展，要积极打造绿色全产业链，增强企业绿色设计、绿色生产、绿色技术和绿色管理，加快推进新材料、新能源、高端装备、生物产业绿色低碳发展，加快发展绿色信息通信产业和信息通信技术应用，促进节能减排低碳环保。

（三）大力完善绿色制造支撑体系

要实现制造业绿色转型必须要完善绿色制造支撑体系，进一步保障制造业绿色发展能力。立足产业转型升级需要，完善绿色评价标准体系建设和绿色技术装备标准体系建设，鼓励制定高于现行标准的企业标准、团体标准和地方标准，但也不能脱离实际，仍然要结合实际情况制定并推行先进适用的标准，使企业发展有迹可循、有法可依；打造绿色制造标杆企业，围绕重点行业和重要领域遴选发布绿色制造名单，评选绿色制造标杆企业名单，并对其进行动态化管理和调整；推动绿色产业链和绿色供应链协同发展，提倡绿色生产、绿色制造、绿色包装、绿色运输、绿色服务、绿色回收的全过程产业链和供应链，促进资源利用效率和绿色化发展水平的提升；完善绿色政策和市场机制，严格控制高能耗、高排放的"两高"项目投资，加大对节能环保企业、新能源企业和绿色企业的金融扶持力度，引导金融机构扩大绿色信贷投放；完善绿色公共服务，面向重点领域提供咨询、检测、评估、认定、审计、培训等一揽子服务，健全政府绿色采购服务，进一步完善惩罚性电价、差别电价、差别水价等政策。通过践行绿色理念、强化绿色供给能力、满足绿色需求、带动绿色消费，推动制造业转型升级落到实处，满足中国式现代化发展要求，为实现中华民族伟大复兴提供源源不断、可持续的坚实保障。

第二节 制造业转型升级对推进中国式现代化的决定性作用

制造业转型升级是实现中国式现代化的基础，是推进中国式现代化的重要引擎，更是实现中国式现代化的必由之路。中国有什么样的制造业产业形态，就决定了中国式现代化有什么样的表现形式和具体形态；如何实现产业转型升级，就决定了中国式现代化有什么样的实现路径。在推动制造业转型升级的具体实践中，中国式现代化的发展方向进一步明确，发展要求也随之得到进一步满足。

一、中国式现代化的发展要求

制造业是实体经济中十分重要的一环，是国家经济发展的重要支撑和基础，是科技进步的主要载体，更是现代化经济体系的重要组成部分。制造业转型升级能够实现高质量的供给，更好地满足人民日益增长的美好生活需要，进而满足实现中国式现代化的实现要求与条件，推进中华民族伟大复兴的实现。伴随着国际局势的日益变化及世界市场竞争的加剧，伴随着我国经济发展新常态形成，面对增长速度换挡期、结构调整阵痛期、前期刺激政策消化期"三期叠加"的复杂局面，为了更好地实现以中国式现代化全面推进中华民族伟大复兴的中心任务，中国制造业正在进行一场令人振奋的变革。

（一）制造业转型升级是实现中国式现代化内在要求

制造业转型升级是实现高质量发展的重中之重，是中国式现代化的基石和底座。不通过制造业转型升级来提供物质保障和技术支撑，单纯依靠传统制造业的粗放式增长，就不能实现中国式现代化，更不可能实现中华民族伟大复兴的伟大梦想。世界各国的发展史也向我们证明，技术的发展和生产力的进步往往从制造业最先诞生，也依靠制造业的发展进步。站在实现第二个百年奋斗目标的新征程上，必须要深刻分析中国制造业转型升级面临的困境，补齐制造业转型升级的短板，探索制造业转型升级的战略举措，充分发挥制造业转型升级在推进中国式现代化过程中的基础性作用，为以中国式现代化全面推进中华民族伟大复兴提供全方位支撑。

综合分析国内国际各国制造业发展的情况，可以发现中国制造业的发展实际上面临着许多严峻考验。从国内存在的问题来看，虽然我国连续十多年一直是世界第一的制造业大国，但是我国制造业仍然是中低端制造业占比较大、发展不平衡问题突出、关键核心技术缺失、生产成本较高、环境资源压力较大、人口红利消失等问题，制造业发展"大而不强"特征突出。从国际竞争上来看，德国、美国等发达国家纷纷实施"再工业化"战略，抢占价值链上游；印度、越南等发展中国家则以更低的劳动成本，承接劳动密集型产业转移，抢占低端市场，中国面临的国际竞争十分激烈。

与此同时，制造业覆盖面广泛，不仅与人们衣食住行息息相关，与社会生产生活紧密相连，甚至还与国家竞争力和国家安全息息相关。因此，我们必须高度重视制造业转型升级的重要战略地位，明确以制造业转型升级推进实现中国式现代化的重要使命，牢牢把握制造业高质量发展的坚实基础毫不动摇，在提质增效上找准发力点，充分发挥制造业转型升级的关键作用。

（二）制造业转型升级是实现中国式现代化的应有之义

党的十八大以来，习近平总书记高度重视"大力发展制造业""制造业转型升级""全面建成社会主义现代化强国"等一系列事关中华民族伟大复兴的重要现实问题，并就这些问题作出了一系列重要论述，深化了我们党对"推进制造强国建设"的规律性认识，为我们推动制造业转型升级进而以中国式现代化全面推进中华民族伟大复兴提供根本遵循和行动指南。推动制造业转型升级是深刻领悟"两个确立"的决定性意义，做到"两个维护"，学深悟透习近平总书记关于推进新型工业化的重要指示和重要论述的内在要求，是准确把握推进制造业转型升级在推进中国式现代化进程中的战略定位、阶段特征的现实要求，是全面贯彻新发展理念、构建新发展格局、推动高质量发展，实现以中国式现代化全面推进中华民族伟大复兴的应有之义。

虽然，我国已经连续十多年位居世界第一的制造业大国，但是这并不代表我国制造业的发展没有任何问题和矛盾。当前，我国制造业发展仍然存在着一系列的矛盾问题，包括前文所述的低端产能过剩、资源消耗大、廉价劳动力优势丧失、创新力不强、高质量供给不足等问题，难以满足居民消费升级的需求，更难以满足中国式现代化实现的现实需求。还要认识到，我国经济发展的支撑条件发生了变化：在人口优势方面，老龄化问题严重，生育率、生育意愿较低；在经济结构方面，资本对经济增长贡献率减少，实体经济发展缓慢困难固定资产投资增速将下降，地产行业持续低迷；技术创新作用日益突出，后发优势逐渐减弱；自然环境资源约束趋紧等都在倒逼制造业向着更高质量、更高效率、更加智能、绿色低碳的方向转型升级。

突出重点，抓住关键，加快提升制造业转型升级的创新能力，提升制造业转型升级的产业链、供应链的韧性与安全性，大力推进数字技术与实体经济深度融合，坚持深化改革开放，充分发挥市场在资源配置中的决定性作用，用好国内国际两个市场两种资源，不断增强制造业转型升级动力。与此同时，还要强化组织保障、人才保障和政策保障，优化产业结构，促进体系升级上持续发力，推动制造业安全稳定发展，持续扎实推动以中国式现代化全面推进中华民族伟大复兴的伟大进程。

二、推进中国式现代化的重要引擎

制造业尤其是先进制造业，是制造业转型升级的重点领域和发展方向，也是先进技术的应用，也是当今世界发展趋势和潮流，必然会对中国式现代化的实现起到重要引领作用。与此同时，制造业转型升级必然会引起科学技术的诞生，引领新企业、新模式、新产业的诞生，形成先进的、独具优势的竞争力，为实现中国式现代化赋能。在转型升级过程中，制造业的引领力和推动力日益显现，成为推进中国式现代化的重要引擎。

（一）引领中国式现代化发展方向

实体经济是我国发展的本钱，是构筑未来发展战略优势的重要支撑，而制造业为实体经济发展提供产品供给，是我国经济发展的有力支撑，是立国之本、强国之基。制造业尤其是先进制造业作为先进生产力的代表，是现代产业体系的重要组成部分。先进制造业主要就是指以创新为动力、以科技为核心的产业，通过先进技术、先进设备、先进工艺的运用和新材料、新流程、新设备的使用生产、加工、制造出现代经济发展需要的高质量产品的产业，是生产产品、技法工艺、生产环节等方面都向着先进性的方向变化的产业，既包括新兴制造业产业和高技术制造业产业，也包括依靠科学技术、机制体制创新实现转型升级后的传统制造业。值得注意的是，先进制造业也不是一成不变的，先进制造业也会伴随着技术的变迁变成传统制造业。当前，以大数据、云计算、人工智能、量子力学等数字化技术和智能化技术在发展中与制造业日益融合，推动制造业与服务业的融合以及智能制造、虚拟制造等新模式，智能化、绿色化、服务化、创新化也成为当前先进制造业的主要特征。

如前所述，先进制造业是现代产业发展与布局的主要阵地，也仍然是各国参与国际竞争的重点领域。一些如美国、日本、韩国等发达国家已经将机器人、纳米技术、微电子、新能源等新兴技术与制造业结合起来，并将其作为新兴产业和未来产业进行加快发展与培育，争取在世界产业布局与调整中争得战略机遇与发展先机。虽然，我国目前仍然是一个发展中国家，而且还面临着世界百年未有之大变局，但抓住新一轮科技革命带来的发展机遇势在必行，要通过自主发展、加强知识产权保护解决制造业转型升级关键核心技术瓶颈的问题，力争抢占先机、迎头赶上。分析可知，先进制造业具有在应用领域上具有充分的广泛性、在技术发展上具有显著的先进性、在产业发展上具有明显的引领性、在经济社会发展上具有明显的深入性，因而要深刻认识并且充分发挥以产业发展尤其是先进制造业的产业发展对国家经济社会进步和中国式现代化实现的引领作用。要以硬科技创新为驱动，充分激发先进制造业的发展活力，提升先进制造业在现代产业建设中的占比；要大力培养专精特新企业，增强产业链的完备性、安全性与发展韧性，巩固先进制造业在现代化建设中的稳定性；要加大专业化人才培养，为先进制造业发展提供智力支持，保证先进制造业在现代化建设中始终保持先进性；要推进先进制造业形成产业集群与规模，始终为中国式现代化提供强大引领力。

（二）为实现中国式现代化赋能

制造业转型升级实现向高效益、高质量、高附加值的方向转变，可以强化制造业产出，带动产业转型升级，增强中国制造业发展的竞争优势，为中国式现代化的实现赋能。在中国式现代化实现过程之中，制造业企业通过科技创新和投资融资等方式加强对研发设计、生产制造等环节的投入，通过多种途径研发生产更先进的产品，提升自身生产能力与生产质量。与此同时，伴随着中国制造业的转型升级，社会经济效益也会随之提升。在国家的战略支撑和政策支持之下，中国制造业发展日趋完善，在国际市场上所处地位不断提升，推动了中国经济的发展和经济总量的增长，提高了中国经济的竞争力。与此同时，制造业的发展加强了中国同其他国家之间的贸易往来和合作共赢战略发展，使得中国经济和周边国家、相关国家的经济增长在制造业转型升级中形成良性互动，增强了中国的国际影响力和竞争力。与此同时，制造业的发展必然会对社会发展进步起到重要的推动作用。制造业的转型升级在吸收大量劳动力的同时，对劳动力素质提出新的要求，增加人民收入，并提供高质量供给，提高人民生活质量，进而推动共同富裕发展目标的实现。

而通过对制造业转型升级与中国式现代化实现道路加以分析，我们会发现两者之间是紧密联系、高度契合的。第一，制造业转型升级能够充分发挥各类人才的力量，为中国式现代化的实现赋能。如前所述，制造业转型升级可以吸纳大量劳动力，同时也对劳动力素质提出了新要求。伴随着制造业的转型升级，大量人才涌现出来得以充分发挥自身的聪明才干和知识能力，不论是知识型人才还是技能型人才亦或是创新型人才都可以共同为以中国式现代化全面推进中华民族伟大复兴的宏伟事业贡献自身力量。与此同时伴随着制造业转型升级，生产工具日益先进，生产效率和效益更加突出，社会生产力不断提升，逐步满足共同富裕实现的要求。中国式现代化的主要特征就包含：第一，中国式现代化是人口规模巨大的现代化，中国式现代化是全体人民共同富裕的现代化，而制造业转型升级产生的变化就与中国式现代化的实现相契合，并且为中国式现代化的实现赋能。第二，制造业转型升级创造更多精神财富，为中国式现代化实现赋能。马克思主义的唯物史观在论述物质和意识的辩证关系时，认为物质决定意识，决定着意识的产生与发展、内容与形式。制造业转型升级的实践催生出了许多激励人心、催人奋进、发人深省的精神文化，如执着专注、精益求精、一丝不苟、追求卓越的工匠精神、企业家精神、劳模精神、劳动精神等。在制造业的转型升级中，满足了物质文明与精神文明相协调的特征与要求，为实现物质文明与精神文明相协调的中国式现代化赋能并提供强大精神支撑。第三，制造业转型升级推进绿色低碳生产方式和生活方式的转变，为中国式现代化实现赋能。制造业转型升级将通过加强资源节约和利用效率，推广绿色技术，推进技术进步，减少碳排放，加强环境保护，积极融入生态文明建设的整体布局，为人与自然和谐共生的中国式现代化赋能。第四，制造业转型升级不能故步自封，要积极实现"走出去"和"引进来"相结合，积极融入经济全球化的浪潮之中，实现同世界各国的友好交流和合作共赢，为走和平发展道路的中国式现代化赋能。

三、实现中国式现代化的必由之路

（一）满足国家发展需要的战略要求

推动制造业转型升级和高质量发展，是面对我国经济社会发展的阶段性变化、适应我国社会主要矛盾变化、全面建成社会主义现代化强国的必然要求，是实现以中国式现代化全面推进中华民族伟大复兴的中心任务、满足国家发展需要的战略要求。

制造业转型升级是工业化后期和现代化进程中产业升级一般性规律的体现。18 世纪 60 年代，织工哈格里夫斯发明了"珍妮纺纱机"，首先在棉纺织业引发了技术革新的连锁反应，揭开了工业革命的序幕。以棉纺织业为起点，技术革新的浪潮迅速涌向了采煤、冶金等行业。18 世纪 80 年代，瓦特改良的蒸汽机投入使用，使得机械生产的动力更加便利和充足，人类社会进入"蒸汽时代"，制造业也随之不断发展。19 世纪六七十年代开始，发电机诞生，世界进入到"电气时代"，电灯逐渐取代了油灯，电车逐步取代了马车和人力车，许多电器类产品的发明问世。19 世纪七八十年代，以煤气和汽油为燃料的内燃机相继诞生，解决了交通运输工具和机械运作的动力问题，飞机、汽车等行业发展迅速。第三次科技革命以原子能、电子计算机、空间技术和生物工程的发明和应用为主要标志，涉及信息技术、新能源技术、新材料技术、生物技术、空间技术和海洋技术等诸多领域的一场信息控制技术革命，在信息化发展的同时与制造业深深融为一体。通过分析世界各国工业化发展进程和现代化发展过程，我们可以发现工业化的开端起源于与人民生活密切相关的制造业领域，并且伴随着工业化进程的发展，制造业也在不断地发展变化，可以说，制造业转型升级和高质量发展贯穿了工业化发展历程的始终。历史经验表明，在一个国家工业化发展进入中期以后，伴随着社会生产力的提高和对经济社会发展要求的提高，制造业往往会经历劳动力优势减弱、综合成本上升等问题和压力，这就需要制造业通过转型升级不断克服压力实现高质量发展。现实证明，成功实现产业升级和高质量发展的国家和地区，往往都通过顺利发展进入了高收入国家的行列。因而，制造业转型升级是适应经济社会发展、实现社会主义现代化的必然要求和规律性体现。

制造业转型升级是满足全球新一轮工业革命发展需要和赶上科学技术发展的重要战略支撑。如前所述，历史上每一次工业革命都带动了制造业的发展，为国家生产力水平和综合国力的提升提供了难得的历史机遇，更为制造业发展进步奠定了基础、提供了机遇。当前，新一轮科技革命和产业变革方兴未艾，智能化正在悄无声息地融入人们的生产生活之中、融入制造业高质量发展之中，而如何把握科学技术"智能化"的发展机会，赶上时代发展潮流呢？就要积极推动制造业能耗变革、效率变革、质量变革、技术变革，进行深刻的变革中深化调整，走出独具中国特色的制造业高质量发展道路，为中国式现代化的实现打下良好基础、提供战略支撑。

（二）为实现中国式现代化进行的系统性变革

我国制造业的发展正在从"规模扩张"向"提质增效"的方向转变，逐步建立起系统、高效、绿色的现代产业体系，构建起与高质量发展相适应的新体制、新机制。通过产业结构的调整与升级、技术的进步与创新，补齐制约制造业发展的基础能力短板，逐步提升产品质量、丰富产品种类并调整产品结构；促进制造业劳动生产率、增加值率明显提升，行业平均利润率有所提高；将绿色生产与发展、低碳生产与发展、可持续生产与发展贯穿于制造业生产发展全过程，满足中国式现代化对人与自然相协调发展的要求；资源要素有效配置、区域发展更加协调，区域发展差距进一步缩小，制造业对其他产业的支撑作用明显增强，进一步推动整体产业升级；先进制造业集群逐步形成，中国制造的影响力逐步扩大并达到国际先进水平，发展质量和国际竞争力进一步提升。以新发展理念为引领、以创新为动力、以高质量供给为目标的制造业转型升级，在发展理念、发展模式、发展动力、产业结构和体制机制方面进行系统性变革，进一步推动中国式现代化的实现。

第三节　制造业转型升级与中国式现代化的契合点

当前，我国发展面临两个大局，即世界百年未有之大变局和中华民族伟大复兴的战略全局，面对复杂多变的发展形势，我们要看到挑战与机遇并存，要在新时代推进中国式现代化、推进制造业转型升级过程中，把握机遇、认清定位、找准方向、抓住关键环节，全面推进以中国式现代化全面推进中华民族伟大复兴中心任务的完成。

一、中国制造业转型升级方向

经过多年的发展，中国制造业的发展规模、发展质量及国际竞争力都在不断发展进步，但是同美国、日本、德国等世界闻名的传统制造强国仍然存在一定差距，为了进一步缩小这种差距，更好地赶上世界智能化、数字化、绿色化的发展潮流与趋势，中国制造业更要找准方向，在增强综合成本优势、提升科技创新能力、获取更多高级生产要素、完善制造业产业链等方面综合发力。

（一）综合成本优势日益明显

改革开放发展初期，中国制造业的低成本优势主要就集中在劳动密集型产业，中国适龄劳动人口较多、工资水平普遍较低，以较低的劳动力成本优势降低了制造业生产成本，因此销售价格也较低。由于当时中国制造业兼具低成本和低价格的双重优势，很快抓住了国际产业转移和产业分工的优势，深刻融入全球制造业生产体系之中。伴随着改革开放不断深入，经济社会稳定发展，人民的收入水平、消费水平和生活水平逐渐提升，人口红利逐步消失而且各生产要素成本提高，中国原有低成本优势正在逐渐减弱。这时中国劳动力成本优势发生了转移，从中国转向了一些低收入的发展中国家，这时原本集中在中国的劳动密集型制造业也转移向了这些发展中国家。虽然低廉的劳动力使低收入发展国家在劳动密集型产业竞争上有一定优势，但是制造业生产成本与销售价格并不是由这一个因素所决定的，良好的基础设置、完备的产业分工与配套、高素质劳动力和科技水平也是影响生产成本和销售价格的重要因素。因此，中国在劳动密集型制造业上的优势虽然有所减弱，但并没有立刻完全消失。从中国的成本优势和生产要素角度去分析，中国所具备的高素质人才优势、配套设施优势、制造能力优势也是发达国家和发展中国家所不具备的优势，因而原本存在于低端制造业的优势转移到了中高端制造业领域。总体上看，中国制造业要继续在国际上占有重要一席之地，甚至更进一步取得领先优势，未来就要尽可能保持住劳动力、基础设施、科学技术和制造能力等方面的优势，形成更加综合的成本优势，提升中国制造业的发展水平。

（二）科技创新能力显著增强

改革开放初期，我国科学技术水平与世界上拥有先进技术的发达国家存在明显差距，但是伴随着改革开放 40 多年的发展，科学技术也在飞速前进，逐步赶上甚至在一些重要领域赶超一些资本主义发达国家。伴随着科技研发的投入、应用与融合，制造业创新能力不断增强，在通信设备、高铁、发电设备、光伏组件、动力电池等关键领域的技术水平进入世界领先行列，推动制造业在全球价值链向中高端迈进，中国制造业在国际生产与分工中正在发生从"跟跑"向"并跑""领跑"的转变。当前，世界上不时有颠覆性技术涌现、发展、成熟、应用、推广，新技术衍生新产品、催生新产业。在这些前沿技术和颠覆性技术催生出来的新产业和新领域中，世界各国又处于相似的起点且缺少可以借鉴的成功经验，因而在应用场景和产业化实践等方面都存在着高度的不确定性，这就为后发国家抢占产业发展制高点提供了机遇。这就要求我国提升科技创新能力，提升对制造业转型升级的引领力，帮助我国实现"换道超车"。

（三）获取更多高级生产要素

生产要素主要可以分为初级生产要素和高级生产要素，其中初级生产要素主要是指较容易获得的生产要素，包括气候环境、地理位置、自然资源、劳动力等几乎不需要投入或只需要少量投入即可获得的生产要素；高级生产要素主要是指高素质劳动力、教学科研机构、科学技术、基础设施等需要资金技术投入才能获得的生产要素。而以初级要素为发展优势的产业、企业和国家在发展中存在明显的弊端，即初级生产要素容易消失或者被取代，其溢价能力和所获利润十分微弱，产业竞争力也很容易随之消失。而与之相对应的，高级生产素需要通过持续的投资与研发设计获得，获取门槛和成本较高且较难掌握，因而不易被取代，以及能力、产业增加值和产业利润都较高，能够增强企业、产业、国家参与竞争的能力。要实现党的第二个百年奋斗目标，以中国式现代化全面推进中华民族伟大复兴就要实现产业发展从以初级生产要素投入为主转向以高级生产要素投入为主的转变。推进制造业转型升级要重视制造业各个环节价值链的强化，牢牢把握住高端生产要素的研发与生产，增强制造业的竞争优势和价值获取力。

（四）完善制造业产业链

近年来，国际形势越发复杂，制造业面临的发展形势也日益多变。逆全球化思潮、单边主义、保护主义出现并且明显上升，与此同时，各种确定的、不确定的风险性事件时有发生，如新冠疫情、俄乌冲突等，面对如此复杂多变的产业发展环境，各国将产业链的安全性、稳定性与发展韧性被放到了制造业转型升级的突出位置。虽然我国近年来科技创新投入不断增多、科技创新能力显著增强，但是我国制造业发展的关键技术仍然与世界先进水平有一定差距，很多都需要依赖进口，尤其是在核心零部件、先进材料、高端装备、尖端科学仪器等重要装备和核心技术等方面存在瓶颈问题。这就需要我国依靠自身力量实现自主创新，构筑起支撑制造业发展的完整稳定产业链，包括研发机构、生产企业、生产性服务企业、上下游供应商和服务商等。完善制造业产业链是补齐制造业发展短板、提升自主可控水平、推动制造业稳定健康发展的重要环节及未来发展的重要发力点之一。

二、从中国制造向中国创造迈进

我国制造业十多年来连续占据世界第一的地位，近年来制造业发展势头更是一片大好，制造业种类齐全、规模庞大；基础和重点领域创新取得新突破；产业结构优化迈出新步伐；产业链供应链韧性增强，创新能力和发展水平也随之不断提升。

（一）制造业规模庞大，种类齐全

我国工业拥有 41 个大类、207 个中类、666 个小类，是全世界唯一拥有联合国产业分类中所列全部工业门类的国家，有 220 多种工业产品产量居世界第一位[7]。近年来，中国的高铁、5G 等"中国制造"成体系走向世界，发展得越来越好，影响力持续攀升。

中国许多制造业企业都在稳中前进，为制造业转型升级和中国式现代化的实现创造条件。华为携手全球运营商、合作伙伴，加速数字化转型，助力 5G 时代的商业成功。截至 2022 年底，全球 5G 用户超过 10 亿人。华为承建的 5G 网络，体验持续领先。根据华为发布的《华为投资控股有限公司 2022 年年度报告》（见表 3-1 和表 3-2）显示，实现全球销售收入 6423 亿元，同比增长 0.9%，净利润 356 亿元。

表 3-1　华为 2018—2022 年财务概要

年　份	2022 年	2021 年	2020 年	2019 年	2018 年
销售收入/百万元	642338	636807	891368	858833	721202
营业利润/百万元	42216	121412	72501	72835	73287
营业利润率/%	6.6	19.1	8.1	9.1	10.2
净利润/百万元	35562	113718	64649	62656	59345
运营资本/百万元	344938	376923	299061	257638	170864
总资产/百万元	1063804	982971	876854	858661	665792

数据来源：《华为投资控股有限公司 2022 年年度报告》，查询时间 2023 年 9 月。

表 3-2　不同区域华为财政情况

区　域	收入/百万元		同比变动/%
	2022 年	2021 年	
中国	403999	413299	−2.3
欧洲中东非洲	149206	131467	13.5

续表 3-2

区　域	收入/百万元		同比变动/%
	2022 年	2021 年	
亚太	48048	53675	-10.5
美洲	31898	29225	9.1
其他	9187	9141	0.5
总计	642338	636807	0.9

数据来源:《华为投资控股有限公司 2022 年年度报告》, 查询时间 2023 年 9 月。

　　比亚迪是一个以新能源汽车为主要产品的制造业企业, 不仅在国内生产规模和销售规模巨大, 而且在国外也取得日益亮眼的成绩。截至 2023 年 7 月, 1—7 月比亚迪销售新能源汽车 1517798 辆, 同比增长 88.81%, 完成了年度 300 万辆销售目标的一半; 在海外市场销售 92458 辆。比亚迪新能源乘用车已进入日本、德国、澳大利亚、巴西等 53 个国家和地区, 部分车型在海外多个地区取得新能源汽车销售榜第一。比亚迪不仅面向海外地区销售产品, 更积极探索海外市场建厂, 将生产转移向海外, 创造更多附加价值与效益。2022 年 9 月, 比亚迪与 WHA 伟华集团大众有限公司正式签署土地认购、建厂相关协议, 比亚迪全资投建的首个海外乘用车工厂正式在泰国落地。2023 年年初, 比亚迪与巴西巴伊亚州政府共同宣布将在卡马萨里市设立由三座工厂组成的大型生产基地综合体, 分别为一座主营电动客车和卡车底盘的生产工厂、一座新能源乘用车整车生产工厂及一座专门从事磷酸铁锂电池材料的加工工厂, 进一步推动比亚迪的全球化进程[8]。

　　除此之外, 各制造业企业都在稳步前进。山东济南二机床集团与多家新能源车企签订订单; 山西太原“手撕钢”广泛应用于高精尖设备制造; 西藏林芝“复兴号”驰骋雪原; 白鹤滩水电站自主研发的百万千瓦水轮发电机为高端制造业提供充足能源。我国制造业发展的研发设计环节、生产加工环节、品牌服务环节各方面都在持续发力, 共同推进制造业转型升级, 为中国式现代化提供强大物质支撑。

　　(二) 基础和重点领域取得创新突破

　　我国是一个制造业大国, 制造业更是国家经济社会发展的基础产业, 对于整个社会运作起着非常重要的润滑作用。但是长期以来, 基础领域和重点领域创新不足一直是制约我国制造业转型升级的重要因素。近年来, 为了进一步推进制造业高质量发展, 让中国制造在向上生长的过程中“骨骼”更强健、后劲更充足, 制造业基础领域和重点领域不断取得创新突破。

　　成都菲斯特作为国内激光显示光学屏的龙头企业, 成功攻克超大尺寸菲涅尔透镜制造难题, 填补了国内空白, 如今在成都菲斯特的总装车间里, 机械手臂辗转腾挪, 忙得不可开交; 被称为“黑灯工厂”的上海宝钢基地 C008 热镀锌智能车间基本实现了人工智能全覆盖和机械化生产全覆盖，凭借人工智能研判、工业机器人、远程集中控制等多项技术，基本上实现了无人操作、24 小时不开灯作业；在长江边的宝山基地全天候成品码头，无人驾驶车辆在 5G 技术的加持下成为运输主力，综合利用先进技术完成制造业生产、加工、运输等中心环节；2020年底，宝武钢铁集团发布了工业互联网平台，可形成链接 350 多万台设备、14 万家企业、1600 多个工业模型的规模。在基础领域和重点领域创新发展的驱动下，"蛟龙"入海、"嫦娥"探月、"神舟"飞天、"祝融"探火、"羲和"逐日、"天和"遨游星辰、"北斗"组网；大飞机首飞，万米载人深潜器、极地破冰科考船建成交付，5G 网络全球规模最大、5G 终端用户占全球 80% 以上[7]。

《对十三届全国人大五次会议第 2234 号建议的答复》表明，2016 年以来，工业和信息化部联合发展和改革委员会、科学技术部和财政部发布了《制造业创新中心建设工程实施指南》，印发《关于完善国家制造业创新体系推进制造业创新中心建设的指导意见》《省级制造业创新中心升级为国家制造业创新中心条件》《国家制造业创新中心考核评估管理办法（暂行)》《国家制造业创新中心建设领域总体布局（2018 年新增)》等文件，形成了涵盖遴选、升级、评估等各环节的完备政策体系。截至 2022 年 6 月，工业和信息化部已建设了动力电池、增材制造、信息光电子、印刷及柔性显示、机器人、集成电路、智能传感器、轻量化材料成形技术及装备、数字化设计与制造、先进轨道交通装备、智能网联汽车、农机装备、先进功能纤维、稀土功能材料、高性能医疗器械、集成电路特色工艺及封装测试、先进印染技术、5G 中高频器件、玻璃新材料、高端智能化家用电器、智能语音等 21 家国家制造业创新中心，在现代中药、硅基混合集成等领域设立了 2 家国家地方共建创新中心。在工业和信息化部的指导下，各地认定了 223 家省级创新中心。基本形成了以国家制造业创新中心为核心节点，省级制造业创新中心为支撑和补充的创新网络。创新中心充分汇聚创新资源，突出关键共性技术突破，着力解决单个企业难以攻克的短板弱项，打通从基础研究到工程化、产业化的巨大壁垒。

2022 年，量产动力电池单体能量密度达到 300 瓦时/千克，处于国际领先水平。驱动电机的峰值功率密度超过 4.8 千瓦/千克，最高转速达到 1.6 万转/分钟，这些指标表明我们的关键组件部件水平得到了大幅提升。特别是在激光雷达、人工智能芯片、智能座舱等方面，技术也得到了较大突破，达到了国际先进水平。自主品牌新能源乘用车国内市场销售占比达到了 79.9%，同比提升 5.4 个百分点；新能源汽车出口 67.9 万辆，同比增长 1.2 倍[9]。《国务院新闻办举行发布会介绍 2022 年工业和信息化发展情况》表明，全球新能源汽车销量排名前 10的企业集团中我国占了 3 席，动力电池装机量前 10 的企业中我国占 6 席，我们的竞争力和品牌效应逐步显现出来[9]。

通过实施工业互联网创新发展工程，培育较大型工业互联网平台已经超过150家，平台服务的工业企业超过160万家，为数字化转型提供了有力支撑。"5G+工业互联网"在建项目全国已经超过2000个。《人民邮电报》2022年的一篇题为《我国制造业数字化转型加快发展规模以上工业企业关键工序数控化率达55.3%》的报道中指出，截至2021年底，规模以上工业企业关键工序数控化率已经达到55.3%，数字化研发工具普及率达到74.7%。开展网络化协同和服务型制造的企业比例分别达到38.8%和29.6%。

我国制造业逐步实现创新驱动发展，通过基础领域和重点领域创新，解决核心基础零部件及元器件、关键基础软件、关键基础材料、先进基础工艺等基础问题，着力补短板、锻长板、强基础，一次次技术创新取得成功、一批批制造业重大装备实现突破，推动制造业向高端跳跃，逐步实现中国创造。

（三）产业结构优化迈出新步伐

5G专网全覆盖，机器人生产、远程控制无人开采等智能应用，让很多危险作业变得更安全；工业互联网赋能，智能工厂的订单交付率、能源利用率、库存周转率均大幅提升；经过数字化改造，个性化定制、网络化协同、服务化延伸等到制造业，提高了生产效益，推进经济增长；世界首台铸锻铣一体化3D打印数控机床研发成功，谐波减速器、自研控制器、国产智能控制和应用系统实现量产应用；齿轮、紧固件、模具等产业规模位居全球第一；轿车三代轮载轴承单元、海洋平台齿轮齿条升降传动装置等具有自主知识产权的关键零部件实现技术和规模应用的重大突破；先进储能材料、光伏材料、超硬材料等百余种材料产量居世界首位，新材料产业蓬勃发展，产业规模不断壮大[10]。伴随着关键核心技术创新同制造业的融合发展，产业链强链补链逐步增强，新业态在传统制造业企业蓬勃发展，推动传统制造业焕发新活力，重大装备制造业产业取得新突破，核心基础零部件制造产业加速发展，新兴制造业、高端制造业蓬勃发展。

2023年，全年国内生产总值1260582亿元，比上年增长5.2%。其中，第二产业增加值482589亿元，比上年增长4.7%，第二产业增加值占国内生产总值比重为38.3%；全年规模以上工业中，装备制造业增加值比上年增长6.8%，高技术制造业增加值比上年增长2.7%，新能源汽车产量比上年增长30.3%，太阳能电池（光伏电池）产量比上年增长54.0%，服务机器人产量比上年增长23.3%，战略性新兴服务业企业营业收入比上年增长7.7%，制造业技术改造投资比上年增长3.8%[11]。

站在以中国式现代化全面推进中华民族伟大复兴新的历史起点上，要坚定不移地推进制造强国建设，将新一轮科技革命和产业变革的科技成果深刻融入制造业研发设计、生产制造、产品服务各个环节，突出创新应用优势，夯实产业链供应链，做好制造业产业全球布局，把制造业高质量发展与转型升级放到国家发展更加突出的位置上来，抢占发展先机，构筑未来发展战略优势，推动"中国制造"向"中国智造""中国创造"转型升级。

三、制造业转型升级与中国式现代化实现的耦合度

多年来，我们党团结带领全国各族人民通过不懈地奋斗，终于把我国建设成为门类齐全、有独立完整的现代化工业体系的国家，成为世界第一的制造大国。制造业转型升级是一项长期性、复杂性系统工程，推进制造业向智能化、知识化、绿色化、服务化方向发展，需要充分凝聚和调动全体中国人民的力量在创造丰富物质财富的同时创造更多精神财富，为实现中华民族伟大复兴提供精神动力和精神支撑，以满足人民日益增长的美好生活需要，让人民群众共享发展成果，提升国家维护和平发展的能力，这与中国式现代化的主要特征、发展目标、实现要求高度耦合。

（一）调动全体中国人民的创造伟力

马克思主义的唯物史观深刻揭示了"人民群众是历史的创造者"这一科学的社会历史发展规律，而这也表明制造业转型升级并非是某一地区、某一范围、某一领域或者某一群人的事情，而是需要调动广大劳动者、广大中国人民共同为之奋斗的产业。虽然当前制造业的低成本劳动力优势正在减弱，但这不代表制造业的发展不需要劳动力或减少对劳动力的需要，要充分认识到善于从事体力劳动的产业工人、善于从事技能操作的技术职工、善于从事知识生产的知识型人才都是推动制造业转型升级的重要支撑。推进制造业转型升级，必须要充分发挥人民群众的主人翁精神，调动并凝聚全体中国人民的创造伟力、尽自己所能共同参与其中贡献力量。中国式现代化是人口规模巨大的现代化，既是指中国客观存在的14亿多人口，也是指14亿多人口共同参与、共同推进的现代化。中国式现代化的实现需要凝聚广大劳动者的共同力量，制造业转型升级同样如此，并且都对劳动力素质提出了更高要求，因而制造业转型升级同中国式现代化的实现在实现条件和主要特征等方面高度耦合。

（二）满足人民日益增长的美好生活需要

新时代新征程上，中国制造业转型升级具有新的内涵和特征，是坚持改革开放条件下发展的、以社会主义市场经济运行为背景的制造业转型升级，是依靠新技术、完善新体系、构建新格局的制造业。新时代制造业转型升级以实现人民对美好生活的向往为出发点和落脚点，生产出高品质、高水平、标准化、品牌化的产品，完善产品供给。除此之外，制造业转型升级还能够创造大量就业机会，在提高人民收入水平的同时提高劳动者素质，推进人的全面发展。制造业转型升级创造大量物质产品的同时也帮助人民共享发展成果，中国式现代化是全体人民共同富裕的现代化，制造业转型升级助力实现全体人民共同富裕的同时推进中国式现代化的实现。

（三）推进物质文明与精神文明协调发展

正如前文所述，制造业转型升级在创造大量物质财富的同时也能够创造与之相对应的精神财富，这与中国式现代化物质文明和精神文明相协调的主要特征紧密相连。伴随着制造业转型升级，我们逐步形成了"爱国、创业、求实、奉献"的大庆精神、铁人精神；"执着专注、精益求精、一丝不苟、追求卓越"的工匠精神；"爱岗敬业、争创一流、艰苦奋斗、勇于创新、淡泊名利、甘于奉献"的劳模精神；"崇尚劳动、热爱劳动、辛勤劳动、诚实劳动"的劳动精神；"增强爱国情怀、勇于创新、诚信守法、承担社会责任、拓展国际视野"的企业家精神；"自强不息、百折不挠"的奋斗精神，这些都是与物质文明相协调而生的精神文明。

（四）促进人与自然的和谐共生

制造业转型升级的趋势之一就是大力推行绿色生产生活方式，实现绿色制造，重点解决损害群众健康的突出环境问题，持续提高生态环境质量，提供更多优质生态产品，让人民在优美生态环境中有更多的获得感、幸福感、安全感。绿色制造规模逐步扩大，持续开展绿色制造体系建设，可再生能源产业发展迅速，风电、光伏发电等清洁能源设备生产规模居世界第一，节能环保产业质量效益持续提升，形成了覆盖节能、节水、环保、可再生能源等各领域的绿色技术装备制造体系，绿色技术装备和产品供给能力显著增强，绿色装备制造成本持续下降，绿色工厂、绿色园区、绿色供应链、绿色产品评价标准完善，引导企业创新绿色产品设计、使用绿色低碳环保工艺和设备[12]，加快构建绿色产业链供应链。制造业转型升级推动绿色、低碳、环保的实现，和人与自然和谐共生的中国式现代化高度吻合。

（五）提升走和平发展道路的能力

制造业转型升级能够促进和平发展主要有两方面因素：第一，从国内发展角度来看，国防工业是先进制造业，制造业转型升级推动先进国防工业发展、稳固坚实国防力量筑牢。要加快提高国家制造业创新能力，推进信息化与工业化深度融合，增强工业基础能力，大力推动重点领域突破发展，推进制造业结构调整优化，以提升国家制造业整体水平作为重要导向，推动国防工业军民融合深度发展，这也是保持国家安全稳定发展、坚定不移走和平发展道路的重要支撑。第二，从国际角度来看，中国制造业转型升级促进了国际产业分工，为更多发展中国家提供"弯道超车"的机会，为维护世界和平创造更多国际力量，持续推进世界的和平与发展。中国式现代化是走和平发展道路的现代化，这既是指现代化建设要贯彻和平发展理念，又要为世界和平与发展创造条件，两者深刻紧密结合。

参 考 文 献

[1] 郭克莎. 以制造业高质量发展带动经济增长 [N]. 经济参考报, 2022-04-26 (7).

[2] 佘惠敏. 连续 6 年保持两位数增长——我国研发投入何以再创新高 [N]. 经济日报, 2022-09-05 (1, 3).

[3] 孙大卫. 我省成为全国首批数字化转型贯标试点省份 [N]. 辽宁日报, 2023-09-16 (2).

[4] 刘成友, 郝迎灿, 辛阳. 做好"三篇大文章"推动产业转型升级(新时代新征程新伟业·坚定不移推动高质量发展)[N]. 人民日报, 2023-03-27 (4).

[5] 高举中国特色社会主义伟大旗帜为全面建设社会主义现代化国家而团结奋斗——在中国共产党第二十次全国代表大会上的报告 [M]. 北京：人民出版社, 2022.

[6] 李嘉宝. 2023, 全球气候治理重在行动 [N]. 人民日报海外版, 2023-02-02 (6).

[7] 王政. 制造业正从中国制造向中国创造迈进 [N]. 人民日报, 2022-03-21 (1).

[8] 李昱丞. 比亚迪前 7 个月新能源车销量同比增 88.81% 出海进一步提速 [N]. 证券日报, 2023-08-02 (B3).

[9] 曹雅丽. 工信部：多措并举推动新能源汽车产业发展 [N]. 中国工业报, 2023-01-20 (A4).

[10] 王政, 韩鑫. 强链补链　数字转型 [N]. 人民日报, 2022-03-21 (7).

[11] 中华人民共和国 2023 年国民经济和社会发展统计公报 [N]. 人民日报, 2024-02-29 (10).

[12] 李曼. 赓续绿色发展, 建设美丽中国 [J]. 科技创新与品牌, 2023 (3)：40-43.

第四章　我国制造业转型升级之路

新中国成立以后，中国共产党带领广大人民群众在"一穷二白"的状态下开始对社会主义建设道路进行探索，经过艰苦卓绝的奋斗逐步建立起独立的、比较完善的工业体系，探索出了中国工业化道路。伴随着中国工业化建设的发展，中国式现代化建设的进程也在前进，制造业转型升级也在曲折中不断发展。深入分析我国制造业转型升级的历史沿革、发展现状、面临的挑战与机遇，对于促进制造业转型升级，进而完成以中国式现代化全面推进中华民族伟大复兴的中心任务有着重要的现实意义。

第一节　我国制造业转型升级的历史沿革

我国制造业转型升级主要经历了五个主要阶段，分别是改革开放前重工业化阶段，改革开放初期全面调整阶段，制造业装备现代化与工业结构协调化、高度化阶段，工业化与城市化相互促进阶段，信息化与工业化深度融合阶段。在制造业转型升级的深入发展之中，制造业具备了较强综合实力、自主创新能力，战略性新兴工业产业得到全面发展，成为国民经济的重要支撑，为中国式现代化发展奠定了重要物质技术基础。

一、我国制造业结构升级的发展之路

深刻分析我国制造业转型升级的不同阶段和特点，深刻总结我国制造业转型升级过程中所取得的成功经验，这为新时代我国现代化建设中制造业的转型升级提供有益借鉴。

（一）改革开放前重工业化阶段（1952—1978 年）

新中国成立以后，经过几年的恢复建设，逐渐进入计划经济时代，开始了全面工业化建设阶段。从 1953 年开始，中国开始模仿苏联的工业化模式，将工业化建设的重点放在了重工业方面。"一五"时期，钢铁、煤炭、电力、石油、机械制造、军事工业、有色金属和基本化学工业等重工业部门上马了一大批重点项目；"二五"计划再次提出优先发展重工业，实行以钢为纲、全面跃进的方针；除了国民经济调整时期以外，计划经济时期中国重工业发展速度快于轻工业。1952 年，中国重工业占工业总产值的比重为 35.5%，1958 年达到 53.5%，1978

年上升到 57.3%。优先发展重工业的工业化战略决定了由政府集中资源、按计划方式配置资源的经济管理方式和高度集中、封闭的计划经济体制。同时，制造业内部也出现了"重工业太重、轻工业太轻"的畸形产业结构。

（二）改革开放初期全面调整阶段（1979—1988 年）

1978 年开始，中央对国民经济进行全面调整，重工业发展速度相对放慢并调整了发展方向，关停并转了一批消耗高、质量差、长期亏损的企业；同时，优先发展轻工业，大力发展消费品工业。经过一段时间的调整，工业内部结构得到优化，轻工业内部的比例关系也得到改善。从反映重工业化进程的霍夫曼比例来看，按工业总产值计算，1978 年的霍夫曼比例为 0.76，1988 年上升为 0.97；按工业净产值计算，1978 年的霍夫曼比例为 0.63，1988 年上升至 0.81。

改革开放以后，随着国家政策的不断放开和沿海地区开放程度的逐渐提高，民营企业、乡镇企业快速发展，各类工业园区大量出现，中国制造业迅速崛起。同时，包括产品市场和要素市场在内的市场体系逐步发展，宏观经济管理体制改革也开始起步，价格机制对生产和供给的调节逐步发挥作用，制造业生产结构逐步适应消费和需求的变化，消费品工业的快速发展，有力推动了中国以轻工业为主的加工制造业发展进程。较低的劳动力、土地、资源、原材料和环境成本及巨大的中国市场，吸引了大批国外制造企业进入中国，外资、合资和合作企业大量出现。民营企业、外资企业等非公有制企业的快速发展，推动了制造业内部结构调整和转型升级，价格低廉的中国制造业产品开始走出国门，"中国制造"在全球的份额逐年提升。

（三）制造业装备现代化与工业结构协调化、高度化阶段（1989—2000 年）

1989—1991 年，三年治理整顿期间，中央颁布了一系列推动工业结构调整的政策，加强基础工业发展，推动制造业装备现代化，中国工业化发展进入了以协调化和高度化为方向的结构调整阶段。尤其是 1992 年邓小平南方谈话和党的十四大之后，经济体制改革步伐加快，市场机制对工业结构调整的引导作用逐步增强，社会主义市场经济体制初步建成，制造业朝着高度化方向发展。与此同时，外资大量涌入，中国成为国际制造业生产外包和代工基地，国有工业部门的产出比重持续下降，非国有工业部门和外资企业迅速发展壮大。1993 年以后，外资加快了进入中国市场的步伐，外资工业在制造业中的比重迅速提升，1998 年在原料工业中的比重达到 10.2%，在轻工业中的比重达到 37.5%，在重工业中的比重达到 27%，在客观上加快了中国制造业高加工度化的进程。

这一时期内，固定资产投资主要投向基础工业、基础设施和高新技术企业，加快了加工工业技术改造步伐，推动制造业装备现代化，规模经济逐步形成，生产效率大幅提升。外资企业不仅拥有较好的设备、较高的技术、较为先进的管理，而且在加工工业中相对集中于技术密集型的产业和深加工工业，在一定程度上推动了中国制造业中技术密集型产业的发展和产业结构升级。

（四）工业化与城市化相互促进阶段（2001—2010 年）

进入 21 世纪以后，扩大内需的宏观调控政策开始显现效果，2002 年开始中国经济进入新一轮快速增长周期。2001—2010 年，中国工业增加值年均增长 11.2%，工业增长构成以重化工业高速增长为主导。钢铁、建材、机械、有色金属、化工等重化工业快速发展，重化工业的比重在工业总产值中的比重又开始逐年上升，从 1999 年的 58.1% 上升到 2006 年的 69.5%。中国开始进入新一轮重化工业发展阶段。与改革开放以前的重化工业快速发展不同的是，这一轮重化工业的快速增长是由住宅、汽车、电子通信和基础设施建设等行业拉动的，城市化和消费结构升级成为工业结构变动的主要动力。这一时期内，中国城市化加速发展，城市化率年均上升 1.4 个百分点，比 1978—1998 年期间年均上升 0.7 个百分点，高了近一倍。大型城市积极推进旧城改造、轨道交通、城市道路和城市公用事业建设，中小型城市也在大力扩充城市功能，改善城市居住环境，全国范围的城市建设促进了城市就业和人口的增加。住宅、汽车、消费类电子产业为主导的与城市化紧密相关的产业进入加速增长阶段，带动中国进入到一个以消费结构升级带动产业结构升级、以城市化推动工业化的发展阶段。

2001 年底中国成功加入 WTO，中国制造业呈现出"两头在外、大进大出"的增长模式，开始迅速融入全球经济，出口大幅增长，外商直接投资成倍增加，制造业增加值和规模快速增长，"中国制造"风靡世界，中国成为"世界工厂"。

中国主要工业产品产量在全球排名迅速上升，主要工业产品产量很快跃居世界第一。与此同时，中央对国有经济布局和结构进行战略性调整，按照"有进有退、有所为有所不为"的原则，逐步收缩国有经济战线，提高国有资本利用效率和整体竞争力。这一时期，国有经济改革成效显著，国有企业经济效益持续增长，国有企业实现利润由 1998 年的 213.7 亿元提高到 2003 年的 4951.2 亿元。

（五）信息化与工业化深度融合阶段（2011 年以来）

新工业革命风起云涌，新一代信息技术快速发展，对制造业发展提出了新的要求。为了应对新工业革命挑战和发达国家"再工业化"带来的冲击，中国制定并实施了"制造强国"战略。国家推出"制造强国"战略的主要目的是，通过促进工业化与信息化的深度融合，加快制造业转型升级和结构优化，推动中国从"制造业大国"向"制造业强国"迈进，实现由中国制造向中国创造、中国速度向中国质量、中国产品向中国品牌三大转变，让高端化、智能化、绿色化和服务化发展成为中国制造业发展方向，让信息化与工业化深度融合成为中国走新型工业化道路、构建现代化产业体系的重要手段和途径。

这一时期，国家重点发展战略性新兴产业，加快发展先进制造业和生产性服务业，制造业高端化和服务化趋势明显。实施"制造强国"和高端装备创新发展工程，落实重大技术装备国产化依托工程，实现一批重大装备的工程化、产业化应用。积极协调产业政策与竞争政策之间的关系，发挥产业政策促进竞争功能，支持新一代信息技术、新材料、新能源汽车、生物技术、虚拟现实、人工智能等新兴产业发展壮大。加快新技术商业化应用推广，积极培育新兴市场，推广新型制造模式，推动生产方式向柔性、智能、精细化转变。全面推行绿色制造，构建高效、清洁、低碳、循环的绿色制造体系。

二、我国制造业取得的伟大成就

我国制造业在转型升级过程中取得了众多的伟大成就，为我国经济社会的发展进步打下非常重要的基础。党的十八大以来，我国坚定不移推进制造业强国建设，积极做强做优做大制造业，时至今日，我国已经成为世界第一的制造业大国。

（一）具备较强综合实力

改革开放以来，通过所有制改革、投资体制改革、完善市场体系和价格形成机制、打破垄断等一系列配套措施，工业经济活力得以加强，中国工业快速发展，工业竞争力和技术水平不断提高，经营效益明显改善，规模迅速扩大。《从十六大到十八大经济社会发展成就系列报告之八》指出，"2010 年，我国制造业产出占世界的比重为 19.8%，超过美国成为全球制造业第一大国"。《解读中国制造 2025：已成世界制造业第一大国》表示，"2013 年，我国制造业产出占世界比重达到 20.8%，连续 4 年保持世界第一大国地位。在 500 余种主要工业产品中，我国有 220 多种产量位居世界第一。"

2014 年，我国共有 100 家企业入选"财富世界 500 强"，比 2008 年增加 65 家，其中制造业企业 56 家（不含港澳台），连续两年成为世界 500 强企业数仅次于美国（130 多家）的第二大国。其后，中国一直保持世界第一制造业大国地位，2016 年中国制造业产值占全球的比重达到 22%。按当年价格计算，2016 年工业增加值是 1978 年的 100 多倍，增速长期保持在 10% 以上，工业增加值占国内生产总值比重维持在 30%~40%。2018 年，我国的制造业增加值占全世界的份额达到了 28% 以上，成为驱动全球工业增长的重要引擎。

我国制造业的综合实力具体表现主要有以下几个方面：

（1）技术创新力。技术创新力是我国制造业综合实力的重要组成部分。近年来，我国制造业在技术创新方面取得了显著进展。企业不断加大研发投入，引进和培养创新人才，推动产学研用协同创新，加快技术成果转化。一些领域如新能源、新材料、高端装备制造等领域取得重要突破，涌现出一批具有国际竞争力的创新型企业。

（2）产品附加值。产品附加值是衡量制造业综合实力的重要指标。我国制造业在提高产品附加值方面取得了显著成果。通过加强研发、提高技术水平和产品设计能力，推动产品向高端、高附加值方向发展。同时，企业不断加强品牌建设和市场推广，提高产品知名度和美誉度，从而增加消费者对高附加值产品的认可和需求。

（3）品牌影响力。品牌影响力是制造业综合实力的重要体现。我国制造业企业在品牌建设方面不断加大投入，注重品牌传播和市场推广，提高品牌知名度和美誉度。一些具有较强品牌影响力的企业已经进入国际市场，参与全球竞争。此外，企业还通过加强质量管理、提高服务水平等措施，不断提升品牌价值和影响力。

（4）产业集中度。产业集中度是反映制造业综合实力的重要指标之一。我国制造业在产业集中方面取得了一定进展。通过企业重组、兼并收购等方式，一批具有规模效应的企业逐渐成为行业主导力量，推动产业向集约化、专业化方向发展。同时，政府也出台了一系列政策措施，鼓励企业通过整合资源、优化结构等方式提高产业集中度。

（5）产品质量。产品质量是制造业综合实力的重要体现。我国制造业在产品质量方面不断加强管理和控制，提高产品质量水平。企业通过引进先进的质量管理体系、加强质量管理人才培养等方式，提高质量管理水平和能力。同时，政府也加大了质量监管和执法力度，保障消费者权益，促进产品质量提升。

（6）生产效率。生产效率是衡量制造业综合实力的重要指标之一。我国制造业在生产效率提升方面取得了一定进展。通过引进和推广先进生产技术和管理模式，提高自动化、智能化生产水平，降低生产成本，提高生产效率。此外，政府也出台了一系列政策措施，鼓励企业加强技术创新和管理创新，提高生产效率。

（7）能源效率。能源效率是衡量制造业综合实力的重要指标之一。我国制造业在提高能源效率方面取得了一定进展。通过推广节能技术、实施能源管理、开展能源审计等方式，降低能源消耗和碳排放，提高能源利用效率。同时，政府也出台了一系列政策措施，鼓励企业采用清洁能源和节能技术，提高能源效率。

（8）环境保护。环境保护是制造业综合实力的重要组成部分。我国制造业在环境保护方面取得了一定进展。通过推广绿色制造技术、开展环保治理、实施环保法规等方式，减少对环境的污染和破坏。同时，政府也出台了一系列环保政策和措施，鼓励企业加强环保投入和技术创新，推动制造业向绿色、可持续发展方向转型。

（9）供应链管理能力。供应链管理能力是反映制造业综合实力的重要指标之一。我国制造业在供应链管理方面取得了一定进展。通过加强供应链协同管理、优化供应链资源配置等方式，提高供应链效率和灵活性。同时，政府也出台了一系列政策措施，鼓励企业加强供应链管理和创新，提高供应链的稳定性和可持续性。

综上所述，我国制造业在技术创新力、产品附加值、品牌影响力、产业集中度、产品质量、生产效率、能源效率、环境保护和供应链管理能力等方面取得了一定进展，综合实力不断提升。然而，仍存在一些问题和挑战，如技术创新能力和品牌影响力相对较弱、产业集中度和环保水平有待提高等。为了进一步提升我国制造业的综合实力，需要继续加强技术创新和品牌建设，推动产业升级和环保治理，提高生产效率和能源效率等。同时，政府也需要出台更加优惠的政策和措施，为企业提供更好的发展环境和支持。

（二）国民经济的重要支撑

从国内看，中国工业增加值占 GDP 的比重由 1952 年的 17.6%提高到 2022年的 33.2%，实现了由小到大的转变。国际对比方面，中国制造业占全球的比重从 1990 年的 2.7%提高到 2021 年的 27%，增速显著。在未来很长一段时间内，制造业仍然是国民经济发展的重要支撑，是中国经济发展的基石和支撑。

在我国经济结构中，制造业占据了重要位置。制造业不仅是国家经济增长的主要动力，也是国家财政收入的重要来源。制造业的发展不仅拉动了相关产业的发展，也提供了大量的就业机会。同时，制造业的进步也推动了我国科技创新和自主研发能力的提升，进一步增强了我国在全球市场上的竞争力。

随着制造业的快速发展，其对国民经济的贡献也日益突出。一方面，制造业的迅猛发展推动了国内生产总值的快速增长，使得我国经济实现了持续高速的发展。另一方面，制造业的发展也提高了人民的生活水平。大量的制造业产品不仅满足了国内需求，也走出国门，提高了国家的出口创汇能力。

我国制造业已经成为国民经济发展的重要支撑。尽管在发展过程中还存在一些问题和挑战，但随着国家政策的支持和制造业自身的转型升级，我国制造业将会在未来发挥更大的作用，为国民经济的发展贡献更大的力量。

（三）自主创新能力显著增强

改革开放以来，中国的制造业经历了飞速地发展，已经成为全球最大的制造业国家之一。在这段时间里，中国的制造业自主创新能力也得到了显著增强。部分关键领域技术水平位居世界前列。载人航天、探月工程、载人深潜、新支线飞机、大型液化天然气船（LNG）、高速轨道交通等领域的技术取得突破性进展，特高压输变电设备、百万吨乙烯成套装备、风力发电设备、千万亿次超级计算机等装备产品技术水平已跃居世界前列。

（1）发明专利数量增长。随着中国制造业的不断发展，专利申请数量也在逐年增长。根据国家知识产权局的数据，中国在 2019 年申请的专利数量已经超过了美国，成为世界上专利申请数量最多的国家。其中，发明专利的申请数量也在逐年增长，这表明中国的制造业正在不断进行技术研发和创新。

（2）参与国际标准制定。中国制造业在参与国际标准制定方面的能力也在不断增强。随着中国制造业的不断发展，越来越多的中国企业开始参与国际标准制定，为中国的制造业在国际市场上争取更多的权益。在某些领域，中国已经成为国际标准制定的主导者，例如5G技术、高铁等。

（3）新产品研发速度加快。随着中国制造业技术水平的不断提高，新产品的研发速度也在加快。中国企业在研发上的投入不断增加，同时也积极引进国外先进技术，加快了新产品的研发速度。在某些领域，中国已经走在了世界的前列，例如中国的高铁、无人机等产品已经成为全球领先的品牌。

（4）信息技术应用提升。随着信息技术的不断发展，中国的制造业也在不断提升信息技术应用。中国制造业在自动化、数字化、智能化等方面的发展速度已经超过了某些发达国家，例如中国的工业互联网、智能制造等领域已经成为全球领先的平台。

（5）产品质量提高。随着中国制造业技术水平的不断提高，产品质量也在不断提高。中国制造业已经开始注重品质管理，加强了质量监管和技术改造，提高了产品质量和竞争力。同时，中国也加大了对不合格产品的打击力度，保障了消费者的权益。

（6）品牌意识增强。随着中国制造业的不断发展，品牌意识也在不断增强。中国企业开始注重品牌建设和品牌推广，努力提升品牌知名度和美誉度。同时，中国政府也加大了对假冒伪劣产品的打击力度，保护了品牌权益。

（7）人才培养体系完善。中国的制造业自主创新能力的增强还与人才培养体系的完善密不可分。中国政府和企业加大了对人才培养的投入，建立了一整套完善的人才培养体系，培养了大量的高素质人才，为制造业的创新和发展提供了强有力的人才支持。

中国的制造业自主创新能力在过去几十年里得到了显著增强，这是中国制造业发展壮大的关键因素之一。未来，随着中国制造业技术水平的不断提高和人才培养体系的不断完善，中国的制造业将会在国际市场上更具有竞争力，为全球的经济发展做出更大的贡献。

（四）战略性新兴工业产业全面发展

党的二十大报告中明确指出，推动战略性新兴产业融合集群发展。随后，习近平总书记首次提出"新质生产力"一词，将生产力发展的焦点汇聚于战略性新兴产业和未来产业。经过十余年的快速发展，新一代信息技术、人工智能、生物技术、新能源、新材料、高端装备、绿色环保等成为新的增长引擎。截至2023年9月，战略性新兴产业企业总数已突破200万家。

新能源产业风生水起，2023 年以来，以电动载人汽车、锂离子蓄电池、太阳能电池为代表的"新三样"产品增势迅猛，前三季度合计出口同比增长 41.7%。新能源汽车产销表现抢眼，2023 年 11 月，我国新能源汽车产销首次双双突破百万辆，产量为 107.4 万辆，销量为 102.6 万辆，同比增幅分别为 39.2% 和 30%。2023 年 1 月至 9 月，新材料产业总产值超过 5 万亿元，新材料规上企业超过 2 万家。

在 2022 年举办的"大力发展高端装备制造业"发布会上，工业和信息化部有关负责人指出，中国装备工业在过去十年取得了显著的发展成就，特别是在战略性新兴产业方面，全面推动了产业规模、产业结构、产业配套体系的发展，满足了国内重点行业的需求。

从数据上看，2012—2021 年，装备工业增加值年均增长 8.2%。至 2021 年底，装备工业规模以上企业达 10.51 万家，资产总额、营业收入、利润总额分别达到 28.83 万亿元、26.47 万亿元和 1.57 万亿元，比 2012 年增长 92.97%、47.76%、28.84%[1]。这些数字背后反映了中国装备工业的迅猛发展和巨大潜力。在国产高档数控系统和数控刀具方面，市场占有率也取得了显著提高，分别达到 31.9% 和 45%，彰显了中国在高端装备制造领域的竞争力和实力。

飞机结构件生产装备、汽车冲压生产线、发电设备制造等领域也都取得了可喜的成绩，实现了由进口为主到走向出口的转变，为中国装备工业的国际化发展奠定了坚实的基础。

此外，机器人产业也是战略性新兴产业发展的一大亮点，2021 年全行业营业收入超过 1300 亿元，工业机器人产量达 36.6 万台，比 2015 年增长了 10 倍，稳居全球第一大工业机器人市场[2]。制造业机器人密度更是达到每万人超 300 台，比 2012 年增长约 13 倍，为中国制造业的智能化升级提供了强大的支持。2023 年，工业领域的制造业机器人密度达到每万名工人 392 台，工业机器人应用领域覆盖了 65 个行业大类 206 个行业中类，在卫浴、陶瓷、五金、家具等传统产业应用更加广泛，在新能源汽车、锂电池、光伏等新型行业应用加速涌现，机器人应用的深度和广度已大幅拓展。

2023 年，光伏组件、风力发电机等清洁能源装备关键零部件占全球市场份额达到 70%；人工智能核心产业规模超 5000 亿元，建成数字化车间和智能工厂 2500 多个；高温超导带材支撑世界首条 35 千伏公里级超导输电示范工程满负荷运行。

总的来说，战略性新兴产业的全面发展方面取得了显著成就，不断推动产业结构升级、技术创新和国际竞争力提升，为制造业转型升级布局新赛道、激发新动能。

第二节　我国制造业转型升级面临的挑战

制造业是我国经济发展的重要基石，特别是在新常态、新格局、新形势之下，面临各种确定和不确定的风险与考验的重要时刻，制造业成为中国发展的重要支撑。当前，国际的经济形势和政治格局发生着深刻变化，国内也面临着改革发展稳定的任务与要求，使得制造业转型升级面临的约束与挑战增多。

一、国际经济环境复杂

当前，世界正处于百年未有之大变局之中，国际力量深刻调整，尤其是近年来新冠疫情全球大流行，世界进入明显的动荡变革期，这种动荡变革成为我国制造业转型升级面临的严峻挑战之一。

（一）全球经济下行压力

2024 年 1 月，《经济日报》发布文章《增长分化趋势日益明显——2024 年世界经济形势展望（上）》对 2024 年国际经济形势进行预测：2024 年，世界经济仍将处于恢复期，总体趋势是发展有所放缓，预计上半年将持续低迷，下半年有所改善，2025 年逐步恢复正常，增长速度将恢复到接近趋势的水平[3]。2024 年，通胀压力将逐步缓解，全球贸易增速将进一步回升，货币政策走势将继续分化。

（二）发达国家"再工业化"战略的影响

20 世纪 70 年代以后，发达国家为了发挥服务业优势、提高经济国际竞争力，开始片面追求经济服务化、实施"去工业化"发展战略，逐渐导致产业空心化。进入 21 世纪以后，新工业革命风起云涌，以"金砖国家"为代表的新兴经济体的制造业迅速崛起，发达国家产业空心化带来的弊端开始显现，债务赤字、金融危机、经济衰退、失业加剧等现象先后出现，发达国家开始反思产业发展战略，先后出台一系列战略、计划和政策，推动制造业回流。"制造业回流"并不是简单地重新回到工业化时代，而是通过研发创新和品牌经营更深地控制制造业价值链，推动制造业产业革命，在更高形态上增强制造业国际竞争力。部分国家"再工业化"战略要点见表 4-1。

表 4-1　部分国家"再工业化"战略要点

发布时间	战略名称	主要内容	战略目标
2009 年	重振美国制造业框架	制定了提升美国工人技能、投资技术创新及商业活动、加强对新能源及基础设施建设等在内的七大战略举措	促进美国先进制造业的发展
2010 年	美国制造业促进法案	降低制造业企业在进口原材料所需支付的关税，降低美国制造业的生产成本	加快美国制造业的复苏

发布时间	战略名称	主要内容	战略目标
2011 年	美国先进制造业伙伴关系计划	创造高品质制造业工作机会以及对新兴技术进行投资	提高美国制造业全球竞争力
2012 年	美国先进制造业国家战略计划	围绕中小企业、劳动力、伙伴关系、联邦投资以及研发投资等提出五大目标和具体建议	促进美国先进制造业的发展
2013 年	美国制造业创新网络计划	计划建设由 45 个制造创新中心和一个协调性网络；构建全国性创新网络，专注研究 3D 打印等有潜在革命性影响的关键制造技术	打造成世界先进技术和服务的区域中心，持续关注制造业技术创新，并将技术转化为面向市场的生产制造
2010 年	欧洲 2020 战略	实施智慧、可持续、包容性增长等七大政策	推动实施再工业化
2013 年	德国工业 4.0 战略实施建议	建设一个网络：信息物理系统网络；研究两大主题：智能工厂和智能生产；实现三项集成：横向集成、纵向集成与端对端的集成；实施八项保障计划	通过信息网络与物理生产系统的融合来改变当前的工业生产与服务模式；使德国成为先进智能制造技术的创造者和供应者
2014 年	日本制造业白皮书	重点发展机器人、下一代清洁能源汽车、再生医疗以及 3D 打印技术	重振国内制造业，复苏日本经济
2015 年	英国制造业 2050	推进服务+再制造（以生产为中心的价值链）；致力于更快速、更敏锐地响应消费者需求，把握新的市场机遇，可持续发展，加大力度培养高素质劳动力	重振英国制造业，提升国际竞争力
2013 年	"新工业法国"战略	解决能源、数字革命和经济生活三大问题，确定 34 个优先发展的工业项目，如新一代高速列车、电动汽车、节能建筑、智能纺织等	通过创新重塑工业实力，使法国处于全球工业竞争力第一梯队

从影响方面看，美国"再工业化"对中国制造业转型升级的影响：无论在制造业技术密集度方面还是在制造业与服务业融合的方面，中国与美国都存在相当大的差距，美国"再工业化"的经验、政策与做法可以为中国制造业产业升级、提升国际竞争力提供可借鉴的路径。美国"再工业化"主要从加强贸易保护、增加吸引资金和高端技术难度、降低我国制造业成本竞争力三个方面产生不利影响。美国重点支持的产业与我国计划发展的战略性新兴产业有较大重叠，因此两国在产品和能源市场上的竞争将日趋激烈，而这将为我国制造业发展增加很多不确定性因素。另外，美国战略会使我国对外贸易难度加大、摩擦加剧，还可能在先进制造业方面受到美国的技术封锁。美国再工业化战略也具有明显的层级

性发展特点，是对美国乃至全球制造业产业结构的重构，而这也对我国制造业发展形成了上下夹击态势，需要谨慎应对。美国"再工业化"战略以数字制造技术和新能源技术等高新技术为依托，发展先进制造和新兴产业，并不是传统工业的简单复苏和回归，实质上是一场产业革命。对中国而言，不仅影响了中美两国的贸易状况，更为重要的是会进一步拉大中美技术差距，对中国制造业创新转型等方面产生影响。但是在看到"再工业化"带来负面影响的同时，还必须看到"再工业化"战略给我国产业发展带来的新机遇和发展契机，例如，有利于我国进一步承接国际产业转移，加快我国产品出口结构的调整步伐。"再工业化"会对我国高新技术产业、战略性新兴产业产生较大冲击，但就"走出去"而言，"再工业化"也为我国加大对美投资，直接到发达市场与先进技术进行竞争，学习发达国家先进技术和商务模式提供了有效途径。

欧洲国家"再工业化"对我国制造业转型升级的影响：一方面，中德制造业合作新发展有助于中国制造业汲取德国"工业4.0"的养分。另一方面，欧盟再工业化的方向为中国提供了借鉴。如欧洲国家在制造业发展中强调绿色生产和低碳技术的应用，致力于减少对环境的影响；注重科技创新和高端制造，大力支持科研机构和高等教育机构，鼓励企业加大对技术创新的投入，推动了制造业向高端、智能化方向发展；同时欧洲国家注重培育相关产业链，加强产业协同发展，形成了完善的供应链和价值链体系。这为我国制造业的产业升级提供了有益的借鉴，促使我国加强产业间的协同合作，构建完善的产业生态圈。

日本和韩国"再工业化"对我国制造业转型升级的影响：日韩在"再工业化"战略实施过程中，为了增强制造业竞争力，增加制造业所占比重，必然会加大国内资本投资力度，加大外资吸引力度，加大贸易保护力度，加速抢占未来科技信息制高点等，这可能对其他国家制造业的发展带来不利影响。第一，不利于我国针对日韩企业招商引资。日韩作为经济发达国家，对外投资能力一直较强，实施"再工业化"战略后，为了促进对外投资回流，必然会加大对外投资限制，增加国内投资优惠条件，因此其他国家吸引日韩投资的难度将加大。第二，不利于我国对日韩扩大出口。随着日韩"再工业化"战略实施，日韩制造业国内所占比重日益增加，国内产品将越来越多通过国内生产得到满足，同时为了增加本国制造业竞争力，贸易保护力度将进一步加强，其他国家对日韩产品出口将更加困难。第三，周边发展中国家容易被低端锁定。受到日韩"再工业化"战略影响，周边发展中国家与日韩逐渐由产业优势互补关系更多地向产业竞争关系转变，日韩具备较为发达的工业和信息技术基础优势，相对而言，周边发展中国家竞争劣势明显。因此，在日韩"再工业化"的战略过程中，周边发展中国家如果不能抢抓制造业转型升级机遇，容易被进一步低端锁定，最终对周边发展中国家的整体工业产生不利影响。

（三）中美贸易摩擦

1. 中美贸易摩擦的发展过程

2017 年 3 月，特朗普就任美国总统后不久就签署了行政命令，要求审查美国的贸易逆差及其原因，并开始就减少贸易逆差与中国开始谈判。在经过 100 天的贸易谈判之后，中美双方未能就减少美国对华赤字的新举措达成共识，2017 年 8 月，特朗普签署行政备忘录，授权美国贸易代表审查所谓的"中国贸易行为"，并正式对中国发起"301 调查"。2018 年 3 月，特朗普决定对所有来源的进口钢铁和铝产品全面征税，税率分别为 25% 和 10%；宣布对从中国进口的 600 亿美元商品加征关税，并限制中国企业对美投资并购，中美贸易摩擦逐渐升级。2018 年 4 月，美国商务部对中兴通讯实施制裁禁令，禁止所有美国企业在 7 年内与其开展任何业务往来，中兴通讯公司主要经营活动已无法进行。2018 年 9 月，美国正式对 2000 亿美元的中国进口商品征收 10% 的关税；2019 年 5 月，美国对 2000 亿美元中国输美商品加征的关税正式从 10% 上调至 25%；2019 年 6 月，特朗普继续威胁对 3250 亿美元中国输美商品加征 25% 关税。截至 2019 年底，中美之间共举行了十二轮中美经贸高级别磋商，但未能就解决中美贸易摩擦达成协议。

拜登政府上台后，对华遏制政策变本加厉：第一，通过制裁和封锁等手段，锁死中国科技进步和产业升级的空间，或者至少在这方面增加中国所面临的困难和阻力；第二，通过"贸易战""友岸外包""精准脱钩"等手段，打击中国在全球产业链、供应链中的优势地位和竞争力，此举既是为了削弱中国经济的发展动能，也是为了在极端条件下对中国发起极限制裁做准备；第三，通过强化与日本、韩国、澳大利亚、菲律宾等中国周边国家的军事同盟关系，并在我国台湾问题上持续挑衅，恶化中国的战略和安全环境，在恶心中国、骚扰中国的同时，分散中国的外交和战略资源。

2. 中美贸易摩擦对中国制造业的影响

一是中国制造业产品的对美出口出现波动。2019 年上半年，中国工业制成品对美出口额下降 8% 左右，但 2021 年以来机电产品出口量有所回升。第一大类（动物产品）、第五大类（矿产品）行业出口额呈现下降趋势，其他行业出口规模不断扩大。第十六大类（机器、机械器具、电气设备及其零件；录音机及放声机、电视图像、声音的录制和重放设备及其零件、附件）为我国向美国主要出口的产品，其出口规模不断扩大，年平均增长率为 5.3%；第二、第三名分别为第二十大类（杂项制品）和第十一大类（纺织原料及纺织制品）。虽然部分工业产品对美出口量目前未有大的变化，但随着贸易战升级，不确定性风险加剧的可能性存在。同时，中国从美国进口占比波动也较大。2020 年后，美国自中国的进口额占比有所下降，到 2022 年下降到了 16.38%。从贸易规模来看，2022 年达5368 亿美元，较上年有所增长。总体来看，中美贸易规模扩大，美国自中国进口额占比下降。我国制造业需要加大国际市场开拓力度，寻求替代美国市场的其他新兴市场。

二是美国在贸易摩擦中不遗余力打压中国制造业，将影响中国制造业的转型升级进程。美国力图将中国制造业锁定在全球价值链中低端环节，阻止中国发展飞机制造、电动汽车、机器人、计算机微芯片和人工智能等战略性新兴产业。

三是部分制造业企业将转移到东南亚国家。世界制造业市场目前正处于第五轮的国际产业转移进程中，有不少附加值低的劳动密集型产业从中国境内转向包括越南、孟加拉国在内的东南亚国家。苹果在 2018 年中就已经将大量生产线迁往越南，在 2023 年初又公布出将一些生产线迁往印度。国内一些钢铁企业，例如德龙控股旗下德信集团、河北武安钢铁、山西建龙集团、中钢集团等公司。当然，除了这些钢铁行业，搬出国内的代工厂也不少，比如立讯精密、仁宝、蓝思科技等。可见，中国制造业面临的国际竞争将更趋激烈。由于美国对中国输美产品加征高额关税，部分在华制造业企业会逐步将生产车间转移到东南亚国家，这将对中国制造业形成出口压力。

四是美国进一步限制对中国的敏感技术投资和转让，将对中国制造业技术创新产生不利影响。2023 年 7 月 26 日，美国参议院以 91 票赞成、6 票反对通过了年度国防政策法案中的一项附加措施——《对外投资透明度法案》的一个版本。这项附加措施要求美国企业在对中国和其他特定国家进行科技投资前，必须先向美国财政部进行通报。在进行投资前 14 天及担保交易后 14 天，这些美国企业也要通知美国财政部。据悉，该附加措施所涵盖的投资范围包括半导体、人工智能，以及高超声速和卫星通信等高科技技术领域。在禁止高新技术对华出口的同时，美国还不顾国际道义和基本规则，悍然制裁中国制造业企业，企图阻碍中国高新技术产业发展。2023 年 6 月 12 日，美国商务部工业与安全局（BIS）在《联邦公报》网站上公布了一份定于 6 月 14 日正式生效的"实体清单"更新，准备将 43 个实体添加到出口管制的"实体清单"当中。其中，有 31 家实体的总部在中国，包括多家航空相关企业以及隶属于上海超级计算中心的上海超算科技有限公司。美国商务部指控称，这些公司涉及对美国的国家安全构成威胁。美国商务部指控称，这些公司涉及对美国的国家安全构成威胁。据统计，自特朗普执政以来，美国政府以各种理由，将超过 600 家中国企业、机构列入了"实体清单"，其中半导体、人工智能、高性能计算、航空航天、货物/技术进出口等领域则是美国打击的重点领域。这将影响中国制造业迈向全球价值链中高端环节。

五是随着贸易摩擦，技术、金融、文化等领域纷争四起，将影响中国制造业发展的国际环境。具体来讲首要的是影响经济增速。中美贸易战意味着两个最大经济体之间大量贸易壁垒和关税被加强，这不仅将影响两国的经济增长，而且也会放缓全球经济的发展。因为美国和中国是全球经济的重要支柱，两国经济的放缓自然会对全球产生连锁反应。根据贸易专家预测，如果这种贸易战持续下去，全球 GDP 增长率可能会降低 0.5%~1.5%。同时，中美贸易战会对全球的供应链和产业链产生负面影响。全球化的发展使得生产和分工趋于全球化，许多国际公司或跨国公司的生产和加工过程都跨越了好几个国家。因此，如果中美贸易战继续升级和扩大，这将会对整个全球供应链产生重大冲击，特别是对在贸易战直接或间接受影响的中小企业所造成的负面经济影响将会更加深远。美国和中国是世界上最大的两个经济体，政治、经济主张不同的两国之间的贸易战，将对全球贸易秩序产生深远的影响。全球经济规则由国际贸易组织（WTO）来制定和维护，而任何一方的贸易行为，都会影响到全球贸易环境，进而加剧了全球贸易规则的混乱，为了防止被卷入他们之间的冲突，其他国家也将开始采取保护主义政策。

二、国内经济环境亟待改善

当前，在国际经济环境不景气的影响下，我国国内经济运行也面临着种种挑战，包括价格要素上涨、环保约束增强等。虽然我国经济长期向好的趋势十分明显，经济发展的潜力和韧劲也十分巨大，但是这一过程仍然符合发展的客观规律，是一个波浪式前进、螺旋式上升的过程。

（一）经济新常态带来四重挑战

稳定中国目前的经济增长任务十分繁重。当前中国经济正处于探底时期，新旧增长方式处于交替期，但是新增长方式动力不足，旧增长方式疲软乏力。制造业的传统资源和人力优势依然逐渐减弱，国际危机造成的外需疲软使中国以出口为导向的制造业面临巨大压力。虽然中国现行正在为日后的崛起积蓄能量，但是国内外需求导致中国经济增长明显放缓。这就为中国制造业带来了巨大的挑战，需要我们不断依据中国现状调整自身的策略，使经济稳定在一个合理的区间。

中国经济增长的核心动力还在培育之初，尚未完全形成。我国目前进入经济发展新常态，经济的回旋潜力大，韧性较好，发展后劲足、潜力大。但同时，我国的创新机制仍然不够完善，依靠技术创新作为驱动仍然有很大的距离。而且，目前我国创新水平有限，科技研发能力及生产能力的瓶颈依然存在。凭借"技术红利"创造出新的技术核心动力源还没有完全挖掘出来，给技术的创新突破带来新的难题。

经济结构优化升级还在建设之中。我国逐步进入新常态，经济结构转型升级成为当前需要解决的问题之一。我国第一产业平稳发展但发展相对缓慢，第二产业发展也保持了平稳的态势，第三产业则表现为增速较快。2023 年，我国第一产业的增加值为 89755 亿元，比上年增长 4.1%；第二产业的增加值为 482589 亿元,比上年增长 4.7%;第三产业的增加值为 688238 亿元,比上年增长 5.8%。目前,我国 GDP 排名已经位列世界第二,但仍居于美国之后。虽然二者之间的差距在进一步缩小,但现今存在的差距仍然很大。需求结构、区域结构、城乡结构、收入分配结构等都还有或多或少的改进空间,经济结构优化升级的任务仍需继续进行。

转变政府职能这一任务仍然进行。转变政府职能的核心就是处理好"看不见的手"和"看得见的手"的关系,也就是说处理好政府和市场的关系。当前我国进入了经济发展新常态,政府部门对市场的宏观调控可以进一步激发市场的活力,减轻企业的负担。但是客观来讲也会存在一些不利于经济发展的因素。部分政府部门寻租行为十分严重,这将影响市场的进一步发展,抑制市场活力的迸发;同时一些政府部门对市场进行过度干预,使市场这只"看不见的手"的作用没有完全发挥出来,给经济增长带来很大的阻碍。因此,在经济新常态下,经济体制改革应处理好政府和市场的关系,界定好政府和市场发挥作用的界限。转变政府职能仍将作为挑战之一,并引起广泛关注。

(二)要素价格上涨的影响

自 2010 年以后,中国经济进入了新常态,这意味着资源环境和要素成本的约束日益加剧,经济发展环境发生了重大变化,对制造业的转型升级产生了深刻影响。2014 年中央经济工作会议指出,我国经济正在向形态更高级、分工更复杂、结构更合理的阶段演化,进入了新常态。中国经济已经逐渐走出了总量扩张的阶段,步入质量提升和结构转型升级的过程。随着经济增长速度的下降,可能会带来一些难以预料的挑战,这对我国制造业的发展方式转变提出了紧迫要求。当前,支撑中国制造业发展的生产要素、资源能源、生态环境、国际市场等都在发生动态变化。在这种情况下,要素价格的上涨成为制造业面临的新挑战之一。

从要素成本看,中国制造业面临着要素成本上升及传统比较优势逐渐消失的挑战。一方面,人口红利的逐渐消失和要素成本的全面上升,使得中国原有的制造业比较优势逐渐消失。统计数据显示,"中国劳动年龄人口已经出现下降趋势,2014 年相较于 2011 年减少了 560 万人"[4]。这意味着中国的劳动力供给正在缩减,而供求关系的变化直接导致了用工成本的上升。另一方面,劳动年龄人口下降和劳动力供给缩减导致用工成本上升,使得中国制造业对美国的成本优势也在下降。波士顿研究报告显示,"中国制造业对美国的成本优势已经从 2004 年的 14%下降到 2014 年的 4%。这表明,在美国生产只比在中国生产贵 4%左右,显示出中国制造业成本的上升趋势"[4]。人口红利的消失,首先受到影响的就是制造业,不断加剧的用工荒,轮番上涨的工资,使得我国制造业的人工成本不断上涨。2019 年,中国制造业工人平均月工资普遍达到 6000 元左右,远高于东南亚等国。而劳动力成本的上涨对制造业所造成的直接影响就是,我国产品的价格优势逐渐被削弱。中国制造业可能会失去一部分市场份额，甚至可能会失去一些传统的制造业优势。

能源成本是中国制造业发展面临的另一个巨大挑战。首先，中国的能源资源供给受到了严重的制约。中国是世界上最大的能源消费国之一，但能源资源的供给并不充裕。国家统计局数据显示，中国能源资源自给率在不断下降。石油、铁矿石、铜等重要矿产资源的人均可采储量分别为世界人均水平的7.7%、17%、17%，导致大量的能源资源需要依赖进口，对制造业的生产成本造成了一定程度的压力。其次，中国的能源资源消耗效率相对较低。尽管中国政府采取了一系列的节能减排政策，但是由于制造业的发展速度较快，能源资源消耗效率仍然较低。国际能源署的数据显示，中国的单位GDP能耗在全球范围内仍然处于较高水平。最后，能源资源价格的上涨也直接影响了中国制造业的生产成本。过去几十年内，随着全球能源市场的波动，石油、铁矿石等能源和原材料价格不断攀升，土地价格快速上涨，物流成本居高不下，对中国制造业的生产成本带来了直接的压力。

从土地成本看，国内地价是美国地价的9倍，而且美国是永久产权，我国工业用地是50年产权。物流成本，中国物流成本是美国的2倍，因为油价高所以导致物流成本高，同时中国还有一些类似高速公路费等费用也导致物流成本增加。

在融资方面，中国的融资成本相对较高。企业的融资成本包括利息支出和相关筹资费用。与大中型企业相比，中小企业在借款方面不仅与优惠利率无缘，而且还要支付比大中型企业借款更多的浮动利息。同时，由于银行对中小企业的贷款多采取抵押或担保方式，不仅手续繁杂，而且为寻求担保或抵押等，中小企业还要付出诸如担保费、抵押资产评估等相关费用。正规融资渠道的狭窄和阻塞使许多中小企业为求发展不得不从民间高利借贷。所有这些都使中小企业在市场竞争中处于不利地位。

我国企业税收较高，给企业经营造成较大压力。一般纳税人工业企业生产加工产品，增值税税率是17%；如果生产加工的产品适用11%税率，那么其增值税税率就是11%。如果该工业企业提供了应税服务，提供服务适用税率是1%或者6%。小规模纳税人工业企业生产加工产品，增值税税率是3%；如果该企业出租不动产，出租不动产适用的征收率就是5%。对一些特定的工业制品征收较高的消费税。例如，对一些高能耗、高排放的工业产品，如石油、汽车等，往往会面临较高的消费税。同时，我国政府还实施了一些环境保护税收政策，对于一些环境污染较严重的工业制品生产企业会征收较高的环境保护税，以鼓励企业减少污染排放，提高环保水平。

由于我国的低碳经济和绿色发展，是与经济转型升级和高质量发展同步进行的，在此过程中，中国经济结构的调整和产业升级的任务是十分艰巨的，一系列加强环保的举措也增加企业的生产成本。具体体现在生态环境治理投入加大、清洁技术更新改造成本增加、环境管理成本增加、环保税费增加。

（三）环保约束增强的影响

中国环保压力日益加大，严重雾霾对居民身体健康和生活质量产生了负面影响，环境恶化也会引发严重的社会问题。在平衡经济效益和社会利益的环境下，中国政府对环保约束逐步趋紧，出台了多种应对措施，包括对制造业进行限产甚至停产的环保约束措施。这些措施在短期内会对工业生产造成了一定影响，但也会成为企业转型的契机。

绿色发展和低碳发展是推进中国式现代化的必然要求，也是推进制造强国建设的主要着力点之一。环保约束增强对于制造业转型升级来说是一种制约，也是一种倒逼。首先，环保约束增强使得制造业企业生产成本变高，进而影响制造业发展的国际竞争力。其次，环保约束增强也倒逼制造业企业优化生产设备、做好排污处理，推动企业生产的整合优化与创新。在突破绿色壁垒的同时，真正实现绿色制造、推动绿色发展，促进人与自然和谐共生落到实处，为全体人类共谋共建清洁、干净、美丽的共同家园。

（四）核心技术自主创新瓶颈的影响

近年来，中国的整体技术实力逐步增强，成为有影响力的科技大国。然而，从科技大国到科技强国，中国还有很长的路要走。无论是从横向范围还是纵向差距看，在一些关键指标上我国尚未成为全球领先者，与之相关联的制造业创新能力有待增强，国家创新竞争力与经济实力不太匹配。

1. 创新能力的差距

一方面，近十年来中国创新能力有所提升，但仍与北美和欧洲国家有一定差距。据研究显示，国家创新指数得分与国家经济发展阶段和国家意志密切相关，各国创新指数排名与人均 GDP 存在较为显著的正相关关系。中国科学技术发展战略研究院发布的《国家创新指数报告 2013》的评价结果显示，美国凭借雄厚的创新资源和优异的创新绩效成为最具创新能力的国家。在亚洲，日本和韩国在企业创新表现和知识创造能力方面也领跑亚洲，分别位居第 2 位和第 4 位。中国创新指数居于全球第 19 位。而在 2023 年 11 月，中国科学技术发展战略研究院发布了最新的《国家创新指数报告 2022—2023》，显示 2023 年中国创新能力综合排名位于第 10 位，与排名第 5 至第 9 位的荷兰、瑞典、德国等国相差 0.2 ~ 5.3 分，是其中唯一的发展中国家，创新能力大幅超越同等经济水平国家。在细分指标中知识创造和企业创新排名靠前，但创新资源、创新环境、风险资本可获得性及信息化发展水平指标靠后，分别位于第 21、23、18、22 位。世界知识产权组织（WIPO）在《2023 年全球创新指数》也得出类似结论，见表 4-2。

表 4-2 部分国家的创新指数排名

排 名	国 家	创新指数
1	瑞士	67.6
2	瑞典	64.2
3	美国	63.5
4	英国	62.4
5	新加坡	61.5
6	芬兰	61.2
7	荷兰	60.4
8	德国	58.8
9	丹麦	58.7
10	韩国	58.6
12	中国	55.3

数据来源:《2023 年全球创新指数》,查询时间 2023 年 11 月。

另一方面,专利申请与转化在一定程度上体现国家的技术产出规模。中国在年度专利申请量(包括"申请人为本国国籍的专利申请量"和反映专利质量的"PCT 专利申请量")上已经超过美国,在专利有效量上与美国的差距逐渐缩小。然而,美国的专利技术领域分布较为全面、质量高,中国的专利结构则较为单一、质量较低。在专利转化率和转化效率方面,中国与美国尚存显著差距,但逐步缩小的趋势渐显。

2. 人才培养方面的差距

在一些关键领域,如集成电路、操作系统、工业软件等领域的人才培养上,中国存在着高端人才紧缺、复合型人才缺失的现象。虽然近来中国有多所大学成立了相关学院或专业、各级政府也积极推动产教融合,但在相关领域的产学研合作、科研、创业生态等方面,与美国的差距依然较大。

在人才培养环境上,高等教育水平高低和科研环境优劣是考验国家能否吸引、留住人才的关键。目前,中国在研发人员和潜在研发人员数量上取得领先。预计到 2025 年,中国的 STEM 博士毕业生人数将接近美国的两倍。然而,美国在保证一定数量的前提下,具有相当程度的质量优势。在各类排名中,美国高等教育具有压倒性优势。美国是国际学生首选的留学目的地。其相对宽松和鼓励创新的科研环境也为科技人才所青睐,相当数量的海外学生在美国高校获得 STEM 专业博士学位后选择留美发展。如中国的顶尖人工智能人才中,有 34% 在国内就业,约 56% 在美国就业。去美国学习人工智能专业的中国人中,有 88% 毕业后在美国就业,只有 10% 回国就业。尽管中美总体科技人才交流因特朗普政府的"政治化"处理而势头减弱,但是在人工智能领域,学术界依旧乐于开放共享科学成果。在人工智能领域，似乎没有因中美关系恶化而出现明显的华人科学家回国潮。在航空航天领域，美国大学占据天文学、空间科学、地球物理、大气科学等学科的全球前列，中国顶尖高校仅达到第二、第三梯队的水准。在工程类学科上，中国高校则拥有一定优势。不过在资金投入和专业技术人员数量方面，美国远高于中国。在研发主体上，中国以"国家队"为主力，资金和技术资源集中。美国则是政府与民间主体并举，通过项目采购实现政企协同，同时由企业间竞争提供创新动力，近年来尤以 Space X 等新兴公司为翘楚。在研发过程上，中国自20 世纪 80 年代起借鉴西方科研管理体制，逐渐探索出比较成熟的"预研-试制-量产"机制，与美国同行已无本质区别。

3. 国际标准制定话语权的差距

参与和主导国际标准制定的程度是国家技术创新水平和产业综合竞争力的体现。美国主导了近几十年国际技术标准的制定，且在市场上形成体系优势，具有很大的话语权。随着国内技术进步和产业发展，中国加快参与国际标准制定的步伐，在某些工业领域实现了"点的突破"。如近年来中国企业在 5G 通信技术标准等较为重要且覆盖面广的领域实现了集中突破。但在存储器、车规级芯片等诸多细分领域的技术及产品标准上的国际话语权依然有限。此外，由于不具备先发优势，在由核心技术优势、市场普及度和用户接受度等因素构成的"软标准"方面，中国也相对落后于美国。在航空航天领域，中美两国都是全球商业航天和民用航空产业的参与者，但是双方所占市场份额和竞争力悬殊。

在商业航天领域，美国商业火箭发射能力独步全球，GPS 占据全球卫星导航市场份额的六成以上，因而在这两个产业上拥有最大话语权。在民用航空产业标准上，美国拥有世界最多的航空技术专利，中国虽然迅速缩小与美国差距，但是核心专利有限，市场转化率不高，并且在民航客机发动机等关键领域仍依赖进口。美国还对制定全球民用航空标准的国际民航组织拥有巨大影响力。不过，近年来中国的北斗导航系统和民用无人机取得长足进步，国际市场份额迅速增加，中企大疆甚至成为全球头号民用无人机制造商，有望成为全球行业规则塑造者。

在人工智能技术标准和治理规范领域，国际大国间的权力博弈和政治理念分歧明显。美国积极参与有关技术治理和标准的国际讨论，强烈反对中方的任何提议。美国也寻求打造带有意识形态色彩的"民主技术联盟"，与所谓"志同道合"的国家在监管法规和标准制定上开展合作，来限制中国的人工智能技术应用及其国际推广。中国在越发积极地开展科技外交，参与人工智能伦理、治理和技术标准的国际对话。但由于缺少中央相关部委间的统筹协调，中方代表在不同国际平台上的声音和参与度都存在不一致的情况。

当前我国制造业存在几个主要问题：制造业总体规模比较大，但实力不够强，特别是在关键技术和高端技术方面，还需要依赖国外的核心技术；制造能力强，但品牌和市场能力弱，制造业的发展呈现"哭泣曲线"的状态；产品档次不够高，产品的竞争力比较低，缺乏世界知名品牌；环境污染较为严重，粗放工业的快速发展带来了一系列的环保问题，雾霾、全球变暖、水资源缺乏等环境问题都影响制造业的发展；产业结构不合理，高端装备制造业和生产性服务业发展滞后；此外，受体制机制影响，制造业的发展也举步艰难，政府干预过多，不同层级间传达信息文件程序烦琐，对制造业市场信息捕捉得不准等，这些因素都严重制约着制造业的发展。

第三节　我国制造业转型升级的机遇

虽然我国制造业转型升级面临着种种挑战与困境，但是我国制造业转型升级也面临着技术进步、产业优势、市场潜力等巨大机遇。要牢牢把握住制造业转型升级的机遇，提高全要素生产率，使我国制造业转型升级迸发出强大的活力。

一、新一轮科技革命

每个时期都有基于特定技术的支柱产业，这些支柱产业都源于前一时代的新兴产业。在近 300 年的工业发展史中，蒸汽化、电气化、信息化三次重大科技革命深刻地改变了社会生产和生活方式。以现有技术路线之外发现的替代性技术来实现赶超，是技术和产业突破的重要方式之一，这种替代技术通常便成为战略性新兴技术。进入 21 世纪以来，新能源、信息技术、人工智能、新材料、自动化和生物技术逐渐占据趋势前端，并在与传统产业融合的过程中塑造了产业新形态和新发展模式，如信息化与工业化的深度融合、大规模集成和重组，不断推动着新技术的迭代更新。

（一）具有多线路、高精尖、融合性趋势

一方面，以人工智能、大数据、信息通信为代表的新一代信息技术方兴未艾，成为各国高度关注并主动推动的热点；传统科学如基因组学、生物学、脑科学、干细胞等领域有了突破性进展；新能源、太空、海洋等领域的技术创新愈加密集；量子通信、工业互联网、智能机器人、新材料等重大基础研究不断深入，呈现群体性突破态势。《中华人民共和国国民经济和社会发展第十四个五年规划和 2035 年远景目标纲要》强调，要聚焦新一代信息技术、生物技术、新能源、新材料及其集成产品，布局产业体系的新支柱；着力孵化脑智能、量子信息、基因技术、未来网络、深海空天开发、氢能与储能等领域的技术和产业。2022 年 3月，美国参议院通过《2022 年美国竞争法》，批准 1600 亿美元用于量子、人工智能、纳米等前沿技术研究。另一方面，交叉融合发展特点明显。基础学科与应用学科之间、基础理论与应用实践之间，以及人才、技术的深度融合，不同技术与产业之间的交叉驱动也是必然趋势。2022 年 4 月，日本发布《AI 战略 2022》和《量子未来社会愿景（草案）》，明确在金融、医疗、运输、航空等整个社会经济体系中引进量子技术，提高生产效率和安全性。

（二）智能化生产将成为信息化技术突破的重要方向

以提高脑力效率为目标的生成式人工智能为代表的智能化生产将成为信息化技术突破的重要方向。北约科学技术组织 2020 年发布《科学和技术趋势 2020—2040》报告，认为数据、人工智能、自主技术、太空、高超声速、量子、生物技术及材料等八大技术对世界的影响将会是颠覆性的，总体呈现智能化、数字化、互通化、去中心化发展趋势。高德纳发布《2022 年重要技术趋势》报告，认为数据编织、网络安全、隐私增强计算、云原生平台、决策智能、超自动化、人工智能工程化等 12 项前沿技术将成为重要趋势。2022 年 11 月，Chat GPT（人工智能聊天机器人）发布，一种"解放大脑"的智能型生产工具出现，并在一年间在算力层、平台层、算法层和应用层都有所拓展，有望成为推动社会发展的新引擎。

（三）调整创新范式

场景创新、数据驱动推动科技与产业深度融合作用进一步显现。依托科技创新，催生新产业新业态新模式，拓展发展新空间，培育发展新动能，是本轮科技革命的重要目标。习近平总书记多次强调，要形成新质力。突出数据、信息、算法等高端要素作用，通过数字化驱动从根本上改变现有生产函数、拓展生产边界，形成新的智能化、绿色化的产业链和价值链，打造以现代化三产和现代基础设施为载体的现代化产业体系。

（四）创新生态重大变化

全球主要国家科技竞争加剧，创新生态发生重大变化。美国将中国定义成"唯一既有意图也越来越有能力重塑国际秩序的竞争对手"，多次围绕 5G、半导体设备、清洁能源等采取了一系列限制手段，构建排华科技生态体系，加剧中美科技脱钩。

二、我国产业优势

面对新一轮产业变革的挑战，我国具备人才富集、超大规模市场、产业链完整性、庞大数据群、丰富场景和体制等诸多优势，能够加速颠覆性技术产生和产业化过程，提升在全球前沿技术领域的引领能力。

（一）前沿重大科技成果不断涌现

我国在科技领域取得了巨大的进步和成就，特别是在人工智能、量子计算、空间技术和合成生物学等领域尤为突出。数据显示，全球 47% 的量子通信技术专利申请来自中国，这一数字远超美国和日本。而在 5G 技术方面，我国已建成全球规模最大的 5G 移动网络，并且在 5G 标准必要专利方面居全球首位。在生物制药领域，我国的专利申请数量连续多年保持全球第二位，显示出了我国在这一领域的强大实力。除了以上数据显示的成就外，我国在空间技术领域也有着耀眼的表现。中国空间站建造进入收官阶段，这标志着我国在太空探索领域取得了重大突破。同时，我国在人工智能、量子计算等领域的布局和投入逐年增加，为未来的科技发展奠定了坚实的基础。

（二）人口红利正在转变为人才红利

中国预计人才供给将维持在年均 1000 万人左右，受过高等教育（专科及以上）的劳动人口占比在 2040 年左右将达到 40%。2023 年，全国技能人才总量超过 2 亿人，其中高技能人才超过 6000 万人。中国人才红利的释放范围将主要体现在高技术制造劳动密集型环节、高研发强度行业和高端服务业。机械设备、电子通信等行业将通过继续教育和职业培训改善缓解人才技能错配，提高劳动生产率；医药制造和电子通信行业将依靠理工科研究生人才供给支持行业保持 6%~8% 的年均人才增速；高端服务业将在服务业市场化和对外开放相关政策落地后，人才红利释放将进一步提速。

（三）制造基础夯实前沿技术产业化基础

我国拥有全球最完整的产业体系，涵盖知识密集型、技术密集型、劳动密集型、资本密集型等产业类型，500 种主要工业产品中的 200 多种产品产量位居世界第一，是全球制造业门类最全的国家。近年来，我国工业核心竞争力显著增强，2022 年制造业增加值占全球制造业比重近 30%，连续 13 年位居世界第一。支持工业发展的现代基础设施形成超大规模网络，具备强大的供给水平和服务能力。截至 2022 年末，我国综合交通网总里程超过 600 万千米，220 千伏及以上输电线路超过 80 万千米，光缆线路总长度约 6000 万千米，高铁、高速公路、电网、5G 网络规模等均居世界第一。深水港、枢纽机场、核电、工业互联网工程建设规模和质量也居于世界前列。

（四）战略性新兴产业发展组织模式较为成熟

我国战略性新兴产业发展已经形成了一定的体系和规模，智能经济、数字经济、绿色经济、健康经济、太空经济等新业态新模式加快发展，积累了规划、政策、组织等各方面经验，在研发、市场培育等方面奠定了较好基础。工业和信息化部等四部门印发了《新产业标准化领航工程实施方案（2023—2035 年)》，聚焦新兴产业与未来产业标准化工作，信息技术、新能源、新材料等 8 大新兴产业，以及元宇宙、脑机接口、量子信息、人形机器人等 9 大未来产业，统筹推进标准的研究、制定、实施和国际化。

三、新型消费市场的培育

超大规模市场和消费理念转变为我国工业转型升级提供应用场景和市场承

接。我国人均 GDP 超过 1.25 万美元，14 亿人口和全球规模最大的中等收入群体形成的庞大消费需求，使中国成为世界上成长性最好的消费市场。2021 年，中国工业品市场规模超 12 万亿元，按照年均 4%~5% 的增速来考虑的话，预计到 2025 年中国的工业品市场会达到 13.2 万亿元，其中作为生产性物料的物料清单 BOM 表，预计占比有 80%，即 8 万亿元到 9 万亿元。还有 20% 作为后市场的、非直接生产物料的 MRO 类（通常是指在实际的生产过程不直接构成产品，只用于维护、维修、运行设备的物料和服务），大概也有 2 万多亿元。同时，中国消费者对新产品接受程度高，超大规模市场对新一轮科技革命和产业变革的牵引带动作用明显。具体来讲，我国新型工业品消费市场的特点有：

（1）消费升级趋势明显。随着经济的发展和人民生活水平的提高，中国工业品消费市场的需求也在不断升级。消费者对产品质量、品牌、服务等方面的要求越来越高，对高端产品的需求也在不断增加。

（2）数字化转型加速。随着互联网、大数据、人工智能等技术的快速发展，中国工业品消费市场也在加速数字化转型。越来越多的工业品企业开始采用智能化、数字化的生产和销售模式，以满足消费者的需求。

（3）绿色环保意识增强。随着全球环境问题的日益突出，消费者对环保产品的需求也在不断增加。中国工业品消费市场也在逐步向绿色环保方向转型，越来越多的企业开始推出环保产品，并加强环保宣传。中国生态环保产业规模持续扩大，对国民经济贡献率逐步提升。据统计，2021 年全国环保产业营业收入约 2.18 万亿元，较 2020 年增长约 11.8%。目前，我国已超越美国成为全球最大的消费电子、新能源汽车和可再生能源市场规模居全球第二。

（4）品牌建设成为关键。在中国工业品消费市场中，品牌建设已经成为企业获得竞争优势的关键。2020 年，中国工业品消费市场中，高技术产品的市场份额不断提高，其中高端数控机床、机器人、新能源汽车等产品的市场份额不断扩大。消费者对品牌的认可度和信任度越来越高，因此，企业需要通过不断提升品牌形象和产品质量来赢得消费者的青睐。

（5）线上工业消费渗透率有增高趋势。线上化渗透率在 2020 年时大概在 0.47 万亿元就是 4700 亿元，预计到 2025 年，可以达到 1.75 万亿元的市场规模。线上化增速是远远大于线下化的增长趋势，从 2020 年到 2025 年线上化的渗透率会从 4% 增加到 13%。

但中国工业品消费市场在不同地区之间存在着较大的差异。一些发达地区的消费者对高端工业品的需求较高，而一些欠发达地区的消费者则更注重价格和实用性。因此，中国工业品消费市场也呈现出区域差异化的发展趋势。

四、泛互联网时代的数字经济

当前世界，随着多种形态的终端设备、软件和数据都具备了联网功能，联网成为泛化功能存在于各种设备及各种软件之中，"终端+应用+平台+数据"四位一体的泛互联网范式开始出现。泛互联网范式本质上是移动互联网与大数据的联姻，是移动互联网向人类社会生活中的制造、分配、消费、娱乐等各个领域渗透的结果。泛互联网时代催生的数字经济为产业转型升级提供了新的动能和赛道。

（一）中国数字经济发展现状

互联网基础设施中国互联网基础设施的建设和发展取得了显著成就，为数字经济的发展提供了有力支撑。截至 2023 年 12 月，我国网民规模达 10.92 亿人，较 2022 年 12 月新增网民 2480 万人，互联网普及率达 77.5%。累计建成 5G 基站 337.7 万个，覆盖所有地级市城区、县城城区，5G 移动电话用户达 8.05 亿户。

中国移动支付市场发展迅速，已经成为全球最大的移动支付市场。截至 2023 年 12 月，我国网络支付用户规模达 9.54 亿人，占网民整体的 87.3%。用户规模持续扩大，支付方式更加丰富，移动支付的应用场景已经覆盖了日常生活的各个方面，包括购物、餐饮、交通、娱乐等，国民经济在专业支付助力下高效运转。

中国人工智能产业快速发展，已经成为全球领先的人工智能市场。我国全国一体化的大数据中心体系基本成形，算力基础设施达到世界领先水平，算力总量已居世界第二位。大模型驱动产业加速，可信 AI 进入实践阶段。截至 2023 年，中国人工智能核心产业规模已经达到 5787 亿元，相关企业数量达到了 4482 家。人工智能在各个行业的应用不断深入，包括智能制造、智慧城市、智慧医疗、智慧农业等。

中国大数据行业快速发展，已经成为全球最大的大数据市场。截至 2023 年，中国大数据核心产业规模约 1.9 万亿元。大数据在各个行业的应用不断深入，包括金融、医疗、教育、交通等。

中国物联网行业快速发展，已经成为全球最大的物联网市场。2022 年，中国物联网连接数已经达到 83 亿个，物联网企业数量达到了 4700 家。截至 2023 年 9 月，我国物联网投资数量达 64 件，投资金额达 66.73 亿元。物联网在各个行业的应用不断深入，包括智能制造、智慧城市、智能交通、智能家居等。

中国区块链顶层设计不断完善，产业规模持续扩大，在助力网络强国、数字中国建设中的重要作用进一步显现。截至 2023 年 12 月，全国已有 29 个省市将发展区块链技术产业纳入地方"十四五"规划，全国各地共出台了 500 余份涉及区块链的产业政策，涵盖了政务数据共享、金融科技、供应链及物流、医疗卫生、农业等多个行业领域，全国共有 48 个区块链产业园区，分布在 18 个省和直辖市。区块链在金融、供应链、智能制造、数字身份等领域的应用不断深入。

中国工业互联网行业快速发展，已经成为全球最大的工业互联网市场。截至 2022 年，中国工业互联网连接数已经达到 3600 万个，工业互联网企业数量达到了 930 家。2023 年 7 月，中国互联网大会在北京召开，会上提到，我国工业互联网产业规模突破 1.2 万亿元，具有一定影响力的工业互联网平台超 240 家，服务企业超 26 万家。工业互联网在智能制造、数字化转型等领域的应用不断深入。

中国数字政府建设快速发展，已经成为全球领先的数字政府。截至 2023 年 12 月，我国在线政务服务用户规模达 9.73 亿人，较 2022 年 12 月增长 4701 万人，占网民整体的 89.1%。我国 31 个省（区、市）和新疆生产建设兵团中已有 26 个省级行政单位发布了 38 项数字政府建设指导文件，我国 31 个省（区、市）和新疆生产建设兵团均已初步完成政务云建设。中国数字政府建设已经覆盖了政务服务、社会治理、产业促进等领域，数字政府服务覆盖了公民的整个生命周期。

中国智慧城市建设快速发展，已经成为全球最大的智慧城市市场。截至 2022 年，中国智慧城市投资规模已经达到 4543 亿元，智慧城市企业数量达到了 1790 家。2023 年 2 月，中共中央、国务院印发了《数字中国建设整体布局规划》，以数字化助推城乡发展和治理模式创新，拓展丰富智慧城市应用场景，推进新型智慧城市建设。智慧城市在城市规划、交通运输、环保等领域的应用不断深入。

（二）中国数字经济发展成果

"2021 年，测算的 47 个国家数字经济增加值规模为 38.1 万亿美元（约 265.94 万亿元人民币），同比名义增长 15.6%，占 GDP 比重为 45.0%。产业数字化仍是数字经济发展的主引擎，占数字经济比重为 85%，其中，第三产业数字化引领行业转型发展，第一、第二、第三产业数字经济占行业增加值比重分别为 8.6%、24.3% 和 45.3%"[5]。《中国数字经济发展报告（2022 年）》显示，2022 年中国数字经济规模达到 48.96 万亿元，占 GDP 比重达到 41.5%，其中，数字产业化规模达到 11.73 万亿元，占 GDP 比重为 10.1%。随后，中国信息通信研究院又发布了《中国数字经济发展研究报告（2023 年）》，我国数字经济规模首次突破 50 万亿元，数字经济占 GDP 比重超过四成，占比达到 41.5%，数字经济作为国民经济的重要支柱地位更加凸显，也已成为推动中国经济发展的重要引擎。2022 年中国数字经济发展成果更为显著。同时，数字经济在各行业的应用不断深入，尤其在智能制造、智慧城市、智慧医疗、智慧农业等领域的应用取得了重要进展。

在智能制造领域，数字化转型和智能化升级已经成为制造业发展的趋势。越来越多的企业开始引入数字化技术和智能化设备，提高了生产效率和产品质量。同时，数字化平台和工业互联网的建设也在加速推进，为制造业的数字化转型提供了有力支撑。

在智慧城市领域，数字技术正在推动城市管理方式的创新和升级。通过建设智慧城市综合管理平台，可以实现城市资源的智能化配置、城市环境的实时监测和城市安全的智能保障。同时，数字技术也在推动城市公共服务的数字化转型，为市民提供更加便捷、高效的服务体验。

在智慧医疗领域，数字技术已经广泛应用于医疗服务的预约、挂号、就诊、缴费等环节，提高了医疗服务的效率和质量。同时，数字化医疗设备和医疗影像系统的应用也在不断深入，推动了医疗服务的智能化升级。

在智慧农业领域，数字技术正在推动农业生产方式的数字化、智能化升级。通过引入智能化农业设备、数字化种植和养殖技术，可以实现精准种植和养殖，提高农业生产的效率和产量。

同时，数字技术的推广和应用也在加速推进。大数据、人工智能、云计算、物联网等技术得到了广泛的应用，推动了各行各业的数字化转型。尤其是人工智能技术的快速发展，为各行各业提供了更加智能化、高效化的解决方案。

未来，数字经济将继续保持快速发展的趋势。数字技术的创新和应用将不断推动数字经济的跨界合作和产业升级。数字经济将更加深入地渗透到各行各业，推动传统产业的数字化、智能化升级，同时也将涌现出更多的新业态、新模式和新产业。

总之，2023年中国数字经济发展取得了显著成果，已经成为中国经济的重要支柱。在未来的发展中，数字经济将继续保持快速发展的趋势，推动中国经济的持续发展和升级。

（三）制造业的数字化转型升级

智能制造是制造业数字化转型发展的重点之一，中国制造业要整体数字化转型和智能化升级，需要大量装备、软件、系统集成和系统升级的支撑产业。制造业数字化转型重点方向主要聚焦在机械装备、新材料、新能源、石油化工等领域，分行业、分阶段地推进产业数字化转型，实现数字技术+制造业深度融合，形成人机共融的智能制造新模式。

一方面，企业通过工业互联网连接设备、生产线、工厂、供应商、产品和客户，实现跨设备、跨系统、跨区域的互联互通。"'智改数转'对企业优化流程、降低成本、提升产品质量、增加效益有着重要作用"[6]，"'智改数转'是企业提质增效、抢占发展制高点的关键之举，也是实现制造业高质量发展必由之路"[7]。鼓励引导企业积极应用自动化智能化成套装备，加速更新淘汰性能差、能耗高的生产装备，实现关键工序核心装备升级换代，优化改进工艺流程和组织方式，提高产品性能稳定性和管理控制水平。

另一方面，通过互联网和数据分析测算，实现减碳目标。工业互联网是新工业革命的关键基础，以信息化、数字化、网络化、智能化为重要特征，通过工业互联网平台的核心能力与解决方案，为企业提供碳排放数据数字化采集、核算、管理、应用全生命周期碳资产管理的整体解决方案，实现对企业制造过程碳排放的识别、监测、核算、报告，帮助企业精准降碳、智能降碳。

第四节 推进制造业转型升级的着力点

推进制造业转型升级，要把着力点放在科技创新、人才支撑、现代制造业集群、政策支持上，推动制造业高端化、智能化、绿色化发展，夯实制造业高质量发展根基，加快促进制造业转型升级与中国式现代化的融合发展。

一、科技创新支撑

随着全球经济的不断发展和科技的不断进步，制造业正在面临着前所未有的挑战和机遇。中国作为全球最大的制造业国家，如何通过科技创新支撑制造业的转型升级，已成为当前亟待解决的问题。

（一）加强基础研究，提升原始创新能力

制造业的转型升级需要强大的科技支撑，而原始创新是科技创新的重要基础。因此，要加强基础研究，提升原始创新能力。政府可以通过资金投入、政策引导等方式，鼓励企业加强基础研究，推动企业与高校、科研机构之间的合作，共同开展基础研究工作，提高原始创新的水平和质量。

第一，增加基础研究投入。政府可以通过财政资金、科研基金等方式，鼓励和支持高校、科研机构等开展基础研究。同时，也可以通过税收优惠、政策引导等方式，鼓励企业增加对基础研究的投入。第二，建立创新生态系统。建立创新生态系统，可以促进各类创新主体之间的互动和交流，优化创新环境，推动科技创新的发展。政府可以通过建立创新平台、创新园区等方式，促进创新生态系统的形成和发展。第三，培养和吸引优秀科研人员。政府可以通过设立奖学金、提供科研资助等方式，鼓励和支持高校、科研机构等培养优秀的科研人才。同时，也可以通过提供更好的工作条件、待遇和职业发展机会等方式，吸引国内外优秀的科研人员来华从事科研工作。第四，加强科研基础设施建设。政府可以通过投入资金、提供场地等方式，建设先进的实验室、科研设备等基础设施，为科研人员提供更好的科研条件。第五，促进科研机构和企业的合作。政府可以通过制定合作政策、提供合作平台等方式，促进科研机构和企业之间的合作和交流。同时，也可以通过提供技术指导和支持等方式，帮助企业提高科技创新能力。第六，实施激励创新的政策。政府可以通过提供创新奖励、设立创新项目等方式，激励科研人员和企业进行科技创新。同时，也可以通过提供税收优惠、政策引导等方式，鼓励企业进行科技研发和成果转化。第七，鼓励尝试和探索新的科研方向。政府可以通过提供科研资助、支持科研探索项目等方式，鼓励科研人员和企业尝试和探索新的科研方向。同时，也可以通过提供科研交流平台等方式，促进科研人员之间的交流和合作。第八，建立科研成果转化机制。政府可以通过提供

科研成果转化资金、建立科技成果交易平台等方式，促进科研成果的转化和应用。同时，也可以通过提供技术支持和指导等方式，帮助企业应用科技成果，提高企业的科技水平和竞争力。第九，提高全民科学素质。政府可以通过提供科学教育、举办科技展览等方式，提高全民的科学素质和科技意识。同时，也可以通过提供科技咨询和服务等方式，帮助公众了解和应用科技成果，推动科技创新的发展和应用。

加强科技创新的基础研究，提高原始创新能力，需要政府、企业、科研机构和社会各界的共同努力。只有不断加大基础研究投入、建立创新生态系统、培养和吸引优秀科研人员、加强科研基础设施建设、促进科研机构和企业的合作、加强知识产权保护、实施激励创新的政策、鼓励尝试和探索新的科研方向、建立科研成果转化机制、提高全民科学素质等方面的工作，才能推动科技创新的发展，提高我国的科技水平和国际竞争力。

（二）加强产学研合作，促进科技成果转化

科技创新是推进制造业转型升级的重要支撑，而产学研合作是促进科技创新的重要途径。政府可以通过制定政策、搭建平台等方式，加强企业、高校、科研机构之间的合作，促进科技成果的转化和产业化。同时，政府还可以通过设立科技成果转化基金、开展技术转让等方式，推动科技成果的转化和推广应用。

第一，制定政策法规。政府可以制定有关政策，明确产学研各方的职责和权利，促进各方合作共赢。同时，政府还可以制定有关法规，规范技术转移、知识产权保护等方面的行为，为科技成果转化提供法律保障。第二，加强人才培养。高校和科研机构可以加强人才培养，培养更多的科技创新人才。同时，政府和企业也可以提供培训和实习机会，提高人才的实践能力和综合素质，为科技成果转化提供人才支持。第三，促进信息共享。政府可以建立信息共享平台，提供政策信息、技术信息、市场信息等服务，方便各方获取信息并进行交流和合作。同时，各方也可以通过信息共享，了解彼此的科研成果和需求，促进科技成果转化。第四，推动技术转移。政府可以制定有关政策，鼓励和支持高校、科研机构等向企业转移技术，推动技术转化为产品或服务。同时，高校和科研机构也可以设立技术转移机构，负责技术转移工作，提高技术转移的效率和成功率。第五，加强金融支持。政府可以引导金融机构提供贷款、风险投资等金融服务，为科技成果转化提供资金支持。第六，加强产业协作。政府可以制定有关政策，鼓励和支持企业之间进行合作和交流，促进产业链上下游的协同发展。同时，政府也可以建立产业联盟、产业园区等机构，为企业提供更好的合作平台和环境。第七，优化创新环境。政府可以制定有关政策，鼓励和支持企业进行科技创新，营造良好的创新氛围。同时，政府也可以提供创新平台、创新园区等基础设施，为科技创新提供更好的环境和条件。

加强产学研合作，促进科技成果转化需要政府、企业、高校和科研机构等各方的共同努力。只有制定政策法规、加强人才培养、促进信息共享、推动技术转移、加强金融支持、加强产业协作、优化创新环境等方面的工作得到有效落实，才能推动科技成果转化，促进经济发展和社会进步。

（三）加强人才培养，打造高素质人才队伍

科技创新需要高素质的人才支撑，加强人才培养是推进制造业转型升级的关键。政府可以通过制定人才培养计划、设立人才奖励基金等方式，鼓励企业加强人才培养，提高人才的专业素质和创新能力。同时，政府还可以通过引进海外高层次人才、加强人才交流合作等方式，打造高素质人才队伍，为制造业的转型升级提供强有力的人才支撑。

第一，加强教育改革。在探索多样化的教育模式方面，可以推广"产学研一体化""实践教育"等模式，让学生在实践中学习，提高实际操作能力。同时，要加强教育资源的整合和优化，提高教育资源的利用效率，为培养高素质人才提供有力保障。第二，做好人才引进。要制定优惠政策，吸引更多具有创新精神和实践能力的人才来到企业，为企业科技创新提供新鲜血液。同时，要拓宽人才引进渠道，除了传统的招聘方式外，可以利用社交网络、人才交流会等方式，扩大人才引进的覆盖面。第三，做好技能培训。针对不同岗位的需求，开展多种形式的培训课程，包括线上课程、线下培训、技能实践等，提高员工的技能水平和综合素质。同时，要鼓励员工参加各类认证考试，提高专业水平和职业发展空间。第四，加强创新实践。要支持企业开展创新项目，提供专业的创新实践场所，鼓励人才积极参与科研项目，提升自身的科研能力。同时，要建立创新成果奖励制度，对人才的创新成果给予奖励，提高人才的创新热情和积极性。第五，完善激励机制。要制定有吸引力的激励政策，包括薪酬福利、晋升机会、股权奖励等，提高人才的工作积极性和创新能力。同时，要建立完善的职业晋升制度，为人才的职业发展提供良好的环境和空间。第六，加强跨界合作。要加强与国内外相关领域的企业、高校、研究机构的合作，共同开展研发项目，共享资源，互利共赢。通过跨界合作，可以拓宽人才的培养渠道，推动科技创新的跨越式发展。

加强人才培养，打造科技创新的高素质人才队伍需要从教育改革、人才引进、技能培训、创新实践、激励机制、团队建设和跨界合作等方面入手，全面提升人才的综合素质和创新能力。只有不断优化人才培养的环境和机制，才能为科技创新提供源源不断的人才支持，推动企业和社会的持续发展。

（四）加强知识产权保护，营造良好创新环境

知识产权保护是科技创新的重要保障，加强知识产权保护可以营造良好的创新环境。政府可以通过制定知识产权保护政策、加强知识产权执法等方式，保护企业的知识产权权益，提高企业的创新积极性。同时，政府还可以通过开展知识

产权宣传教育、加强知识产权国际合作等方式，增强全社会的知识产权保护意识，为制造业的转型升级营造良好的创新环境。

第一，加强立法保护。要加强知识产权法律体系的建设，完善专利、商标、著作权等知识产权法规，使知识产权的保护有法可依。同时，要提高知识产权立法的质量和效率，及时适应科技创新和社会发展的需要，确保知识产权的保护得到有效落实。第二，做好行政执法。要加大政府部门的执法力度，加大对知识产权侵权行为的打击力度，对侵权行为进行严厉惩处，维护公平竞争的市场环境。同时，要规范行政执法程序，提高行政执法的透明度和公正性，增强社会对知识产权保护的信心。第三，完善司法保护。要完善知识产权司法保护制度，提高审判质量和效率，加强对知识产权案件的调解和执行力度，维护权利人的合法权益。同时，要加大对知识产权犯罪的打击力度，严惩侵犯知识产权的行为，保障社会的创新发展。第四，强化社会意识。要倡导创新文化，培养全社会的知识产权意识，提高公众对知识产权保护的认知和尊重。要通过媒体宣传、教育讲座等方式，增强公众对知识产权保护的自觉性和责任感，形成良好的社会氛围。第五，加强教育推广。要通过学校教育、社会培训等多种形式，普及知识产权知识，提高公众对知识产权法律法规的认知。同时，要加强青少年对知识产权保护的教育，培养青少年的创新精神和尊重知识产权的意识。第六，加强国际合作。要加强与国际社会的交流与合作，积极参与国际知识产权规则的制定和实施，加强跨国知识产权的保护合作。同时，要加强对国际知识产权动态的监测和研究，及时应对国际知识产权纠纷和挑战。第七，做好创新激励。要通过设立专项奖励制度、提供创新资金支持等方式，激励创新成果的产出。同时，要加强对创新企业的扶持和引导，支持创新企业开展专利申请、商标注册、著作权登记等工作，提高创新企业的核心竞争力。第八，推进知识产权转化。要推动知识产权转化为商业价值，促进技术转移和产业化发展。同时，要加强知识产权转化的技术和市场融合，提高知识产权转化的效率和效益，推动科技创新和社会进步。

综上所述，加强知识产权保护需要从立法保护、行政执法、司法保护、社会意识、教育推广、国际合作、创新激励和知识产权转化等多个方面入手，形成全方位、多层次的知识产权保护体系。只有加强知识产权保护，才能营造良好的创新环境，激发全社会的创新活力，推动科技创新和社会进步。

科技创新是推进制造业转型升级的重要支撑。要加强基础研究、关键技术研发、产学研合作、人才培养和知识产权保护等方面的工作，为制造业的转型升级提供强有力的支撑。同时，政府和企业也需要密切合作，共同推动制造业的转型升级，实现中国制造向中国创造、中国智造的方向发展。

二、多层次人才支撑

人才是强国之根本、兴邦之大计。推动制造业转型升级，多层次的人才支撑必要条件。只有不同层次的人才得到全面发展，才能够充分发挥制造业转型升级的动能，实现以中国式现代化全面推进中华民族伟大复兴。

（一）中国制造业转型升级的新发展

中国制造业经历了多年的发展，已经形成了较为完整的产业链和一定的技术积累。然而，随着劳动力成本的上升、环境问题的凸显及国际竞争的加剧，中国制造业亟待转型升级。在新的历史时期，中国制造业需要加快向高端化、智能化、绿色化方向发展，提高产品质量和附加值，增强国际竞争力。

（二）多层次人才支撑的必要性

制造业的转型升级需要强大的人才支撑，而多层次人才队伍的建设是关键。多层次人才不仅包括高层次的研究型人才，还包括具有实践经验的技能型人才和能够将理论知识与实践相结合的复合型人才。加强多层次人才支撑，可以满足制造业不同岗位的需求，促进科技创新和产业升级，提高生产效率和产品质量，推动中国制造业向高质量发展。在中国制造业的转型升级过程中，多层次的人才支撑是十分必要的。这是因为制造业的转型升级需要不同类型的人才来支撑，包括高级管理人才、技术人才和基础技能人才等。

首先，高级管理人才是制造业转型升级的核心力量。他们需要具备丰富的管理经验和市场洞察力，能够有效地组织和管理生产过程，提高制造效率和质量，同时也需要关注市场变化和行业趋势，制定出符合企业实际的发展战略。其次，技术人才是制造业转型升级的关键力量。他们需要具备扎实的专业知识和技能，能够掌握最新的技术和工艺，进行新产品研发和技术创新，提高制造业的技术含量和附加值，推动制造业向高端化、智能化方向发展。最后，基础技能人才是制造业转型升级的基础力量。他们需要具备基本的技能和素质，能够胜任制造过程中的各个环节的工作，包括加工、装配、检测等，以保证制造过程的稳定和高效。

（三）具体支撑措施

第一，要加强高等教育和职业教育，培养高素质的制造业人才。政府可以通过加大对高等教育和职业教育的投入，引导高校和职业学校加强制造业相关专业的建设和改革，培养更多的高素质制造业人才。同时，可以鼓励企业与高校、职业学校合作，共同开展人才培养和科技创新活动，提高人才培养的质量和针对性。

第二，要加强技能培训和实践锻炼，提高制造业人才技能水平。政府可以加大对技能培训和实践锻炼的投入，建设制造业技术技能公共实训基地，开展各种形式的技能培训和实践锻炼，提高制造业人才的技能水平和实际操作能力。同时，可以鼓励企业开展内部培训和技能提升活动，从而提高员工的技能水平和职业素养。

第三，要加强人才引进和柔性引才，吸引更多的高素质制造业人才。政府可以通过制定吸引人才政策，如提供优厚的待遇和良好的工作环境，吸引更多的高素质制造业人才来华工作或创业。同时，可以采取柔性引才措施，如设立院士工作站、引进海外高层次人才等，吸引更多的海内外优秀人才来支撑制造业的转型升级。

第四，要加强人才评价和激励机制，激发制造业人才的创新创造活力。政府可以建立科学合理的人才评价机制和激励机制，对优秀的制造业人才进行奖励和晋升，激发他们的创新创造活力。同时，可以引导企业建立相应的评价和激励机制，提高员工的积极性和创造力。

第五，要深化产教融合，推动校企合作，实现人才培养与产业需求的紧密结合。通过深化产教融合，推动校企合作，可以让高校和企业的优势资源得到有效整合，提高人才培养的针对性和实效性。同时，可以加强学校与产业界的沟通与合作，及时了解产业发展的需求和趋势，调整人才培养策略，提高人才培养的质量和适应性。

第六，要推动创新创业教育，培养具有创新精神和创业能力的制造业人才。通过推动创新创业教育，可以培养具有创新精神和创业能力的制造业人才，为制造业的转型升级提供源源不断的动力。政府可以加大对创新创业教育的支持力度，提供创业指导和资金支持，鼓励制造业人才投身创新创业，推动制造业向高端化、智能化、绿色化方向发展。

第七，要加强国际交流与合作，引进国际先进制造业人才和经验。中国制造业的转型升级需要借鉴国际先进经验和做法。政府可以加强国际交流与合作，引进国际先进制造业人才和经验，推动中国制造业与国际接轨。同时，可以鼓励制造业人才参与国际交流与合作，学习国际先进技术和管理经验，提高中国制造业的国际竞争力。

（四）未来发展趋势

随着中国制造业的转型升级不断深入推进，多层次人才支撑的作用将越来越凸显。未来，多层次人才支撑将向着更加精细化、全面化的方向发展，为中国制造业的转型升级提供更加有力的支撑。同时，随着科技的不断进步和应用，制造业人才的培养和管理也将不断创新和改进，适应新的时代需求和发展趋势。

多层次的人才支撑是中国推进制造业转型升级的重要保障。要通过加强高等教育、职业教育、技能培训、人才引进、人才评价和激励机制等多个方面的措施，打造一支高素质、多层次的制造业人才队伍，为制造业的转型升级提供强有力的人才支撑。

三、现代制造业集群支撑

制造业集群的支撑作用对于中国制造业的转型升级至关重要。通过打造特色产业集群、加强产业链上下游企业协同、加强技术创新、建设人才培养和交流平台、加强中介服务机构建设等措施，可以促进制造业集群的发展，推动中国制造业向更高质量发展。同时，未来的制造业集群将更加数字化、智能化、绿色化和开放式创新，以满足不断变化的市场需求和时代要求。

（一）中国制造业转型升级的现状与集群支撑的必要性

中国作为全球最大的制造业国家，正处于转型升级的关键时期。制造业的转型升级不仅包括产品质量和生产技术的提升，还涉及产业链的优化和升级，以及绿色制造、智能制造等方面的发展。在这个过程中，制造业集群的支撑作用显得尤为重要。

制造业集群是一种产业组织形式，通过将相关企业、研究机构、中介服务机构等在地理上的集中，形成相互依存、相互促进的产业生态系统。制造业集群不仅能够提高产业链的协同效应，降低交易成本，还能够促进技术创新和人才培养，从而提高产业的整体竞争力。

（二）制造业集群支撑的具体策略与实践

第一，要打造特色产业集群。由于不同地区具有不同的资源禀赋和产业基础，因此应该根据当地的实际情况，打造具有特色的产业集群。例如，在资源丰富的地方可以发展能源、原材料等产业集群；在技术密集的地区可以发展高端装备制造、电子信息等产业集群；在人口密集的地区可以发展纺织、服装等劳动密集型产业集群。

第二，要加强产业链上下游企业协同。产业链上下游企业之间的协同是制造业集群发展的重要基础。通过加强企业之间的合作，可以实现资源共享、优势互补，提高生产效率和质量，降低成本，从而增强整个产业链的竞争力。

第三，要加强产业技术创新。技术创新是制造业集群发展的重要驱动力。通过加强产业技术创新，可以提高产品质量和附加值，推动产业向高端化、智能化、绿色化方向发展。政府可以通过扶持科技企业、建设研发平台等方式，促进技术创新和成果转化。

第四，要建设人才培养和交流平台。人才是制造业集群发展的关键因素。通过建设人才培养和交流平台，可以培养和吸引高素质人才，提高集群内企业的技术水平和创新能力。政府可以通过设立培训机构、引进高端人才等方式，加强人才培养和交流。

第五，要加强中介服务机构建设。中介服务机构是制造业集群发展的重要支撑。通过加强中介服务机构建设，可以提高企业之间的信息交流和合作效率，降低交易成本，提高整个集群的竞争力。政府可以通过扶持中介服务机构、建设公共服务平台等方式，促进中介服务机构的发展。

（三）制造业集群支撑的未来发展趋势

1. 数字化、智能化制造集群

随着数字化、智能化技术的发展，未来的制造业集群将更加数字化、智能化。通过应用新一代信息技术，可以实现生产过程的自动化、智能化，提高生产效率和产品质量。同时，还可以实现企业之间的信息共享和协同，提高整个集群的竞争力。

2. 绿色制造集群

随着环保意识的提高，未来的制造业集群将更加注重环保和可持续发展。通过推广绿色制造技术，可以实现生产过程的环保和节能，降低对环境的影响，提高企业的社会责任和形象。

3. 开放式创新集群

未来的制造业集群将更加注重开放式创新。通过加强企业之间的合作和交流，可以实现技术共享和优势互补，提高整个集群的创新能力和竞争力。同时，还可以吸引更多的外部资源进入集群，扩大集群的影响力和市场份额。

四、政策支撑

推动中国制造业转型升级、由大到强，不仅是制造业部门的任务，更需要财政、税收、金融和发展改革等部门的大力配合，需要财政体制改革、税收体制改革、垄断行业改革、金融体制改革等一系列改革联动推进，实现功能互补和相互协调。

（一）财政税收与金融支持政策

一是优化财政资金对制造业转型升级的支持，明确制造业转型升级的关键领域。进一步完善支持制造业自主创新和装备改造的财政、税收、政府采购、投融资等政策，增加财政资金向先进制造业领域的基础研究投入，加大国家基础研究、共性技术研究和关键技术研发及应用的支持力度。运用政府和社会资本合作模式，引导社会资本参与制造业重大项目建设。创新财政资金的支持方式，提高资金使用效益。积极推进财税体制改革，通过"营改增"改革降低制造业企业负担，为制造业转型升级创造有利的外部条件。进一步调整和完善财政补贴政策，将补贴重点由生产环节转向研发创新和消费环节，促进高新技术产业需求的扩大，利用市场机制刺激高新技术产业的创新和发展。

二是积极发挥政策性金融、开发性金融和商业金融的优势，加大对信息网络技术和现代制造业重点领域的支持力度。健全多层次资本市场，支持符合条件的制造业企业在境内外上市融资。缓解企业融资成本高问题，优化制造业企业的融资结构。解决中小制造业企业融资难问题。积极稳妥地推动利率市场化改革，提高资金使用效率，抑制传统行业的产能过剩。加快建立多层次、市场化、多元化金融体系，拓宽企业资金来源，为企业提供全方位金融支持。

（二）产业政策与竞争政策

一是增强产业政策的系统性、连贯性、灵活性、前瞻性和针对性，提高政策的实施效果。结合国际经济形势、产业革命趋势和国内产业发展现状，有预见性、有方向性、有针对性地制定国家制造业整体发展战略。同时，围绕制造业宏观发展战略和发展目标，制定和实施与之相匹配的产业政策，推动制造业朝着既定的目标转型升级。消除一些已经不适应竞争环境的隐性市场进入壁垒，为制造业转型升级和竞争力提升创造良好的市场环境和制度环境。

二是完善竞争政策体系，通过实施竞争政策保护市场公平竞争。强化竞争政策的实施，可以形成公平竞争的市场规范，优化制造业投资环境。充分发挥反垄断法在竞争政策中的核心作用，通过反垄断执法保护市场公平竞争，彰显企业市场竞争主体地位，实现公平与效益共赢。强化竞争政策的宣传和教育，营造具有中国特色的竞争文化。反垄断政策的实施，既要考虑国内市场竞争状况，也要考虑全球竞争状况，保护国家整体利益。

三是根据产业发展的不同阶段和国际竞争态势，合理定位产业政策与竞争政策的关系。制造业政策体系包括制定战略性新兴产业的支持政策、传统产业改造升级的扶持政策、产能过剩行业的治理政策和节能减排政策等。在产业政策实施过程中，应协调好与竞争政策的关系。建立公平竞争的市场环境，需要对当前的产业政策进行调整，将政策重点转为放松管制与维护公平竞争。

（三）投资政策与贸易政策

一是引导社会资金投向，改变资金"脱实入虚"的局面，鼓励企业在实体经济领域创新创业。积极扩大制造业企业对外投资。改变中国企业同外国企业在国际投资领域的不对等竞争状态，为中国企业走出国门消除壁垒创造有利条件。积极参加有关国际投资的公约，扩大签署双边投资保护协议的国家范围，制定境外投资行业指导，提供对外直接投资的信息咨询服务，加大海外投资保险范围和力度，避免海外投资企业双重缴税。

二是完善贸易政策，引导企业扩大出口，提升产品国际竞争力。一方面，练好内功，打造民族品牌，提高中国工业品品牌美誉度和影响力。同时调整出口贸易结构，优化中国工业品在全球分工和市场中的配置，尤其是提高高新技术工业品的占比。另一方面，调整外商直接投资策略。据分析，外商直接投资还是依托于中国低成本的非技能劳动力，对技能溢价有负向影响。努力吸引高技术类的外商投资，扩大外资的技术溢出效应。

三是国有企业投资方面，加强对关键产业的投资支持。2023年，国资委启动"央企产业焕新行动"，聚焦新一代移动通信、人工智能、生物技术、新材料等关键领域，出台一揽子支持政策，筹设专项基金，持续推动中央企业在转型、投入、创新、协同下大力气，在重要领域和关键环节形成体系化产业布局。

（四）人才政策与收入政策

一是完善人才培养和引进的政策体系，树立人才是第一要素的理念。要大力培养技能型人才，加大中高端人才的培养和引进，充分发挥人才的创造力。大力弘扬企业家精神和新时代工匠精神，为各类人才投身创新创业提供政策支持。

二是强化职业教育和技能培训，加大产教融合的深度、广度和力度。一方面，开展高端装备制造"学校工厂"建设，打好人才内部培育基础。制定适应国家产业发展需求的人才培养方案，建立健全科学、完善的选人育人模式，对标产业标准制定课程标准，创新学习能力，大力培养企业经营管理人才、卓越工程师等专业型、创新、高素质技术技能人才。同时加强技能型工人的教育和培训，形成一支门类齐全、技艺精湛的一线技能工人队伍，推动制造业转型升级。另一方面，引凤还巢，为国外高端技术人才回国提供政策支持和环境支持。通过人才政策和收入优惠政策吸引国外杰出人才回国创新创业。同时加大科研投入，营造良好的创新环境，推进形成产学研良性互动的良好氛围。

三是做好普通教育产学研人才的培育。要充分发挥高等教育人才培养摇篮的优势，瞄准国家重大战略需求和新兴产业发展方向，在基础科学方面、产学研一体化方面加大教育教学体系改革，促进教育与科技产业、通用知识和专业技能相融合，构筑复合型人才高地。

四是制定合理的收入政策，引导人才流向实体经济。改变实体经济和虚拟经济就业人员收入剪刀差的现状，合理提高实业工人最低工资标准，增加技能工人工资收入，鼓励大学毕业生在实体经济领域创业就业。

（五）研发创新与企业补贴政策

通过政策引导增强企业研发创新动力，提升科技成果转化率，稳步增强制造业的生产增值能力，加快提升制造业转型升级效率。

一方面，通过财税政策调整激励企业增加研发费用，重视技术创新。一是研发费用加计扣除政策。企业研发费用可按一定比例加计扣除，鼓励加大研发投入，符合《中华人民共和国企业所得税法》规定。二是研发资金贷款贴息政策。为降低企业融资成本，对研发资金贷款给予贴息支持，减少贷款利率。三是研发设备投资税收抵免政策。鼓励企业购买研发设备，提高研发能力，享受税收抵免优惠。四是研发创新券政策。向企业发放研发创新券，可抵扣研发费用，降低研发成本。五是在企业承担省级以上重大技术与关键产品攻关、创建省级以上创新平台、争取国家科技进步奖励方面，并给予配套资金支持。

另一方面，支持企业成果转化。实施"五首"产品奖励与保费补助，对达到先进或首创的产品给予奖励，同时给予保费补助；加大创新产品（服务）政府采购支持力度，降低准入门槛，对符合条件的创新产品（服务）给予价格扣除评审优惠；支持中小企业参与政府采购活动，提高预付款比例，实施政府采购合同线上信用融资"政采贷";支持企业转化高价值发明专利技术,给予企业补助;支持科技中介机构提供专业服务,给予一定的补助,并免征增值税;对科技企业孵化器根据实际孵化成果予以分档补助,补助标准根据企业年营业收入分级,对国家级、省级科技企业孵化器、大学科技园和国家备案众创空间免征房产税和城镇土地使用税,对其向在孵对象提供孵化服务取得的收入免征增值税等。

参 考 文 献

[1] 李芃达. 近十年装备工业增加值年均增长 8.2% [N]. 经济日报, 2022-09-08 (3).

[2] 我国稳居全球第一大工业机器人市场 2021 年产量比 2015 年增长 10 倍 [N]. 人民日报, 2022-09-08 (7).

[3] 东艳. 增长分化趋势日益明显——2024 年世界经济形势展望(上)[N]. 经济日报, 2024-01-06 (4).

[4] 中国制造为什么要升级 [N]. 经济日报, 2015-05-22.

[5] 史乐蒙. 两份数字经济研究报告发布 [N]. 期货日报, 2022-12-09 (7).

[6] 徐宁. 这堂"必修课", 难点怎么破 [N]. 南京日报, 2022-05-24 (A07).

[7] 赵弢. "国Ⅲ"升"国Ⅳ", 农机行业如何用数字化手段实现弯道超车 [J]. 农业机械, 2022 (10): 30-32.

第五章 制造业转型升级驱动中国式现代化进程的途径

　　党的二十大报告指出，中国国民经济要以实体经济为主体，制造业为重心。因此，中国式现代化产业体系是以制造业和实体经济为主体的，制造业转型升级是完成党的二十大报告中"以中国式现代化全面推进中华民族伟大复兴的宏伟蓝图"这一中心任务的必然要求。国家"十四五"规划和2035年远景目标纲要提出，到2035年，中国制造业占GDP比重不能低于25%，这体现了中国式现代化制造业比重特征。

　　伴随着工业化进程的不断加快，我国制造业转型升级面临着劳动力短缺、劳动成本上升、资源短缺环境污染、核心技术和关键领域创新不足等诸多问题。与此同时，从国际上看，当前国际政治经济发展形势复杂，地区冲突时有发生，单边主义、保护主义和逆全球化趋势不断形成和发展，国际分工在曲折中调整；从国内看，当前我国经济社会发展也正经历发展不平衡不充分的问题，特别是经济、政治、文化、社会和生态诸多领域存在的这些问题尤为突出。就制造业转型升级而言，表现为金融经济与实体经济之间的不平衡、区域产业发展和产业结构发展不充分、产业基础能力发展不平衡不充分，产业链整体水平发展不均衡不完善，创新能力发展得不充分，产业产品质量和服务质量发展不平衡不充分。由此可见，以中国式现代化全面推进中华民族伟大复兴就要以现代产业体系构建为统领，以工业高质量发展、供给侧结构性改革、创新驱动发展战略、人才强国战略以及科教兴国战略协同推进制造业转型升级为抓手，在解决新问题、应对新挑战的过程中逐步实现。

第一节　推动工业高质量发展

　　2017年10月，党的十九大针对当时国家经济发展的现状及未来发展的现实需要，首次提出"高质量发展"一词，表明中国经济发展的特征已经是时候发生改变了；2020年10月，党的十九届五中全会中又提出，经济社会发展"以推动高质量发展为主题"；2022年10月，党的二十大报告中再次强调"高质量发展"的重要性和必要性。2023年9月，习近平总书记在黑龙江考察时首次提出"新质生产力"。可见我国经济由高速度发展转向高质量发展，阶段跨越的事实已形成，并为党中央所重视和深入研究。

2023 年 9 月，习近平总书记在全国新型工业化推进大会上对我国工业的发展以及新型工业化问题作出了重要的指示，"新时代新征程，以中国式现代化全面推进强国建设、民族复兴伟业，实现新型工业化是关键任务""把建设制造强国同发展数字经济、产业信息化等有机结合，为中国式现代化构筑强大物质技术基础"[1]。毫无疑问，制造业是我国工业发展中极为关键的一个环节，因此必须要通过推进工业经济高质量发展稳中向前进一步带动制造业转型升级，进而为以中国式现代化全面推进中华民族伟大复兴提供雄厚坚实的物质基础和产业支持。

一、工业高质量发展的内涵及存在的问题

无论是从理论上对工业高质量发展的科学概念及主要特征等几方面进行分析，还是从现实上对工业高质量发展存在的问题进行探究，都对发展和完善中国工业化理论、中国式现代化理论、中国特色社会主义政治经济学理论和对探究工业高质量发展过程中存在的问题及解决方案、推动中国式现代化的实现有十分重要的意义。

（一）工业高质量发展的科学内涵

习近平总书记对于高质量发展的解读与表述很系统很丰富，曾直接为高质量发展进行了定义：所谓高质量发展，就是能够很好满足人民日益增长的美好生活需要的发展，是体现新发展理念的发展，是创新成为第一动力、协调成为内生特点、绿色成为普遍形态、开放成为必由之路、共享成为根本目的的发展。

1. 工业高质量发展是以创新发展为动力的工业发展

科学技术是第一生产力，科技创新驱动工业发展进步是不可阻挡的发展大势。谁能牢牢把握住创新这个核心动力，谁就能在激烈的竞争中取得发展的主动权和主导权。当前我国工业发展中最大的难题是创新能力不足，需要提升生产效率，进而产生社会效益，达到促进经济发展和社会进步的目的。通过推动数字化、绿色化科学技术同工业发展紧密结合，充分发挥社会主义市场经济条件下生产要素调动与供给优势，强化高质量、高水平的自主技术要素的供给，在数字技术和实体经济深度融合中推动工业尤其是制造业向高端化、数字化和绿色化转型发展。

2. 工业高质量发展是以协调发展为特点的工业发展

工业高质量发展是以协调为特点的工业发展，因而要实现工业结构的协调发展、工业资源配置的协调发展、工业布局的协调发展。工业结构发展不合理、工业布局不均衡等问题也是当前我国工业化建设的不足之一，这些都会导致企业生产落后、能耗加大、污染严重、效率较低的问题，更会导致发展不平衡不充分的问题加剧。推进工业高质量发展正是要解决工业建设过程中一系列不平衡不充分发展的问题，更好调节工业结构的重要举措。因而，工业高质量发展就是要推进工业结构优化与协调，实现工业布局的合理与均衡。

3. 工业高质量发展是以绿色发展为表现形式的工业发展

工业绿色发展坚持以绿色、低碳、可持续为引领，解决当前工业发展过程中产生的能源消耗高、资源利用率低、环境污染严重等问题，这是工业高质量发展的根本要求，也是科技进步的主要发展方向之一。各国发展的历史经验证明，以损害生态环境为代价、以后代人的发展为代价的发展必然会发生反噬，不推进绿色发展，工业高质量发展也无从谈起。工业高质量发展必须逐步加大科技创新投入力度，以新兴技术为重要支撑，持续壮大绿色产业规模，引导资源型产业有序发展，促进传统产业绿色转型。

4. 工业高质量发展是以开放发展为主要抓手的工业发展

工业高质量发展要坚持"引进来"与"走出去"相结合，积极主动扩大开放，制定更高水平的开放政策和体制，形成更全面的开放。通过深化改革、扩大开放，提升工业生产效率，增加企业生产利润，促进各产业优势互补、竞相发展，提升产品的产出质量，用好市场资源，不仅稳定国内市场，也要开发和用好国际市场，更好地参与国际产业转移与分工，增强国际竞争优势，不断增强推进新型工业化的动力与活力。

5. 工业高质量发展是以共享发展为目标的工业发展

工业高质量发展的终极目标，就是人民共享发展成果，所坚持的必然是以人民为中心的发展思想，即发展为了人民，依靠人民，发展成果由人民共享。工业高质量发展要坚持以共享发展为目标，保持工业适度增长，优化工业供给结构，调节劳动力规模与结构，增加就业机会和人民收入，满足人民群众对美好生活的需要。

（二）工业高质量发展存在的问题

虽然近年来工业高质量发展取得了一定的成果，但是影响工业高质量发展的主要因素归根究底仍然是发展不平衡不充分的问题。只有解决了在工业高质量发展中存在的区域经济发展不平衡、体制机制改革滞后等问题，才能推进中国式现代化的发展及其最终实现。

1. 数字化程度和创新能力有待进一步加强

近年来，我国工业数字化、网络化、智能化程度不断加深，自主创新能力不断提升。例如上海宝钢热镀锌车间凭借智能研判、工业机器人等技术的运用，大大节省了人力，基本实现了昼夜不开灯依然维持生产作业。

即使我们工业数字化智能化程度在不断提升，但欧美发达国家工业化积累在发展时间上仍然保持着领先的优势，在科技领域我们仍然同他们有较大差距。基础科学研究短板依然突出，在基本算法、基础元器件、基础材料等方面仍然存在技术壁垒和技术障碍，这些问题在阻碍工业高质量发展的同时也使得我国工业高质量发展容易受到外部环境的影响。

2. 区域经济发展的不平衡

区域经济是否能平衡发展是工业高质量发展中非常重要的影响因素，这也是中国经济发展长期存在的明显问题。为解决该问题，我国出台了诸如东北地区等老工业基地振兴战略、西部大开发战略等政策措施，使我国地区差距的不平衡现象有所缓解，但并没有得到根本改变，各地区差距仍然显著。除此之外，南北差距也逐步显现出来，尤其是自 2013 年起，南北区域经济在没有发生重大经济事件的情况下不平衡性明显增强。近些年来，高质量发展建设共同富裕示范区在浙江首先建设实施，随后南方的许多地区和城市积极打造高质量发展示范区。而北方地区，目前则很少有建设高质量发展示范区的实践和报道，北方地区经济增长和经济增速放缓，全国经济重心向南方偏移。区域发展的不平衡与区域差距逐步拉大的情况是我国区域经济发展中产生和面临的新问题，也成为工业高质量发展面临的重要现实难题。对于造成这一问题的原因，很多学者从产业布局、收入结构、开放程度和政治治理能力等方面进行综合分析。这是供给质量和经济发展之间存在的辩证关系，高质量供给从更多方面满足人民生产生活需要和适应市场变化，因而对经济发展的刺激作用十分明显；同时，经济发展反哺工业生产，对工业发展也起到了促进作用。经济发展迅速能够在调整产业结构、增强工业创新力等方面投入更多，进而推动工业高质量发展。供给侧结构性改革实施以后，南北方迅速做出改变，南方工业供给质量呈上升趋势，而北方工业供给质量则在一段时间内保持了过去粗放式增长的特点，虽然在供给侧结构性改革初期在行政化干预下，见效很快，但是忽略了地域发展的不平衡，因而短期效应很难持续，供给质量先上升后下降。区域经济的不平衡造成了工业发展质量的不平衡，进而影响了中国工业高质量发展。

3. 体制机制改革存在滞后性

体制机制改革往往落后于发展方式转型的需要，这是阻碍我国工业高质量发展的又一现实难题，也使高质量发展中遇到的种种问题与挑战不能及时解决。伴随着社会生产力的发展，人们通过消费满足自身对美好生活的需要的意愿和行为增多，但是，当前我国体制机制的改革却不能够跟上高质量发展的实际步伐，其中既有的体制机制仍需完善、市场机制建设仍需健全、竞争机制建设仍需更为公平的问题存在，也有财税体制、金融体制、科技体制、行政管理体制存在障碍等问题，导致我国工业高质量发展受到以上障碍的"硬约束"。

4. 全球产业链布局重组

改革开放以后，中国逐步融入世界经济发展的大局之中，而当时中国的生产力发展水平较低，人民的收入情况和生活水平也都相对较低，因而经济发展重点放在了短时间内实现规模扩张发展上，低廉的劳动力和丰富的能源资源成了中国融入世界市场的主要优势，这就使得中国长期处于全球价值链底端，并且至今也没有完全走出来。而伴随着世界形势的变化与经济的发展，更多发展中国家凭借更低廉的劳动力成本优势和自身资源比较优势在低端工业生产方面占有一席之地，这也就使得中国工业在世界上面临新的挑战。与此同时，科学技术日新月异，颠覆性技术不断出现、发展、应用和扩散推动世界工业价值链发生改变，世界对于高质量供给的要求同中国尚未实现高质量发展的现实相矛盾，这也使得中国工业高质量发展面临技术壁垒与价值链重组的考验。综上所述，通过对中国工业高质量发展的内涵和存在问题进行探究，工业高质量发展是中国经济社会高质量发展的内在要求，是中国把握时代发展先机的必然要求，也是中国式现代化实现的重要环节和必由之路。深刻认识到无论是经济社会发展对工业高质量发展提出的要求，还是工业高质量发展的现实，都推动了制造业随之转型升级。要加快解决限制工业高质量发展仍然面临的技术困境、区域经济发展不协调、全球价值链调整等一系列问题，坚持创新驱动，不断改革发展理念、发展动力、发展环境和体制机制，充分利用好国际国内两个市场两种资源，在推进工业高质量发展过程中，推进制造业转型升级迈上新台阶、取得新突破。

二、以工业高质量发展为基石夯实中国式现代化之基

工业是立国之本、强国之基，工业化是现代化的基础和核心动力。习近平总书记曾指出，"把高质量发展的要求贯穿新型工业化全过程，为中国式现代化构筑强大物质技术基础"。这种提法深刻揭示了工业高质量发展同中国式现代化之间的紧密关系，同时为我国推进中国式现代化进一步指明了方向、奠定了基础、提供了依据。把高质量发展要求贯穿新型工业化全过程是推进中国式现代化的根本路径，事关民族复兴大业，必须高点站位、全局谋划、全域推进。

（一）把高质量发展要求贯穿新型工业化全程是中国式现代化的内在本质要求

把高质量发展要求贯穿新型工业化全过程，既符合各国现代化的共同规律，又具有鲜明的中国特色，契合中国式现代化的发展需要。新型工业化作为对中国式现代化道路的开创性探索，必须将工业化一般规律和我国国情实际有机结合。一是我国人口规模巨大、人均资源禀赋匮乏，客观上无法照搬复制西方工业化经验，必须找到一条符合中国实际的产业发展路径，因此走以高质量发展为目标导向的新型工业化道路是必然选择。二是应该处理好效率与公平的关系。新型工业化能够在不断放大效率优势的基础上更好促进公平，推动共同富裕目标的有效实现，同时它也是实现高质量发展的重要手段，更是推进现代化的关键动力。三是新型工业化不仅创造物质财富，也会衍生出精神财富，物质文明和精神文明相协调的现代化客观上需要走好新型工业化道路，把物质生产和精神创造有机融合，进而有效打破传统工业化过分依靠物质资源禀赋所带来的瓶颈约束。推进新型工业化，不仅能够为中国式现代化筑牢强大的物质基础，还可以为精神财富的创造提供丰沃土壤，推动"两个文明"协同互促。四是新型工业化必须理顺经济发展与环境保护的关系。我国环境容量有限、生态系统脆弱，这些先天不足的条件，决定了在新型工业化道路上，更要注重人与自然和谐共生，通过不断降低资源能源消耗、减少工业生产对自然环境的负面影响、增强人类活动与自然生态系统的协调性。五是新型工业化必须走和平发展道路。中国式现代化是对人类文明发展新道路的探索，期许各国之间相互尊重、合作共赢。推进新型工业化，一方面能够通过统筹好发展和安全的关系，提高产业供应平稳运行，打牢和平发展道路的物质基础；另一方面能够通过积极融入和服务新发展格局，强化国内国际两个市场两种资源的合理配置，有效全程参与经济全球化。

（二）将高质量发展贯穿新型工业化全过程的主要行动方向

推进新型工业化是一项复杂长期的系统工程，需要深刻把握高质量发展对新型工业化的新要求，找准主攻方向和主要矛盾、主要任务，集中并且精准发力，切实将新型工业化融入构建新发展格局、完善现代化产业体系、建设制造业强国的进程之中。需要发挥中国特色社会主义制度优势，利用各级党组织各司其职，形成各方广泛参与的运行格局，完善构建各项政策的推进机制，充分保障新型工业化所需的各类要素供给，形成围绕高质量发展要求推进新型工业化的合力。需要坚持创新驱动。我国在推进工业体系发展上取得多项成效，在若干领域已形成具有国际竞争力的产业体系，但创新的引领作用仍有待进一步发挥。一方面，应在关键核心技术创新上持续加力发力，推动产业体系在逐渐优化中完善升级。另一方面，应高度重视工业数字化转型，把建设制造强国同发展数字经济、产业信息化等有机结合，促进工业高质量发展。坚持绿色导向，加快工业绿色化转型探索。绿色低碳发展是新型工业化的应有之义，全面推动工业绿色发展是实现工业高质量发展的必然选择。工业领域是我国能源消费之一，通过持续推进工业绿色转型，提升能源资源利用效率、加快绿色低碳产业发展，有助于全面践行绿色发展理念，探索出一条能源消耗低、资源循环利用率高、发展可持续性强的绿色工业化之路。

（三）将高质量发展贯穿新型工业化全过程的实现路径

党的二十大报告明确提出了基本实现新型工业化的时间节点是2035年，因此要紧密结合我国当前实践基础和国情实际，把高质量发展要求贯彻落实到新型工业化的全过程，为中国式现代化供应源源不断的核心动力。

首先，要加快构建满足高质量发展要求的现代化国家工业体系。所谓现代化国家的产业体系，应直接体现高质量发展的要求，其体系不仅具有先进性、完备性的两项基本要求，还应该具有安全性。就我国当前的经济发展状况，该体系还应具备智能化、绿色化等特色。在工业体系方面，我国目前的规模和完备程度是位列全球之首的，这方面被世界各国所承认。为更好地适应现代化产业体系建设要求，就应积极发挥优势条件，统筹提升产业链供应链质量、培育增强产业创新能力、持续优化产业结构。

其次，应推动数字经济和实体经济的深度融合，促进现代服务业和先进制造业的深度融合。着力提升工业企业，特别是中小企业的数字化水平，扩大智能制造的覆盖面，促进人工智能、大数据、区块链等技术的应用范围，超前布局新型数字基础设施建设，充分发挥数字经济对新型工业化的带动促进作用。数实融合成为当今社会的增量，这已被大家所认可。数字化创新与实体经济深度融合转型已凸显出广泛的经济效益和社会价值，通过数字技术去实现工业生产的智能化和自动化是核心。工业数智化最关键的核心是工控级确定性的连接，通过连接加算力加智能的能力，从单点的智能到整个系统更广域的智能上面去迈进，也将成为数字时代新的商业机会。企业需要深度参与由行业协会领衔的人才标准编制和相关研究，共同打造课程体系，深化校企合作和产教融合，并采取职业技能比赛等方式来促培助训，培养数字经济领域的各类人才，"数字"和"实体"应该是"双向奔赴"的。在新一轮科技革命和产业变革中，产业数字化正逐步迈入"深水区"，如何实现降本、提效、增质，实现高质量发展，成为产业发展的时代新命题。面向需求侧的"业务融合难、管理成本高、业务创新受限"等难题和供给侧的"高要求与低成本、碎片化与规模化、投入大与变现慢"等矛盾，亟需在彼此的磨合中找到方向和突破口。新一代信息技术与工业场景的深度融合成为产业高质量发展的重要基石，国内有些工业企业已经在数智发展方面作出了典范。如鞍钢集团将深化数据应用的数字化转型新模式，打造数据驱动、技术支撑、流程优化、组织变革的发展体系，加快管理和业务体系变革，基本实现了由业务数字化向数字化业务创新转型战略布局与愿景。

最后，还要注意补齐工业体系的短板领域，加强对关键技术的攻坚工作，打造一种安全可靠可长久使用并具备创新发展性的产业链和供应链。全面推进工业绿色发展，从遏制"两高"项目盲目发展、提升重点领域能效水平、大力发展绿色能源、鼓励资源循环利用、扩大绿色产品供给等多个维度协同推进，探寻出一条绿色、环保、低碳、可持续发展的新型工业化道路。完善新型工业化的多维度政策协调推进机制。深入优化企业发展环境，鼓励引导社会资源参与新型工业化进程，推动各类企业优势互补、有序竞争，不断增强企业创新力和竞争力。超前谋划生产力布局和区域制造业布局，充分发挥全国统一大市场支撑作用，推动跨区域产业协同，培育一批跨区域先进产业集群，以区域产业协调发展助力实现新型工业化目标。以扩大开放拓宽新型工业化发展空间，实现"引进来"和"走出去"有机结合。强化各项政策的融合集中创新，鼓励基层政府和各类园区积极探索工业高质量发展新模式，为新型工业化持续增添动力活力。

三、制造业转型升级以工业高质量发展为重要推动力

党的二十大报告指出："建设现代化产业体系。坚持把发展经济的着力点放在实体经济上，推进新型工业化，加快建设制造强国、质量强国、航天强国、交通强国、网络强国、数字中国。"[2] 我们当前面临的是世界百年未有之大变局，这就是我国中华民族伟大复兴的国际背景，说明我们正处于历史转折的重要关键点。虽然当前我国制造业转型升级所处的国际国内环境复杂严峻，但是也同样带来了难得的重要机遇，要着眼于工业高质量发展的必然要求与现实路径，在推进制造业转型升级的过程中实现中国式现代化。

（一）努力把握着眼未来的制造业发展趋势

当前国际上各个国家正面临科技大发展、大突破、大爆发的酝酿期，这就给我国的装备制造业企业提供了一个机遇性的、不应错过的、难得的窗口期。在此背景下，我国广大的装备制造业企业绝不要只顾及眼前的利益而忽略未来发展，应做好长远计划，从长计议。

（二）努力构建世界一流的制造业企业生态

一个好的生态系统，其特点在于整体和谐和最优。系统中的生物体之间、生物体与环境之间是相互作用、相互影响的，整体和谐是其可持续发展的重要条件。同理，要建设一个制造业生态系统，特别是要在一个工业化大国构建一个世界一流的制造业企业生态系统，仅着眼于局部或个体企业一定是无济于事的。这个庞大生态系统应具备很强的组织协调能力，配套完善，充分体现产业优势。

一个发展强劲的制造业企业，关键核心技术必须牢牢掌握在自己手中，不论是研发还是制造，都决不能受制于人。至于有一些产品的非关键技术部分，如果让其他的专业厂家生产有可能成本更低。这就说明，除了最核心的部分外，产品的很多关键件和非关键件都可以寻求供应商提供。传统方式中企业将产品分解成若干个不同的部分，原则上尽量自己生产。于是按照产品和部件的供求关系，企业内部实现纵向一体化。现在越来越多的企业通过构建供应链向横向一体化转变，只做自己最具核心竞争力的事情。但此一理念成功的前提是有一个好的供应链。在数字化时代，要想构建世界一流的制造业企业生态，需要自身的生产系统实现数字化，需要在伙伴企业的合作中，包括生产商、客户和服务商之间建立联系，都要向数字化转型。同时还可以搭建制造业云平台，依靠"云服务平台"，中小公司也可以获得某些综合服务，从而以较小的成本代价进入新市场并快速发展，进而提升制造业整体水准。

（三）努力夯筑专精特新的制造业坚实基础

专精特新是近年来制造业中小企业努力的方向。截至 2022 年末，中国中小微企业数量已超过 5200 万户，比 2018 年末增长 51%。制造业中小企业是我国工

业能够平稳运行的基础因素，而具备专精特新特点的中小企业往往比其他中小企业具备更加旺盛的生命力与更强的市场适应能力，对于这样的企业，国家应该出台各种政策进行全力扶持，促进其发展。专精特新企业可以享受政府的税收优惠、资金扶持、科技创新支持等多项扶持政策，其较高的技术含量和市场前景，也容易获得风险投资、股权投资、债务融资等各类投资渠道的资金支持，同时还能获得人才、知识产权、管理和服务等方面支持，在市场推广方面存在较大优势。当前国家支持发展专精特新中小企业的意图非常明显，专精特新企业也有望作为未来市场的投资主线。但是，我们也不能盲目自信，作为申办专精特新企业的龙头行业——制造业却依旧面临着人才的紧缺、顶层设计不足、转型认知不够、信息链缺失、管理经验不足等一系列问题。

第二节　促进供给侧结构性改革

自 2008 年开始至今，世界经济正处于经济低迷期，也有人称其为"衰退周期"。随着世界经济下行发展，世界发达经济体的经济增长开始呈现缺乏动力的状态，而新的经济增长点并未显现，因此世界经济复苏缓慢的状况并不能在短期内有所改变。在此压力下，中国经济进入了"新常态"，但是随着世界经济的下行发展，中国经济增速也处在持续放缓状态。因此，国内进行更加深入全面的供给侧结构性改革是面对这种特殊状况下的必然选择，同时这也是为未来经济复苏所做的最恰当最必要最充分的准备。特别是对制造业转型升级来说，供给侧结构性改革是其发展的必由之路。

一、供给侧结构性改革的内涵及面临的问题

要实现以供给侧结构性改革推进制造业转型升级，首先就要理解供给侧结构性改革的内涵并且厘清供给侧结构性改革存在的具体问题。通过有针对性的分析，推进供给侧结构性改革不断深入，健全中国式现代化建设体系。

（一）供给侧结构性改革的丰富内涵

对十供给侧结构性改革的丰富内涵，习近平总书记在 2016 年召开的省部级主要领导干部学习贯彻党的十八届五中全会精神专题研讨班上发表了讲话、进行了论述，"供给侧结构性改革，重点是解放和发展社会生产力，用改革的办法推进结构调整，减少无效和低端供给，扩大有效和中高端供给，增强供给结构对需求变化的适应性和灵活性，提高全要素生产率"[3]。在经济发展新常态之下，为了加快贯彻新发展理念、构建新发展格局，必须推进供给侧结构性改革。

第一，减少无效供给、扩大有效供给、提高供给质量是供给侧结构性改革的主攻方向。要清楚认识到，供给和需求两侧的问题都将是当前和今后我国经济发

展面临的问题，但矛盾的主要方面仍然在供给侧，突出表现为供给质量和效率都还不够高、供给的灵活度和适应性不强等问题仍然存在。第二，"去产能、去库存、去杠杆、降成本、补短板"（简称"三去一降一补"）是当前供给侧结构性改革的重点。第三，优化要素配置和提高全要素生产率是推进供给侧结构性改革的重要手段。生产要素配置的不合理、不均衡和不充分严重影响高质量供给和有效供给的实现。通过改革创新，推进全部生产要素的综合使用和利用，提高供给质量与效益。第四，改革是推进供给侧结构性改革的本质属性和根本途径。通过对我国经济增长的体制机制进行全面系统的改革，改革影响供给侧结构性改革的体制机制障碍和种种不合理现象，顺利提升供给质量、减少无效供给、扩大有效供给。"供给侧结构性改革，最终目的是满足需求，主攻方向是提高供给质量，根本途径是深化改革"[4]。第五，创新是推进供给侧结构性改革的动力。习近平总书记强调，"注重从体制机制创新上推进供给侧结构性改革，着力解决制约经济社会发展的体制机制问题"[5]，创新是引领发展的第一动力。

"十三五"规划纲要提出"要贯彻落实创新、协调、绿色、开放、共享的新发展理念，以提高发展质量和效益为中心，以供给侧结构性改革为主线，扩大有效供给，满足有效需求，加快形成引领经济发展新常态的体制机制和发展方式"[6]的新要求，"当今时代，社会化大生产的突出特点，就是供给侧一旦实现了成功的颠覆性创新，市场就会以波澜壮阔的交易生成进行回应"[7]。我国必然要抓住当今科技创新和产业革命带来的巨大机遇，在推进供给侧结构性改革的过程中，补齐供给质量不高、供给效率较低的发展短板，平衡供给与需求关系，推动制造业转型升级，促进中国式现代化的实现。

（二）供给侧结构性改革面临的问题

1. 资源配置范围不明确

当前，我国存在比较多的混合所有制经济体制，由于社会主义市场经济中"社会主义"的性质决定，市场和政府在资源配置中都有比较重要的位置。比如政府，起着掌舵的作用，总体控制资源配置过程，具有十足的可靠性；而市场则体现出更多的灵活性，根据市场需求进行各种调配，像一只黑夜中看不见的手。市场和政府两者本应互相配合相互协调的，但近些年我国经济高速发展，两种资源配置手段常出现管理边界混淆的情况，管理范围有时不够明确。比如，一些公益项目很难利用市场的资源配置手段来控制及实现，更多利用政府手段。

2. 市场中过剩产能较多

改革中，企业应该是主体，各种法律法规和市场机制，其最大目的一定是最大程度优化企业的生产结构，进而进一步提高企业的生产效率。但实际工作中市场剩产能较多，就会严重影响该企业新增产能的发展。若化解过剩产能，又会浪费大量的资源。因此最好的路径应该是鼓励具有过剩产能的企业进行更深入的改革重组，进而推动所属行业的整体的转型升级。

3. 供给体系不合理

过去受人口数量庞大和经济总体发展程度的限制，我国经济的供给体系主要是面向低收入群体，对于国内中等收入群体已经迅速扩大的事实变化，并没有相应的政策调整。产能过剩出现时，需要一定的内需，但其产品未能满足各种国内消费群体对多样性、个性化的需求，虽然产品总量贮备及生产能力没有问题，但品种，特别是安全性上，长期不能满足消费需求，导致中高等消费群体的消费转向了国外。这些表现直接反映了供给体系不合理的问题，急需解决。

4. 中低端产品过剩，高端产品供给不足

我国有些产业的产能已经达到了物理性的峰值，也就是说，即使价格再低也难以消化现在已有的产能。特别是中低端产品的产能更加过剩，市场需要的高端产品长期供应不足，企业若想发展，还要加大成本，因此步履维艰。

二、以供给侧结构性改革为主线健全中国式现代化建设体系

供给侧结构性改革在中国式现代化建设体系中应起到引领作用，要以供给侧结构性改革引领制造业转型升级，进而促进经济社会的高质量发展。

（一）供需协同的基础上推动制造业高质量发展

我国实行的中国特色社会主义制度一直在供需方面坚守两者相结合的思想和原则，这体现了社会主义制度的优越性。现阶段受国内外形势的影响，需求侧的压力向供给侧持续传导，迫使企业迅速提升创新活力，但市场和政府的活力提升尚需时日。

首先，供给侧结构性改革需要解决供需搭配错位的问题，在政府相关管理政策的支持下协同发展，倒逼国内供给发生革命性的改变。供给侧结构性改革需要稳定的改革环境，还需要较长时间的改革窗口期，其各方面改革措施方可有序展开。所以一定要调整相应的、更为合理的管理政策，培育并建立一种具有充分保障力和公信力的市场消费环境。

其次，应防止大量的投资涌向低端产业，引导投资聚集到有创新能力和升级动力的行业，促进有效投资，实现投资综合收益的显著提升。可以从政策上利用结构性减税、专利保护、政策性补贴等方法手段，推动"中国制造2025""大众创新万众创业"等一些社会承认度高的计划顺利实施，更大力度地帮扶拥有前沿技术的小微企业成长壮大，特别是具有高端技术企业，更要引领投资。

（二）促进结构优化与产业升级激发要素市场潜力

供给侧结构性改革本质是要对供给侧要素市场化的深度进行重新调整，以优化要素的配置。

1. 扩大并调整投资领域，促进"有效投资"，引领高质量供给体系

在"有效投资"方面，应厘清"有效投资"和"有效需求"的区别。"有效

投资"，顾名思义，一定是能够形成有效生产力的投资。如前所述，"有效投资"是针对产能过剩的，因此促进"有效投资"，这是在淘汰原有的过剩的落后的产能的基础上的投资项目，这是对原有投资领域的自我更新，再生的过程，并非单一开辟新领域。另外领域的选择，可以充分结合"三去一补一降"中提到的五个任务，以此为依据，搭建循序渐进的、可以促进平稳运行的投资机制、投资环境和生产条件。除此之外，还应注意调整投机性投资的产生，应在客观、冷静、全面了解的基础上提高投资的质量和效益。

在三大产业方面，可以创新投资思维，互相融合，巧妙转换，优化各自适宜的投资结构和渠道。例如农业历来是重中之重，既然我国在历史上长期属于农业国，政府帮扶和保护农村农业是应有的行为。况且农业不仅是经济发展的基础产业，同时却也是薄弱产业，一定应该创新各种经营体制，建立起农产品升级换代、精致再加工、拓宽销售路径等，建立起更为完善的农业生产销售体系。还要最广泛地参与到农业全球化竞争之中，反过来刺激国内农产品对质量的倒逼提升机制。在对三大产业的综合考量后发现，本应位于工业和服务业之前的农业，却仍然是当前我国国民经济中的最大短板。因此针对农业的投资，政府应该利用政策鼓励，促使农民成为农业投融资的最主要受益人。在微观层面，还要出台更多的奖励企业创新的一系列优惠政策，共同促成制造业技术创新的潮涌，这当然是以企业创新为主体的，且产学研全面融合的。在服务业领域，充分发挥服务业解决就业的强大功能，鼓励服务业在工作模式上的创新和产品形式上的创新，为私人投资提供在法律允许范围内的更宽松的环境，加大力度维持正常的市场秩序，为服务业提供公平的环境。

2. 适应消费结构的更替，构建全体居民需要的高质量供给体系

随着我国居民收入水平不断提高，消费水平也有了更高更全面的要求，从新中国成立后到改革开放初期对数量的需求，转向了近些年对产品质量和安全性的追求，这种由低级到高级的转变是经济发展的必然。应当从几个方面来入手：

（1）扶持或培育战略性的新兴产业，提升产业的自主技术创新能力，为国内逐年升级的消费需求生产出更好的产品。对于装备制造业来说，要着重于突破产业的核心技术，企业尽量能够掌握核心关键零部件的自主生产能力，突破关键生产工艺流程的独立控制能力，对于基础材料研发，更要掌握主动权。原有的优质生产工艺，要做到更加智能化，更加精细化，个别工艺要向数字化、柔性化改造。

（2）要大力发展生产服务业，鼓励企业加大售后服务的升级力度。要扩宽服务业的内容，使其更加丰富，满足不同需求。如托育产业、高端养老服务产业、家政服务业等，促进传统服务业向品质化、精细化、智能化、便利化发展。对于原有企业的售后服务，要创新服务方式，拓宽服务内容，还要充分利用已有

的物联网、移动互联网、智慧城市建设等现有资源，改善售后服务的等级，从而提升企业的核心竞争力。

中国一些传统品牌企业，具有深厚的文化内涵和社会影响力，也可以利用原有的百年企业品牌，还可以打造具有地理标志性的新的具有文化内涵的品牌，培养企业的工匠精神，创造出一大批具有中国特色、体现中国传统文化的精品品牌，利用好文化全球化的能量，提升这些精品品牌的知名度和美誉度，彻底改变国外对过去个别中国品牌的低级刻板印象，积极向世界展示中国的优质品牌形象。比如传承一些中华老字号企业，使其适应全球化的事实，提升产品质量，改革创新运营机制，结合先进技术，增加技术和管理人才。

3. 推动对外贸易的结构转型，打造高质量供给体系

当前，全球产业竞争格局已发生了深刻的变化。新产业革命方兴未艾，再加上中国经济步入新常态，国内劳动力的成本不再像过去那么低廉，也在逐年提高，导致生产成本也随之提升，其结果就是，接待加工贸易的规模显著缩水，此时，对于中国企业的优化升级来说，既是机遇期也是挑战期。

（1）鼓励国内企业向境外拓展业务内容，利用好国际国内两个市场，延长产业原有的生产销售链，在合作共赢的基础上开展国际产能合作，使国内产业向国际高端价值链跨越发展。努力构建对外产业合作平台，促进对外投资企业与其所在国家的同行业进行畅通无阻的交流沟通。

（2）加大内陆开放格局，构建区域间、省际之间、市域之间的产业沟通协调系统。例如，发达地区通过研发设计外包装，互联网物流配送等方式，实现加工贸易向经济落后地区转移，以推动产业整体提升。

（3）提升服务业对外开放水平，提升国内服务业产品的国际化水准。可以全方位开发利用"一带一路"共建国家和区域，以及周边辐射范围内的沿线国家和地区，借势国内企业向外发展的动力，开展各种各样的对外服务贸易种类。

（三）坚持柔性过渡原则，强化政府鼓励机制

积极发挥政府的各项职能，避免行政管理中的"一刀切"现象，强化政府的各项鼓励机制和保障政策，促进不同地区不同利益的各种关系都能够实现"柔性"过渡。

第一，应建立政府与市场的平衡作用机制。长期以来，政府在经济运行中"既是运动员，又是裁判员"，政府与市场的边界感比较模糊，尽管多年来我国政府在主导方面已经放开了手脚，开展了诸多改革，例如行政审批制度改革。但在微观领域，仍存在干预过多，矫枉过正的现象。还拿行政审批为例，许多应该取消的审批事项，改革后却发现只是"局部取消"或"次要取消、关键保留"，并没有完全解决问题。

第二，根据不同地区要素禀赋分类，优化政府职能。由于不同地区历史遗留

的要素有所不同，因此在改革的过程中，政府首先应分类施策，科学调整适合不同地区不同要素不同禀赋的优化工作流程。这样做的目的，一方面可以激活政府的工作效率，倒逼政府进行各项职能的转变；另一方面激发市场主体创造力、放开市场活力。

第三，政府从干预者的角色转变为服务者的角色，将预期与各项鼓励机制作为政府调控的重点任务。政府应制定一定的奖励机制，制定之前，还应充分了解不同群体的利益需求，防止利益集中甚至泛滥的现象。

第四，完善收入分配与社会保障，促使利益关系的尽可能均衡。当前，我国经济增长出现乏力状况，劳动者工资总是在低水平状态徘徊，直接导致科技创新的动力不足，因此在供给侧结构性改革中，必须尽快解决利益关系失衡的矛盾。应该着力调节收入分配，提高劳动者科技创新的积极性。对于贫困地区，应该利用社会保障制度向其倾斜，对于非贫困地区，还可以通过增加就业机会等方式提升居民的收入水平，进而激发人民群众的劳动积极性和创造性。

（四）以制度创新促进体制机制的完善及利益关系的调整

1. 坚持与完善公有制为主体、多种所有制经济共同发展

我国的中国特色社会主义制度决定了在经济制度方面，必须坚持公有制为主体的基本经济制度。有的人会问，这种经济制度到底好不好，答案是肯定的。改革开放46年的实践早已证明，坚持公有制为主体、多种所有制经济共同发展是与我国生产力的实际水平及我国当前所处的社会主义发展阶段相适应的。"公有制为主体多种所有制经济并存的社会主义在发展生产力和提高人民福祉两个方面显示了强大的动能"，这就充分体现了社会主义制度的优越性。在中国进行的供给侧结构性改革，毫无疑问，这种改革必然要具有的中国特色社会主义的本质属性，而且在调整经济利益关系时，也应该充分注意公有制的主体地位。

2. 坚持"竞争中性"原则，锻造高水平的市场经济体制

（1）应该完善收税结构，降低税负。我国当前税收方面有一定问题，相对于国际中等收入国家的平均值，我国税收还是过重的。并且我国的税种比较多，依然存在重复征收的情况，企业缴税与利润之比长期保持在1∶1左右。特别是对于中小企业来说，过重的税收直接影响了企业技术的技术创新及再生产。企业的负担从何而来呢，首先是政府财政制度的设计有些不适应当前经济社会发展现状了。我国当前财政制度的设计的源头是20世纪50年代计划经济体制时期，后来在财政制度方面，我们经历了利改税、税费调整、分税制等改革手段，改革始终不渝的想法和目的都是集中财力办大事。集中力量办大事这种集中式的财政布局有着非常明显的制度优势，但是真正适合当今社会的应该是统分结合的财政结构，特别是对于中小企业来说，政府性收费和税收双重压力使其步履维艰。另外，我国目前税种还不够合理，税制设计有一定问题，结构不够完善和优化。

（2）推进金融体制机制的改革，提高金融资源配置的比例。例如，我国证券业和保险业不够发达，这种直接融资平台发育都不完善，居民的大部分资金依然聚集在银行存款中，购买证券或理财产品的资金也不多，这就造成了直接融资与间接融资的比例是严重失调的。对银行来说，其实并非好事，因为金融风险全部集中在银行。非国有银行风险加剧，而国有银行其放资方主要是国有企业，因此大量资金不是经过市场渠道使用，而是根据政府行政命令下发资金，甚至是通过社会关系下发资金，配置效率也极其低下。

第三节　坚持科教兴国战略

科教兴国战略坚持教育为本，强调科技和教育在经济社会发展中的重要地位。坚持以科教兴国战略的实施推进制造业转型升级，就要把制造业转型升级转到依靠科技进步和提高劳动者素质的轨道上来，为以制造业转型升级推动中国式现代化实现创造源源不断的技术支撑和智力支持。

一、我国的科学技术水平与教育发展水平

党的二十大报告提及全面建设社会主义现代化国家的首要任务是高质量发展，紧随其后就将教育、科技、人才"三位一体"统筹在"实施科教兴国战略，强化现代化建设人才支撑"这一部分中，进行专章部署、集中表达，这足以说明党和国家对教育和科学非常重视。这种提法在客观上赋予了科教兴国战略新的时代内涵。

（一）科教兴国战略的内涵

要想深入科学地了解科教兴国的内涵，就一定需要回顾科教兴国战略的确立过程及其发展脉络。1995年5月6日，中共中央、国务院作出决定并提出科教兴国的战略。之后江泽民在北京召开的全国科学技术大会提出在全国实施科教兴国战略，这是总结历史经验和根据我国现实情况作出的重大部署，首次正式提出了要在全国范围内实施科教兴国战略。自此后，党和国家便出台了一系列关于科教兴国的重大文件和决策，不断丰富了科教兴国战略的内容。

从1996年第八届人民代表大会第四次会议批准的《国民经济和社会发展"九五"计划和2010年远景目标纲要》中将科教兴国作为一条重要的指导方针和发展战略上升为国家意志；到1997年党的十五大将实施科教兴国战略作为我国跨世纪发展的重要任务；从党的十八大指出继续深入实施科教兴国战略，到党的十九大将科教兴国战略确定为决胜全面建成小康社会需要坚定实施的七大战略之一，科教兴国战略的深刻内涵日渐清晰。科教兴国就是要"全面落实科学技术是第一生产力的思想，坚持教育优先发展，把科技和教育作为经济社会发展的重

中之重，促进教育同经济、科技的密切结合，把经济建设转到依靠科技进步和提高劳动者素质的轨道上来，为实现经济发展提供科技支撑和人才保障"。党的二十大报告提出："我们要坚持教育优先发展、科技自立自强、人才引领驱动，加快建设教育强国、科技强国、人才强国。"[2]并且利用比较多的篇幅细致、全面地论述了科教兴国战略，赋予其新的时代内涵。

从对"科教兴国"战略基本概念进行简要分析，可以初步得出以下几个方面的论点：一是教育在国家发展进步处于优先发展的战略地位；二是科学技术创新是国家发展进步和社会生产力提高的战略支撑；三是要深化科技和教育体制改革，将科技成果和教育成果切实转化为现实生产力。伴随着中国特色社会主义进入新时代，科教兴国战略有着新的时代内涵。深入实施科教兴国战略要把握好教育、科技、人才三者之间的关系，统筹推进科教兴国战略、人才强国战略和创新驱动发展战略。全面建成社会主义现代化强国，以中国式现代化全面推进中华民族伟大复兴，要强化科教兴国战略，强化教育、科技、人才的基础性、战略性支撑作用。推进中国式现代化建设，迫切需要以教育和科技为双轮驱动，互相支撑，以科教兴国为基础，凝聚科教兴国、人才强国、创新驱动发展三大战略的协同力量，锻造中国式现代化实现的强大驱动力。

（二）实施科教兴国战略的重大意义

党的二十大报告对科教兴国战略的深刻论述，是我们党和国家在新时代新征程上根据国际国内形势审时度势做出的重要的战略性部署，与党在当前的中心任务息息相关，与全面建设社会主义现代化国家首要任务紧密相连。

1. 为现代化建设提供有力支撑

按照二十大报告描绘的社会主义现代化强国的两步走战略安排，强国目标是具体而清晰的：教育强国、科技强国、人才强国、文化强国、体育强国、健康中国、制造强国、质量强国、航天强国、交通强国、网络强国、数字中国……在这一系列令人振奋的强国目标中，教育强国、科技强国和人才强国赫然位于前列，这说明国家建设对教育、科技、人才的需求，从未如此具有紧迫感。

2. 助力中华民族伟大复兴

在新时代，我国大力发展好科学和教育事业，对于中华民族伟大复兴有着重要的历史性的意义。首先，科学和教育对于提升人民整体的知识水平和文化素质有着直接的推动作用。2022年，我国公民具备科学素质的比例达到12.93%，较2015年提高了1倍多。短短7年，数字翻倍的背后，直接体现出我国科学和教育对于公民整体文化水平提升的巨大作用。科学和教育，就像国家创新发展的两翼，带动全民知识文化水平和各种素养直升发展。所以要厚植科学土壤、筑牢教育根基。其次，科学和教育在促进全体人民共同富裕的历史进程中具有基础性战略性作用。文化对经济的反作用力向来很强大，科技更是国家发展的第一生产力，人才可以为国家发展源源不断汇聚智力支持。志在千秋，百年树人，深入实施科教兴国战略对中华民族长远发展有非常重要的意义。

3. 在全球竞争中掌握主动权

当今世界正经历百年未有之大变局，国际环境异常纷繁复杂，一些不确定的因素也明显增多。国际力量对比深刻调整，世界各国综合国力的竞争也在不断加剧。国际之间的博弈逐渐转变为科技创新，而且这种竞争正有愈演愈烈之势。科技竞争归根到底是人才的竞争，同时因为教育是培养人才的方式，因此也表现为教育竞争。国与国之间竞争的核心和关键是科学技术的竞争，特别是在革命性、颠覆性科技领域的竞争。现阶段，科技成果转化业已成为国与国科技竞争的主要战场，新形势下，要确保我国在科技领域日趋白热化的国际竞争中下得先手棋、赢得主动权，迫切需要率先实现高质量科技成果转化。

二、科技进步和教育发展为中国式现代化提供新动能与新优势

党的二十大报告将科教兴国战略、人才强国战略、创新驱动发展战略一起谋划、一起部署，也就意味着，还要一起推进、一起实施。这样做可以说是思路清晰、意义深远、格局宏大，直接体现了党和国家对中国式现代化进程内在要求的精准把握。

（一）教育、科技、人才是中国式现代化的基础性、战略性支撑

重视科技和教育，这是马克思主义的一个基本观点。马克思曾指出"生产力中也包括科学""固定资本的发展表明，一般社会知识已经在多么大的程度上变成了直接的生产力"。工业革命之后，每一次世界性的科技革命都直接影响着世界格局的更迭。在日趋激烈的全球综合国力竞争中，科技是第一利器，这早已被全世界各国所认可，科学技术也越来越成为推动各国经济发展的主要可变量。将教育、科技、人才在全面概括为国家发展的"基础性、战略性支撑"是党的二十大报告中的重大创新，这种定位立意高远、意蕴深厚，充分体现了党中央对教育、科技、人才工作战略作用的深刻认识，反映了新时代下新征途中人们对教育、科技、人才的更强需求和更大期待。

（二）科技是第一生产力、人才是第一资源、创新是第一动力的战略格局

科技是第一生产力、人才是第一资源、创新是第一动力，这是党的二十大报告所强调的。这一重要论述是对中国式现代化建设新动能最本质的概括，深刻表明了科教、人才、创新如同三角形的三个支撑点，互相支撑、互有需求、互为补充、彼此带动。没有强大的人才资源，科技创新就是无源之水、无本之木，从这个道理上说，没有教育强国就不会有所谓的人才强国，同理，没有人才强国也就不会有科技强国。因此，在新征途中，我们必须坚持系统性的理念，坚持以科教融合、创新发展作为导向，不断探索教育、科技、人才协同发展的内在规律，具

备前瞻性的思考及全局性的谋划，整体性推进"三大战略"，使三者相得益彰，共同汇聚起中国式现代化国家建设的强大合力。

（三）坚持教育优先发展、科技自立自强、人才引领驱动的推进路径

党的二十大报告中作出的"坚持教育优先发展、科技自立自强、人才引领驱动，加快建设教育强国、科技强国、人才强国"的重要部署，为加快建设教育强国、科技强国、人才强国制定了清晰的推进路线图，提供了科学实现方法。

人口规模巨大是我国不争的现实问题，在这样的社会主义国家建设科技强国，不可能指望依赖他国，他国的科技成果不会主动为我国科技水平的提高提供基础，我们仍要坚持独立自主的原则，永远不能幻想成为其他国家的技术附庸，也不能跟在他国后面如法炮制、生搬硬套，一些关系国家安全的重要领域，更要实现自主研发。科技成果转化是实现从科学到技术、从技术到经济的关键环节，高质量科技成果转化是推动高水平科技自立自强，实现高质量发展、赢得全球竞争战略主动的一道时代必答题[8]。

（四）办好人民满意的教育，以历史主动精神筑牢国家强大之基

高等学府是各国拔尖人才的培养基地，因此，新时代新征程的使命给予我国高校新的战略责任和历史使命。各高校应该在坚持人民至上、坚持自立自信、坚持守正创新、坚持问题导向的基础上，走在前、作表率、树标杆，当好"领头羊"，以实际行动办好让党放心、让人民满意的教育。

这里需要指出，各行各业的优秀的社会主义建设者，绝大多数都是从高校走出来的，一个民族的年轻人是否能够立志为有理想、敢担当、能吃苦、肯奋斗的新时代好青年，关键在最后一站，即高等学府的培养。育人的根本在于立德，高校培养人才，对学生第一把握的应该是正确的政治方向，这是一个民族的整体精神状态和生命力的证明。因此高校要始终把"为党育人、为国育才"当作兴校办学的中心任务，坚持不懈用习近平新时代中国特色社会主义思想铸魂育人。

三、产教融合推动应用技术创新和技术转化、深化教育改革

能否实现产教真正融合是衡量一个国家职业教育改革成效的重要标志，同时也是实现教育链、产业链、供应链、人才链与价值链是否有效衔接的重要措施。党的二十大报告指出："统筹职业教育、高等教育、继续教育协同创新，推进职普融通、产教融合、科教融汇，优化职业教育类型定位。"[2]职业教育作为一种跨技术、教育、社会、企业等多领域的特殊教育类型，产教融合是实现其高质量发展的必然选择。职业教育承担着应用型人才培养、应用技术研究和转化及社会服务等重要职能。职业教育是科教兴国战略、人才强国战略、创新驱动发展战略的交合之处，产教融合是成为促进三大战略融合发展的最直接的实践。

（一）深化职业教育改革、推进科教兴国战略的主要措施和方法

将教育和生产劳动相结合的思想，是马克思主义教育思想的核心内容。在

《资本论》中，马克思就曾指出："从工厂制度中萌发了未来教育的幼芽。未来教育对所有已满一定年龄的儿童来说，就是生产劳动同智育和体育相结合。""它不仅是提高社会生产的一种方法，而且是造就全面发展的人的唯一方法。"很显然，马克思这里讲的"教育"是包括基础教育、高等教育、职业教育等在内的三大教育，但这一理论与职业教育有着最完美的契合。改革开放以来，我国一直在探索教育和生产劳动的结合方式，从技工学校和职业院校的设立和发展，到《中华人民共和国职业教育法》的出台，职业教育产教结合的模式在法律层面得到认可。从政策鼓励企事业单位、社会团体和个人参与联合办学、促进产教结合发展，到提出产教融合发展理念，坚持职教发展、人才培养、科技创新一体化推进，促进教育链、人才链、创新链、供应链和产业链的深度融合，形成了具有中国特色的现代职业教育发展模式。当前我国大部分职业教育和产业的融合处于一种低技能均衡状态。从教育体系看，职业教育被认为是低层级的教育，是"退而求次教育"，是低分学生不得已的被动选择。对职业教育的这种定位使职业院校陷入招生难、培养模式老化、学生就业难、薪资水平低的低水平循环，一些职业院校甚至不再对学生的就业有直接指导。从产业体系看，传统的劳动密集型产业企业用工对技术技能方面的要求较低，薪资水平低，不能产生有效的刺激信号，很难对职业教育提质增效产生需求引导。在劳动力市场上形成了一种人力资源供给与需求的低水平均衡，这种低水平均衡不能支撑技术进步，不能满足产业转型升级对高技术人才的需求，不能适应创新驱动发展的需要。随着创新驱动发展战略的实施，有些技术产业快速发展，传统产业也都进行了转型升级，这就对技术技能型人才产生了大量需求，与劳动力市场技术技能型人才短缺形成矛盾。解决这个矛盾，必须转变对职业教育的认识，重塑现代职业教育范式，深化产教融合，形成良性互动，使职业教育和产业的融合从低技能均衡转向高技能均衡。产教融合发展的优势在于促进教育资源优势互补，优化需求导向的人才培养模式，提升人才培养质量，服务教育强国战略。但由于产教融合所涉及的政府、企业、职教院校和学生四大主体的利益诉求存在偏差，特别是企业作为产教融合的关键主体，其目标追求与另外两大主体目标偏离较远，在缺少有效的利益协调机制的情况下，企业主动参与产教融合的积极性很低。基于问题导向和目标导向，未来需要进一步在产教融合深度上做文章，从办学机制、办学主体、教育教学、资源共享等方面深化产业界与职业教育的融合发展。

（二）推动应用型和技术技能型人才培养、实施人才强国战略的重要保障

21世纪以来，人工智能、量子信息技术、新材料和现代生物技术等的迅速发展标志着第四次技术革命的到来。在这一时期，国家之间的竞争和产业之间的竞争都发生了重大变化。国家之间的竞争也会从产品层面转移到科学技术的层面。要在新一轮竞争中占据优势，既要以科研院所、高校为主体做好基础研究，

又要使研究成果尽快转化为现实生产力，客观上需要大力培养应用型人才。应用型人才是位列于学术人才与技术人才之间的一种人才，是将理论研究成果应用到社会实践层面的人才，那么显而易见，这类人才一定是科技研发成果转化的关键。产业之间的竞争更多地体现在智能化、数字化水平上。现代产业发展的一个典型特征是智能化生产方式的广泛采用，这种生产方式建立在智能制造的基础之上，其智能化体现在研发、生产、营销、管理等各个环节，客观上要求包括一线工人在内的各类工作人员具备相应的知识和操作技能。可见，国家之间和产业之间的竞争说到底就是人才的竞争，或者说是劳动者素质的竞争。

对于装备制造业来说，应用型、技术技能型是主要支撑力量，同时也是实现从制造业大国向制造业强国迈进、从中国制造向中国创造转变的强大基础。中共中央办公厅、国务院办公厅下发的《关于加强新时代高技能人才队伍建设的意见》中确定的 "技能人才占就业人员的比例达到 30% 以上，高技能人才占技能人才的比例达到 1/3"，按照这个比例要求，我国目前人才结构还有较大的差距，特别是 "东部省份高技能人才占技能人才的比例达到 35%" 的目标，更是有很大的距离。习近平总书记指出："各级党委和政府要高度重视技能人才工作，大力弘扬劳模精神、劳动精神、工匠精神，激励更多劳动者特别是青年一代走技能成才、技能报国之路，培养更多高技能人才和大国工匠，为全面建设社会主义现代化国家提供有力人才保障。"[9] 可见，推进产业和教育的深度融合发展是 "培养更多高技能人才和大国工匠" 的实践路径。

（三）推动应用技术创新和技术转化、实施创新驱动发展战略的重要路径

新一轮科技革命与前三次科技革命有明显区别，它不是表现为某一特定领域的技术突破，而是表现为信息、生命科学、新材料、能源、人工智能等多领域的创新突破和推进态势。这种科技创新的多点突破来自学科与学科之间、教育与产业之间，以及产业与产业之间的多元深度融合发展，也会进一步推动学科间、产教间、产业间的融合。交叉学科的丰富和发展、产教融合的深入推进、产业链的不断拓展既是科技创新的肥沃土壤，又推动着科学研究和技术创新构建。在新一轮科技革命背景下，人力资本成为各类生产要素的核心，创新能否真正成为经济增长动能，全要素生产率能否有效提升，中国能否成功跨越中等收入陷阱，关键在于人力资本能否全面提升。这就是近几年教育政策重心向职业教育倾斜，强调 "优化职业教育类型定位" 的理论逻辑。职业教育是培养应用型和技术技能型人才的主要场所，产教融合是职业教育优化培养模式提升培养质量的核心内容，是实施创新驱动发展战略的重要保障。例如，以技术研发合作模式推进高职院校和企业间融合发展，即校企之间以技术研发、技术改造、技术革新和升级作为双方融合发展的结合点，针对产业、企业转型发展中急于解决的技术难题，以产教融合、校企合作为平台，整合双方优势资源，以企业研发技术人员和职业院校教师

为主导，以双导师制等方式引导学生全程参与，以项目攻关、技术研发、技术服务等方式开展校企深入合作，把企业技术创新与教育教学融为一体，提升教育服务创新驱动发展战略水平。

第四节 深入实施"人才强国"战略

习近平总书记在中央人才工作会议上指出，"当前，我国进入了全面建设社会主义现代化国家、向第二个百年奋斗目标进军的新征程，我们比历史上任何时期都更加接近实现中华民族伟大复兴的宏伟目标，也比历史上任何时期都更加渴求人才"[10]，充分强调了人才在实现以中国式现代化全面推进中华民族伟大复兴这一中心任务过程中的重要作用。

一、实施"人才强国"战略的重要性

党的十八大以来，习近平总书记高度重视人才强国战略的实施，并把它提高到了党治国理政的战略新高度上。教育可以说是党之大计、国之大计，更是我们国家能够在日益激烈的国际竞争中得以站稳脚跟的根本支撑和依靠。

（一）从世界人力资源大国迈入世界人才强国行列

党的十八大以来，党和国家更加将力量放在了推动人才强国建设的理论创新和实践探索上。习近平总书记强调，要"营造人人皆可成才、人人尽展其才的良好环境，努力培养数以亿计的高素质劳动者和技术技能人才"。在中央人才工作会议上，习近平总书记更是明确提出了"八个坚持"，即坚持党对人才工作的全面领导，坚持人才引领发展的战略地位，坚持面向世界科技前沿、面向经济主战场、面向国家重大需求、面向人民生命健康的目标方向，坚持全方位培养用好人才的重点任务，坚持深化人才发展体制机制改革的重要保障，坚持聚天下英才而用之的基本要求，坚持营造识才爱才敬才用才的环境，坚持弘扬科学家精神。习近平总书记关于人才问题的一系列论述，深刻回答了什么是人才强国、为什么建设人才强国、怎样建设人才强国的重大问题。

我国近年来全民受教育水平显著提高，人口素质不断提升。根据第七次全国人口普查统计结果显示，我国15岁及以上人口的平均受教育年限由2010年的9.08年提高至2020年的9.91年，文盲率由2010年的4.08%下降为2020年的2.67%。我国形成人力资源"低成本—高效益"的开发模式，"人力资源开发贡献水平从2000年的全球第26位上升到2010年的第4位，2018年更是跃升至首位，成为世界上人力资源发展进步最快的国家。我国以两院院士、国家重大人才工程入选者、国家重大科技项目负责人等为主体的高层次创新型科技人才数量超过4万人。科技进步贡献率由2012年的52.2%提高至2021年的60%以上，中国稳居全球人才竞争优势国家方阵"[11]。不论是高校科研院所还是各类科研机构、企事业单位都高度重视人才培养工作，以人才作为发展之基、创新致远，在全社会逐步形成可尊重人才的良好氛围。与此同时，我国也高度重视技能型人才的培养，注重知识型、技能型和创新型劳动人才培养，建设各类型齐全的人才队伍。与此同时，各地深入实施人才强省、人才强市等战略，因地制宜制定和实施人才政策，积极推动各级各类人才激发创造活力，充分发挥自身创造活力融入各地高质量发展。

（二）人才强国建设进入高质量发展的攻坚期

当前，我国人才强国建设已经进入到了高质量发展的攻坚期。从世界范围来看，人才竞争的环境更加具有不稳定性；从国内范围来看，我国人才发展的体制机制方面存在一些深层次矛盾，而且随着时代的推进，这种矛盾愈加凸显。因此我国人才工作必须开创新的道路，创造新的优势。

人才是社会主义现代化建设的承担者，也是中国式现代化的完成者和引路人，因此，人的现代化必须要和社会的现代化实现有机统一、同步协调发展，用高标准严要求来造就高素质的人才，这种人才要具有发展的眼光、具有群体性，并且要实现德才兼备。例如，西北地区的出生率持续下降，已成为人口缺乏的地区。如何引进人才，就成为西部大开发战略能否成功的关键问题。

经济上的高质量发展需要人才，科技自立更需要人才。而对人才的培养也要从传统转向现代，做好理念上和实践上的转型，才能迅速获悉现代化建设的重大战略的需求信号，源源不断地给中国式现代化建设输送优秀人才。从新时代人才强国战略的成功实施这个角度来看，转变原有的落后的人才分类划分理念，树立新型的以国家战略需求为导向的人才分类新理念有更重要的意义。

二、实施人才强国战略的基本原则

党的十八大以来，习近平总书记就推进人才强国战略高质量发展提出了一系列新理念、新战略和新方法，推进人才强国建设取得新成效。充分发挥人才强国支撑制造业转型升级还需要遵循以下原则。

（一）坚持和完善党管人才

站在"我们比历史上任何时期都更加渴求人才"的历史新阶段，一支宏大的高素质人才队伍不可能天然地、自发地形成和壮大，强有力的组织引导是人才工作的时代必然和历史实践经验的当代遵循。

中国共产党一项基本的职能就是对人才工作负责任，这是党的组织制度的重要构成部分。这个组织制度是以管理干部作为核心内容和出发点的，但管理人才也同样是人才工作沿着正确的政治方向前进的根本保证。这就要求我们把党管人才原则贯穿于人才工作全过程和各方面，把党对人才工作的领导落实到具体措施和实际行动中，把党对人才工作的要求体现在具体政策和具体制度中，把党对人才工作的监督落实到具体环节和具体环境中。党管人才是中国共产党在领导人民革命、建设和改革的过程中淬砺而成的珍贵财富，也是与其他国家人才发展模式本质区别的表现，这是中国人才制度的根本特色。要加强对党管人才原则的宣传教育，使广大干部群众深刻认识到党管人才是我国做好新时代人才工作的独特制度优势和根本保证。

（二）遵循人才发展规律

人的成长有不可逾越的周期，人才的发展也有其内在规律性，任何人、任何组织、任何国家都不能超越这个规律，若急于求成、操之过急，无异于拔苗助长，不会达到目的。

中国共产党历来高度重视人才工作，也一直尽力遵循人才发展规律，在中国革命、社会主义建设和改革开放事业进程的实践中，积累了丰富的人才建设方面的经验，也搭建起初具规模的中国特色的人才建设框架。在中国特色社会主义新时代及中国式现代化的新征程中，更要始终如一地推行成功经验，创新人才建设理论，完善人才建设模式。从全球各国人才建设的实践经验来看，只有各国都将人才问题高度重视起来，才能够培养出大量的高素质人才，才能推动全球科技进步和发展。

（三）统筹国内外两个人才市场

实施人才强国战略，必须要有国际眼光，既要有神偷请战的本土用人之道，也要有放眼世界的雄心，要有一种敞开国门、聚天下英才而用之的人才开放的观念，用中国的魅力辐射周边国家，使国外的科学技术人才参与到中国特色社会主义现代化建设中，用先进的政策来广纳优秀人才，同时还要加强国际人才的交流与合作。

（四）重视和强化人才安全理念

所谓人才安全理念，是消除因为人才问题引起的危及国家、区域、组织之间各种利益的平衡关系的观念和思想。人才安全的危及因素包括生存利益、发展利益和战略利益。人才安全的特点包括根本性、战略性和周期性。对我国来说，人才安全事关我国的国际竞争力，关乎国家利益，更与国家自身的健康发展息息相关。所以在经济全球化的历史机遇与挑战期，更要确立人才安全在国家安全中的核心位置。

三、制造业转型升级以实施人才强国战略为支撑

党的二十大报告指出，教育、科技、人才是全面建设社会主义现代化国家的基础性、战略性支撑。可见在新征程上，人才工作与新时代人才强国战略被提升到了一个非常突出的位置，这为中国在未来打造人才工作新局面提供了强大的动力和战略的指引。

（一）深入理解人才引领驱动

人才是现代化的关键支撑，在中国式现代化、高质量发展的战略地位、战略价值前所未有。如何突出人才引领驱动，如何理解人才引领驱动，如何打造人才引领驱动的硬核力量，亟待我们深入思考、积极探索。首先，人才引领驱动发展以人才硬核力量为前提。建立具有实力、能力、活力、潜力，具有全球竞争力、发展引领力的核心人才及其群体，为中国式现代化、高质量发展提供强大的创新驱动力、发展新动能，这是实现人才引领驱动发展的必要前提。人才力量越大、越硬核，在一定条件下，转化为引领驱动发展的能量就越大，引领驱动发展的作用就越明显、越充分。没有人才硬核力量，人才引领驱动高质量发展，就缺乏基础，成为无本之木、无源之水。其次，创新人才发展体制机制是人才引领驱动发展的关键一环。建立人才引领驱动发展的体制机制，破除限制人才发展的束缚，让人才及其要素可以形成"力"，实现从人才支撑发展、人才优先发展向人才引领驱动发展的转变，这是人才引领驱动的主要贡献。最后，人才引领驱动发展以中国式现代化、高质量发展为归宿。这是人才引领驱动的出发点，也是衡量和判断人才引领驱动的标准。

（二）进一步突出人才引领驱动

人才引领驱动是指人才及其相关要素在一定条件下通过一定方式形成一定的动力和功能，在一定的机制下驱动、牵引发展，助力中国式现代化，推动高质量发展。之所以要把人才引领驱动放在一个突出的位置上，是因为发展的动力、发展的能级、发展的方式正在发生重要的变革，发展需要人才、发展依靠人才，需要真正转到人才引领、创新驱动的新的发展之上。

第一，发展的动力形成需要由人才驱动。人才是创新的根基，创新驱动实质上是人才驱动，谁拥有了一流的创新人才，谁也就拥有了科技创新的优势和主导权。发展需要创新驱动，而驱动创新的本质恰恰在于人才。

第二，发展的能级提升需要由人才来引领。研究表明，由人才集聚带来的资本汇聚效益，远远高于汇聚资本带来的人才集聚效益。充分培养造就人才、吸引集聚人才、用好用活人才，能够更加有效地撬动、整合更为广泛的资本、技术、信息等生产要素，联动、联系更为广泛的全球网络，为提升发展能级创造更多条件。

第三，发展方向的拓展与确立，同样需要依靠人才来引领。面对未来越来越多的不确定性、创新面临越来越多的"无人区"，越来越需要具有才能、充满激情、富有动力的人才，在充分的条件下心无旁骛、潜心研究、尝试探索，依靠人才发掘新空间、依靠人才开辟新路径、依靠人才形成新优势。

（三）着力推动人才引领驱动

一是确立人才引领驱动的发展战略。加强党对人才工作、人才引领驱动的全面领导，突出四个尊重，把握人才引领驱动的正确方向，"三位一体"开展教育、科技、人才的中长期战略规划，谋划人才引领发展战略。构建有效市场、有为政府、有机社会等三者有效互动，高效整合的人才引领驱动的发展体制，在守正创新中最大限度地激发人才的潜力、动力、创造力、创新力。二是打造人才引领驱动的关键力量。围绕国家发展重大战略，完善培养造就规模宏大、结构合理、素质优秀人才的培养机制，打造人才引领驱动的"卓越力量"；聚焦"卡脖子"及战略领域、前沿领域、核心领域、未来领域，造就一流科技领军人才和高素质创新团队，建立创新型、应用型、技能型人才，打造人才引领驱动的创新力量。三是完善人才引领驱动的机制。突出"德才兼备、选贤任能"的选人用人机制，进一步向用人主体授权、为人才松绑；着眼于新发展格局，以科技创新人才为突破点，推动"人才、项目、团队""人才、科技、资本""人才、创新创业活动、发展载体平台"有效融合，推动人才、产业、城市三者之间的融合，让人才、资本、技术、信息等各种要素活起来、动起来、融合起来，形成驱动中国式现代化、推动高质量发展的高能量、活动能。

（四）不断强化制造强国的人才支撑

随着我国制造业逐步从中低端走向高端，人才缺口成为制约制造业高质量发展的关键问题[12]。同时，高端制造业中新产业、新业态迅速发展，产生了新的人才缺口。为此，应当在如下方向切实发力，不断强化制造强国的人才支撑，因为仅掌握单一技能的劳动者难以应对当前复杂多元的市场环境和技术环境。可通过升级调整职业教育方向，拓宽和延展相关一线工人的技能，畅通数字化、智能化人才成长通道。着力提高教育质量，提高专业与市场的匹配度，在职业院校和应用型高校中探索实施"紫领人才"培养方案。所谓"紫领"，是"白领"+"蓝领"+"金领"的融合，指能掌握互联网、大数据、人工智能等新技术的人才，这些人才既熟悉实践中的工艺流程，又熟练应对生产实践操作；既对相应技术理论有深入的研究，又具备动手操作能力，属于实操和管理"两栖"复合型人才。例如校企很难在人才培养中获得直接利益，因此会出现较为普遍的"校热企冷"现象。对此，院校可积极探索市场化的人才培养模式，加强人才培养的前瞻性改革，积极主动地对产业升级变化作出反应，着力克服教学滞后于产业发展产生的影响。当前"工科理科化"现象已引起广泛关注，用理论科学的方法解决工程问题、用理论人才的评价方法评价实践人才的"错位"现象是制约制造业人才发展的重要原因。鉴于此，应打破传统、单一的"唯论文"式人才评价方式，完善"实验+理论"的人才培养模式，鼓励校企共同参与在校学生的教育教学工作，在学校教学中积极引入企业课程，在企业实地开展"车间课堂""工厂课堂"，通过实际的业务操作和学习互动消除企业与学生之间的信息壁垒，让学生了解真实的企业情况，也让企业能够更高效地选拔出适合的人才。根据人才成长规律，在大学教育中设置系统化、周期化、定制化的实务学习体系，从专业认知到实际操作，形成全面的校企课程体系，并通过实战型实习打通人才和企业之间的通道。

第五节 贯彻创新驱动发展战略

纵观人类社会发展历史，创新始终起着非常重要的推动作用。推动传统制造业转型升级，壮大战略性新兴制造业，就要用创新驱动发展，用创新积蓄动能，释放各行各业支撑制造业转型升级的创新创造潜能与活力。

一、创新驱动发展战略实施现状

推动制造业转型升级要紧密围绕创新驱动发展战略，紧扣制造业转型升级需要，加强创新主体的培育，促进创新资源集聚，推进高端要素驱动。深入分析创新在国家发展中的重要性及创新驱动发展战略实施困境，瞄准制造业转型升级方向、紧握创新抓手，培育制造业转型升级发展新动能。

（一）创新在国家发展中的重要性

创新是达成人民高品质生活的需要，创新驱动已成为我国不得不走的一条道路，20世纪80年代我国就有"863计划"，90年代又提出了"科教兴国"战略，这说明党和政府一贯重视创新。党的十八大报告明确指出我国要实施创新驱动发展战略，这证明党中央对创新的重视达到了一个新的高度；党的十八届五中全会更是将创新排在新发展理念之首；党的十九大明确"创新是引领发展的第一动力，是建设现代化经济体系的战略支撑"，提出了"加快建设创新型国家"的目标；党的十九届五中全会把创新摆在核心地位，强调其是建设现代化强国的核心。可见党中央、国务院始终高度重视创新在促进经济转型发展和综合国力竞争中的重要作用。

（二）我国创新驱动发展战略实施困境

在创新的道路上，中国目前还存在关键领域的技术创新能力不足，科研产出质量不高的现象。在工业发展过程当中部分核心零部件、关键基础材料、先进基础工艺、工业软件不能自主可控、受制于人的现象并未发生根本改变，工业发展瓶颈问题还时有发生。

虽然所有创新在本质上是一致的，但在具体的创新模式方面，中国式创新是有比较突出的特点的。一是走群众路线，利用大众创新的机制，拓展创新边界。这主要是由于中国在改革初期并不具备西方式创新的技术基础，因此走了一条最大力量调动最广泛人民群众资源优势的道路，鼓励每一位公民利用自己的智慧才能，刺激和鼓励各种形式的创新。也正因如此，中国走在世界前列，出现了一大批行业标杆的创新企业。

中国式创新的另一特点是发挥国有企业的引领作用。近年来，中国注重挖掘国有大中型企业的资源优势，利用其市场地位发挥它们在创新方面的带头作用，特别是在政府主导的基础设施领域的工程科技创新方面表现不俗。例如，目前我国在航天、高铁、电网、核电、桥梁等一些领域都取得了举世瞩目的创新成果。

综上，中国式的创新模式，最大的优势和特点就是系统性，是一种系统性的创新，或者叫系统驱动的集成创新。这种创新实现了熊彼特 Mark Ⅰ 和 Mark Ⅱ 的有机整合。具体来说，一方面，中国充分发动起了富有企业家精神的每个人参与创业创新，同时鼓励各种形式、各类业态的创新，保证了广大中小企业具备充分的创新活力。另一方面，中国充分利用了大型国有企业在性质上面的优势之处，鼓励国有企业承担科技含量高、科研投入高、产出周期长的系统工程，从而承担起引领重大突破性创新这一使命。此外，不同于传统熊彼特模式中的技术创新，中国式创新还同时强调科学、技术和创新这三者的整合，即科技创新。中国的科技创新战略整合了科学（基础研究）、技术（应用研究与试验开发）、工程和产业化这四个模块，是创新模式的新突破，不仅超越了传统西方熊彼特模式的创新，也超越了东亚式单纯注重模仿的创新和南亚式缺乏科技含量的朴素式创新。这一战略也将持续引领中国创新的革命性变化。

二、以系统性创新为动力推进中国式现代化

从党的十八大提出实施"创新驱动发展战略"，到党的十九大提出"创新是引领发展的第一动力"，再到党的二十大首次强调"坚持创新在我国现代化建设全局中的核心地位"，创新在中国式现代化建设新道路上的核心地位和推动作用不断凸显。

（一）应该深刻理解创新在中国式现代化建设全局中居于核心地位的时代动因

首先，我国已成功跻身创新型国家行列，整个社会对创新活动的期待很高，有很强的认同感。根据国家统计局数据，2015 年中国创新指数居于全球第 25 位，2022 年，中国创新指数自 2015 年以来年均增长 6.5%。时至今日，我国是唯一进入前 15 位的发展中国家。

其次，创新是国际竞争中获得优势的要素。放眼世界，科学技术的创新已成为各国国际地位的决定因素，综合国力的竞争已成为自主创新能力的竞争。如，美国多次强调要更重视保护自身创新能力；英国提出 2035 年成为全球创新中心的计划；日本更是提出"科学技术和创新方面的进步是实现新的资本主义必不可少的"。在这种趋势之下，我国必须要坚持创新思维，开辟超车道的唯一方法就是提高自主创新能力，把科技自立自强作为国家发展的战略支撑，只有这样，才能在新一轮的全球竞争中赢得生存权，进而赢得主动权。

（二）正确处理中国式现代化进程中的重大关系

中国式现代化是一项探索性事业，要正确处理以下重大关系：第一，顶层设计与实践探索的关系；第二，战略与策略的关系；第三，守正与创新的关系；第四，效率与公平的关系；第五，自立自强与对外开放的关系。正确处理中国式现代化进程中的重大关系，就要发挥创新在中国式现代化中的积极作用，在国家创新体系、新型举国体制、整体效能提升、开放创新生态四个关键环节上下功夫。

从古至今，未有无天下之广义格局者而成就一国、一家乃至一个事业的。从世界各国的发展来看，只有开放，才有繁荣；故步自封、闭关自守，必然导致衰落。只有自主开放才能带来繁荣。从全球范围来看，许多国家在全球化过程中都被剥削，造成这一状况的原因是，在全球化过程中，某些国家能够自主实现发展，而另外一些处于从属地位的国家只能听从自主国家发展的安排来实现发展，这样就会形成单方面依附关系。

当今世界，各国也绝非完全平等，以大欺小，倚强凌弱的现象依然存在，许多发展中国家难以做到独立自主。对外开放是中国的基本国策，社会主义建设时期，我们就高度重视独立自主，改革开放以来，中国实行了产品、技术、人才、观念等面向世界的全面开放，实现了真正意义上的全球竞争。通过自立自强，我国在国际产业分工合作中具有更加强大的竞争力和话语权，凭借推进原始创新、自主创新，中国在国际创新团队中，从可有可无的角色，迅速成长为领跑者之一。

三、制造业转型升级以贯彻创新驱动发展战略为推手

推动制造业高质量发展，要强化创新驱动，发挥新型举国体制优势，促进产学研用深度融合，推动产业链上下游、大中小各企业融通协同创新，尽快突破一批关键核心技术，构建自主可控、安全可靠的产业链供应链。要大力支持和鼓励制造业龙头企业和专精特新中小企业发展，深入开展增品种、提品质、创品牌行动，促进先进制造业集群发展，加强制造业急需人才培养，深化制造业开放合作，不断塑造制造业发展新动能新优势。

（一）制造业绿色发展是创新驱动发展战略和制造业转型升级的必然要求

创新驱动发展战略推进制造业向着绿色发展方向转型升级，具体要从源头控制、节能减排、废水废料回收和生产工艺改进几个方面入手。源头控制是指在生产过程中要控制消耗，无论是矿石、铜矿，还是天然气、煤炭、石油，都是珍稀的资源，同时也对绿色发展不利，制造业要想转型升级，做到绿色发展，一定要注意在源头实现减少量的投入。节能减排顾名思义，就是要减少污染物、废弃物的排放和能源的消耗，我国节能减排的目标是到 2035 年，单位能耗与全球平均值相当，到 2050 年中国单位能耗要达到欧美现在的平均水平[12]。废水废料回收包含废水废料的处理与净化及资源能源的循环利用，与可持续发展密切相关。中国制造业绿色发展是创新驱动发展战略下制造业转型升级的必然要求，也是中国提交给地球家园的一份中国答卷与中国方案。

（二）提高科研成果转化率

当前我国科研成果转化工作仍然存在一定的不足，主要原因有以下几个方面：一是研发投入力度还不够大；二是科技创新与制造业企业发展结合不紧密；三是专业化技术经理人不足等。这就导致了我国制造业转型升级在实现过程中瓶颈的问题时有发生，严重影响全面建成社会主义现代化强国的进度。从研发投入力度上看，我国一年研发费用大概有 3 万亿元人民币，科研投入目前排名世界第二，但是在很多学者的研究中，非常鲜明的一个研究结论仍然是：我国研发投入不足。这主要是因为我国的研发费用大概只有 6% 被投入到了基础领域和关键领域的原始技术研发与创新上，其余的 90% 左右的费用被投入到了消化和吸收外来引进技术[13]。而在一些发达国家，20% 的经费都被使用于原始科技的研发与创新。而只有将更多的费用投入原始技术的研发与创新，才能真正做到人无我有、人有我精，在日益激烈的国际竞争中实现换道超车，抢占发展的重要先机。从科技创新与制造业转型升级融合上看，企业创新主体作用不明显，高校院所支撑服务产业发展不足。这就导致许多科研成果只能"锁在深闺""束之高阁"，没有办法真正支撑起制造业转型升级的大梁。我国严重缺乏技术经理人（从事技术转移的专业人士，对于科技成果转化的程序、条件和法律十分熟悉），按照欧洲技术经理人的比例（25∶1）测算，即每 100 个科研工作者，应有 4 名技术经理人。很多高校和科研院所的技术经理人配置都不达标，对我国科研成果转化也起了十分严重的影响。

面对这样一系列的问题，推进制造业转型升级就要进一步提升科研成果转化率，就要从以下几个方面综合发力：第一，要用科技创新带动产业需求创新。抓紧未来产业风口，紧扣类脑智能、量子信息、人工智能、机器人等新技术升级传统需求，培育新兴需求，激发潜在需求。第二，要强化企业创新主体作用。加大财政科技支持力度，激发企业创新动力。出台支持高校、科研院所和企业深度合作的相关政策，推动产学研深度融合，着力破解科研成果和科技应用"两张皮"的问题。第三，拉动社会资本助燃科技成果转化。健全成果转化基金体系，推动传统信贷业务创新，用好用活资本市场，推动科技成果转化。第四，加大科技成果转化政策供给。完善促进科技成果转移转化办法措施，支持成果转化专业机构发展和技术经理人培养，打通科技成果转化壁垒，将科技成果转化落到实处。

（三）要打造产业链集群以推动中国式现代化

完整的产业链和现代化的产业链集群是推动制造业转型升级的可靠保障，也是实现中国式现代化的坚实基础和重要支撑。制造业产业链集群主要有 5 种：（1）由集团公司组成并集中管控的产业集群，主要包括化工、钢铁和有色金属等连续生产行业；（2）离散制造行业的产业集群，如家电、汽车等行业；（3）由世界巨头企业组成的、相对独立的、合作共赢的大产业集群，主要表现为"联合重工";（4）总装和关键零部件生产的龙头企业和零部件生产企业形成的电子产业集群；（5）"负责生产性服务业的链头企业+负责制造的代工龙头企业"共同联动起来的产业链[12]。目前，中国拥有世界上规模最大的工业体系，产业链齐全，但仍然需要进一步提升产业链集成效应，为制造业转型升级夯实更加牢固的基础。

党的二十大报告提出，"推动战略性新兴产业融合集群发展""打造具有国际竞争力的数字产业集群"[2]，要针对制造业产业链当中的弱点进行扩链、补链和强链。

第一，要以区域比较优势为基础打造特色产业集群，使得制造业产业链集群既有丰富的资源能源基础，又有地方区域特色。因此，要统筹规划区域产业集群建设，推动不同地区不同类型的资源向各制造业产业集群汇聚，在优化分工的基础上通过配套协作与一体联动建全建强产业链集群。

第二，要以市场动能为活力，以政府监管和服务为配套手段，改革发展环境。一方面，要不断完善产权保护、市场竞争和市场准入等市场经济基础制度，健全市场体制机制，有效配置自然资源，推动要素整合和机制对接。另一方面，要强化政府监管和服务，营造公平、清廉、干净的整体环境，更要深入企业，解决制造业产业链企业发展的难题，推动产业互融互补、要素互联互促、产业结构优化提升。

第三，要以科技创新为突破点，推进产业链集群现代化。产业链集群的瓶颈问题的关键点也在于科学技术创新能力不足。因而，要以科技创新建立产业链群互通互融，要从以下两个方面发力：一是要推动产业链上各企业的科技联动，与此同时，还要加强企业、高校、科研机构共建高水平的协同创新；二是要强化公共科技平台建设，有针对性地打造一批重点实验室、科技创新中心和科技成果转化基地，通过以上方法，建立产学研深度融合与互通互融的运行格局。

第四，以数字经济发展为契机引领产业链集群的建设导向。利用先进技术打造数字基础设施，大力建设云计算、工业互联网、大数据中心等数字信息技术，推动各类企业、各类产业"云上""用数"，实现数字化转型，着力破除数据垄断与信息分割，加强产业链集群互通互融，实现相关数据与资源的有序流转、合理配置和高效利用。

第五，要加强对专精特新企业的扶持力度。发展自己的龙头企业、链头企业和代工企业，发展核心技术企业，建成高端制造的代工企业，将制造业转型升级的产业链更全面、更完整、更强劲，推动制造业整体实现转型升级，为实现中国式现代化，推进中华民族伟大复兴提供更坚实的物质技术支撑。

参 考 文 献

[1] 习近平就推进新型工业化作出重要指示强调 把高质量发展的要求贯穿新型工业化全过

程　为中国式现代化构筑强大物质技术基础　李强出席全国新型工业化推进大会并讲话 [N]. 人民日报, 2023-09-24 (4).

[2] 高举中国特色社会主义伟大旗帜为全面建设社会主义现代化国家而团结奋斗——在中国共产党第二十次全国代表大会上的报告 [M]. 北京：人民出版社, 2022.

[3] 习近平谈治国理政（第二卷）[M]. 北京：外文出版社, 2017.

[4] 中央经济工作会议在北京举行习近平李克强作重要讲话 [N]. 人民日报, 2016-12-17 (1).

[5] 改革既要往增添发展新动力方向前进也要往维护社会公平正义方向前进 [N]. 人民日报, 2016-04-19 (1).

[6] 政府工作报告 [N]. 人民日报, 2016-03-18 (1).

[7] 习近平在省部级主要领导干部学习贯彻党的十八届五中全会精神专题研讨班上的讲话 [N]. 人民日报, 2016-05-10 (2).

[8] 王天友. 以高质量科技成果转化推进高水平科技自立自强 [J]. 红旗文稿, 2023 (23)：17-20.

[9] 习近平致信祝贺首届全国职业技能大赛举办强调　大力弘扬劳模精神劳动精神工匠精神　培养更多高技能人才和大国工匠　李克强作出批示 [N]. 人民日报, 2020-12-11 (1).

[10] 习近平在中央人才工作会议上强调　深入实施新时代人才强国战略　加快建设世界重要人才中心和创新高地　李克强主持　栗战书汪洋赵乐际韩正出席　王沪宁讲话 [N]. 人民日报, 2021-09-29 (1).

[11] 吴江. 深入实施人才强国战略 [J]. 红旗文稿, 2023 (3)：22-25.

[12] 高中华, 张恒. 高质量发展驱动制造业企业人才支撑体系优化的路径及对策 [J]. 技术经济, 2023, 42 (12)：45-55.

[13] 孙欣. 发力"四化", 推动制造业高质量发展 [N]. 青岛日报, 2023-08-02 (6).